━━ 미국인 사용빈도 다반사 ━━
영어회화 구동사
PHRASAL VERBS

미국인 사용빈도 다반사 영어회화 구동사

지은이 김아영, Jennifer Grill
초판 1쇄 발행 2023년 2월 2일
초판 4쇄 발행 2024년 2월 5일

발행인 박효상　**편집장** 김현　**기획 · 편집** 장경희, 김효정, 권순범, 이한경　**디자인** 임정현
마케팅 이태호, 이전희　**관리** 김태옥

기획 · 편집 진행 김현
본문 · 표지 디자인 고희선

종이 월드페이퍼　**인쇄 · 제본** 예림인쇄 · 바인딩

출판등록 제10-1835호　**발행처** 사람in　**주소** 04034 서울시 마포구 양화로 11길 14-10 (서교동) 3F
전화 02) 338-3555(代)　**팩스** 02) 338-3545　**E-mail** saramin@netsgo.com
Website www.saramin.com

ISBN
978-89-6049-995-9 14740
978-89-6049-994-2 (세트)

우아한 지적만보, 기민한 실사구시 사람in

미국인 사용빈도 다반사
영어회화 구동사

HOOK UP TO ~
~에 연결하다

Let's set off for Saturn.

ACT UP
기계 등이 말을 안 듣다

GET AWAY
휴가를 떠나다

SET OFF
여정을 출발하다

HAVE ON ~ / HAVE ~ ON
~을 입다

PHRASAL VERBS

라이언, Jennifer Grill 지음

아선생은 아주 어릴 때부터 영어를 너무너무 좋아했다. 알파벳도 미처 다 알기 전부터 영어를 보고 듣는 것이 그렇게 좋을 수가 없었다. 어떤 이들은 프랑스어가 세상에서 가장 아름답다고들 말하지만, 아선생에게는 영어, 특히 미국 영어 발음이 대단히 아름답게 들렸다. 그토록 영어를 사랑하고 영어 공부하는 것을 즐겼던 아선생이 학교 다닐 때 가장 하기 싫어했던 영어 공부가 있었는데, 그것이 바로 구동사(Phrasal Verbs)를 외우는 일이었다. 특히 고등학교 때는 친구들이 어렵다고 하는 고급 문법 내용들보다도 아선생에게는 구동사가 오히려 더 헷갈렸던 기억이 난다.

돌이켜보면, 아선생이 구동사 공부를 싫어했던 이유는 간단했다. 당시 구동사를 다룬 책들이 모두 비슷한 구동사를 죽 나열해 놓았을 뿐, 별 내용이 없었기 때문이다. 책에서 가르치는 내용이라고는 구동사 하나당 그 뜻과 짧은 예문 하나가 전부였다. 그 당시에 나와 있던 국내의 구동사 관련 책들이 거의 다 그랬고, 국내에서 찾을 수 있는 미국 원서들 또한 마찬가지였다. 이를테면 이런 식이다. Get about, get across, get after, get ahead, get along, get around, get at, get away … 이렇게 get이 들어가는 모든 구동사의 의미를 전부 외우고 그다음 페이지로 넘어가면, 알파벳 순으로 바로 다음에 나오는 주요 동사인 give가 등장한다. 그리고 따분한 구동사 리스트가 또다시 나열된다. Give away, give back, give in, give off, give out, give up… 이런 식으로 하루에 구동사를 딱 10개씩만 외우라던 영어 선생님 말씀대로 공부하던 어느 날, 진짜 토할 것만 같았다! 정말이지 너무나도 지겨워서! 공부하는 게 재미가 없다는 사실보다도 더 큰 문제는 일주일치 공부한 구동사에 관한 시험을 볼 때면, 그 뜻이 헷갈려서 미쳐 버릴 것만 같았다. 그 당시 시험을 보면서 take in과 take up의 뜻이 헷갈려서 울고 싶었던 기억은 아직도 지워지지 않는다. 게다가 어찌어찌해서 점수를 잘 받고 나서도 시험이 끝나고 나면 그렇게 외웠던 구동사의 반이 머릿속에서 마법처럼 사라져 버렸다. 그때 결심했다. 내가 영어 선생님이 되면 구동사를 절대로 이런 식으로 가르치지 않겠노라고! 솔직히 한편으로는 만만하게 보았던 구동사를 그토록 헷갈리는 내가 영어 선생님이 될 수는 있을까 하는 생각에 자신감마저 잃어가던 우울한 경험이었다.

 아무리 학문에는 왕도가 없다지만, 영어의 구동사를 이렇게 가르치고 공부하는 건 정말 아니다! 그런데 사람in 출판사 편집장에게 그때로부터 30년도 더 지난 지금 나오는 구동사 교재도 크게 다르지 않다는 이야기를 듣고 아선생은 무척 놀랐다. 바로 그런 이유로, 편집장은 현재 외국어 분야 베스트셀러이자 제니퍼 그릴 박사와 내가 공저한 〈미국적인 너무나 미국적인 영어회화 이디엄〉 시리즈와 같은 포맷으로 구동사 시리즈도 써 보라는 제안을 했다. 영어 회화를 연습하면서 문맥과 함께 배우는 구동사라면, 구동사를 배우고 습득할 수 있는 최고의 방법이라는 것을 학습자로서의 내 경험으로 알고 있었기에 나는 그 제안을 바로 수락했다.

 이 책에 등장하는 모든 구동사는 미국 일상 회화에서 너무나도 빈번하게 들을 수 있는 것들로만 선정했다. 예를 들어, 미국 ESL 영어 수업 초급반에서 가르치는 내용의 구동사까지도 모두 포함했다. 게다가, 각 주제에 따른 상황별 대화 속에서 구동사를 소개하는 방식으로 진행하여, 초·중급 회화 교재로 사용하기에도 적합하게 구성했다. 가장 중요한 것은, 이디엄 시리즈와 마찬가지로 이 책에 나오는 모든 대화에 미국인들의 생활과 문화를 최대한 녹여내려 했다는 점이다. 좀 더 깊은 문화의 이해를 요구하는 대화문의 경우에는 〈Culture Point〉를 통해서 따로 설명을 추가했다. 그릴 박사와 내가 공저로 작업하는 영어책들이 국내의 다른 영어 교재들과 가장 큰 차이점이 바로 이 부분이 아닐까 싶다. 그러니 이번에는 구동사를 통해서 미국의 영어와 문화를 배워 보자!

플로리다에서
공저자, 김아영

구동사는 '구'가 뒤에 붙는 동사구와 동사라는 공통점은 있지만 문법적으로 완전히 다릅니다. 많은 사람이 헷갈려하는 구동사와 동사구의 차이부터 설명합니다.

동사구와의 차이, 그리고 형태

동사구(verbal phrase)

둘 이상의 단어가 문장에서 동사 역할을 하는 것을 말합니다. 예를 들어, '에린은 자고 있었다'라는 문장에서 '에린'은 주부, '자고 있었다'는 술부에 해당합니다. 영어로 하면, Erin was sleeping.에서 was sleeping이 바로 동사구에 해당합니다. 즉, 간단히 말해 문장 전체에서 술부 역할을 하는 것으로 파악하면 됩니다.

구동사(phrasal verb)

'동사 + 전치사/동사 + 부사' 형태로 돼 있는 동사 형태를 말합니다. 전치사와 붙는 동사는 자동사(목적어 없이 자력으로 쓰이는 동사)고요, 부사와 결합하는 동사는 타동사입니다. look for, look at, take up, take in 같은 형태로 이뤄진 동사를 말하는 것이죠.

자동사 + 전치사

예를 들어 look for를 볼까요? Look은 자동사로(목적어가 필요한 타동사일 것 같지만 자동사입니다) 뒤에 전치사 for와 함께 쓰이면 '~을 찾다'가 됩니다. 뒤에 전치사 at이 오면 look at으로 '~을 보다'의 뜻이 되지요.

타동사 + 부사

Take는 타동사(목적어가 필요한 동사)로 뒤에 부사 up이 붙어서 take up이 되면 '~을 배우다, 시작하다'의 뜻이고요, 부사 in이 붙어서 take in이 되면 '~을 받아들이다'의 뜻이 됩니다. "어, 왜 in이 부사죠?"라고 놀라는 분도 계실 거예요. 사실 in은 전치사 외에 부사로도 쓰입니다. 이렇게 타동사와 함께 구동사를 이룰 때의 in은 부사로 쓰인 거예요.

구동사 학습의 목적

영어에는 동작과 상태를 나타내는 수많은 동사들이 있습니다. 영어 사전에서 거의 70%에 육박하는 단어가 동사죠. 그렇지만 그 수많은 동사 어휘를 다 알고 쓰는 건 현실적으로 불가능합니다. 회화에서 쓸 일이 거의 없는 동사도 많고요. 그 옛날 영어를 쓰던 조상들은 어떤 뜻을 나타내는 개별 동사를 일일이 아는 것보다 기본 동사라고 부르는 동사에 전치사나 부사를 붙여 새로운 의미의 동사를 만들어내기 시작했고, 그것이 지금까지 내려온 게 현재의 구동사입니다. 물론 시간이 지나면서 새로운 뜻이 더해졌고, 예전에는 쓰였지만 지금은 안 쓰이는 뜻들도 생겼지요. 즉, 원어민들이 회화에서 다양한 동사의 뜻을 나타낼 때 개별 동사 단어보다 구동사를 훨씬 많이 쓰고, 이것이 구동사를 공부하는 궁극적인 이유입니다.

구동사 학습의 효과

구동사를 공부한 효과는 다른 고급 어휘 학습에 비해서 더 빨리 확인할 수 있습니다. 왜냐하면 원어민들이 일상적인 회화문이나 설명문에서 구동사를 굉장히 많이 쓰기 때문이죠. 일상 회화가 자주 나오는 소설에서, 대화가 이야기를 이끌어가는 미드와 영화에서, 정보 전달을 목적으로 하는 유튜브 동영상에서도 자주 접할 수 있습니다. 다른 어떤 것보다 계속 반복하여 확인할 수 있다는 점이 구동사 공부의 가장 큰 매력입니다.

다른 구동사 책과의 차별성

- 미국 구어체 영어에서 가장 빈번히 쓰이는 250여 개 구동사를 25개 상황별로 선별했습니다.
- 상황별 구동사 표현이 자연스럽게 녹아들어간 구어체 회화 지문을 수록했습니다. 여기에 풍부한 예문을 달아 여러 번 확인할 수 있게 합니다.
- 형태는 같지만 다른 뜻으로 쓰이는 구동사들은 어디에서 나왔던 구동사인지 저자가 친절하게 알려 주면서 다시 한번 복습해 주어 한 번 더 확인하고 넘어가게 합니다.
- 원어민에게 바로 쓸 수 있는 현실감 넘치는 예문이 풍부하고, 문법과 어휘 포인트와 필요할 때마다 학습자들이 알아두면 좋은 미국 문화 관련 포인트를 함께 제시해 어학 외적인 부분까지 커버합니다.
- 다른 책의 음원에 비해 속도가 빠른 음원을 제공합니다. 언제까지 우리를 배려해서 원어민이 천천히 말하는 걸 기대할 수는 없으니까요. 처음에는 잘 들리지 않을 수 있지만, 책을 보면서 계속 듣다 보면 그런 속도에도 익숙해집니다.

마음 내키는 곳부터 시작해도 OK! 처음부터 차근차근 하면 금상첨화!

사실, 이 책은 앞에서부터 차근차근 하면 정말 좋습니다. 하지만 페이지를 휙휙 넘기다 사진이 예뻐서, 혹은 어느 한 구절이 마음에 닿아서 멈췄다면 그 페이지부터 시작해도 괜찮습니다. 중요한 건 끝까지 놓치지 않고 가는 거니까요. 그러니 한 번에 너무 많이, 다 하겠다는 욕심은 버리고 다음의 순서로 학습을 진행하시길 추천합니다.

- 영어 회화 지문을 읽으면서 거기에 볼드 표시된 구동사는 어떤 뜻일까 생각하고 끝까지 읽어 주세요. 해석이 잘 안 되는 문장은 체크도 꼭 해 주세요.

- 우리말 해석을 보면서 자신이 이해한 내용과 같은지, 혹은 많이 차이 나는지 확인해 주세요. 틀리게 해석했던 부분도 꼭 짚고 넘어가야 합니다.

- Phrasal Verbs는 회화 본문에 나왔던 구동사들이 예문과 함께 제시됩니다. 개별 구동사의 영영 풀이와 우리말 뜻, 그 아래 해당 구동사가 들어간 예문들이 나옵니다. 알아두면 원어민과 대화할 때 바로 활용할 수 있는 부분들이니 그냥 넘어가지 마시고 꼭꼭 씹어서 소화시킨다는 마음으로 봐 주세요.

반드시 소리 내어 읽기!

구동사책을 고른 학습자들에게 꼭 권하고 싶은 건 소리 내어 읽기입니다. 우리 두뇌는 시각에 잘 속습니다. 눈에 익숙하니 이건 자기가 알고 있다고 생각하죠. 하지만, 실제로는 두뇌가 아는 게 아닙니다. 입 근육을 활용하고 귀를 통해 들었을 때 비로소 두뇌가 자기 것으로 만들 수 있는 것입니다. 이런 과정을 도외시하면 이 책을 눈으로 백 번 읽어도 입에서 나오지 않습니다. 발음이 유창하지 않은 건 두 번째 문제입니다. 소리 내어 읽어야 실전에 닥쳤을 때 활용할 수 있습니다.

원어민이 녹음한 음성 파일을 매일 꾸준히 듣기!

소리 내어 읽는 것만큼 중요한 것이 원어민은 실제로 어떤 속도로 말하는지 듣는 것입니다. 듣는 데서 끝나는 게 아니죠. 그 사람들이 말하는 것을 알아듣는 게 가장 중요합니다. 듣기의 목적이 결국 이것이니까요. 우리가 원어민이 아니니까 원어민처럼 빠르게 말하지 못해도 문제될 게 별로 없습니다. 그러나 빠르게 말하는 원어민의 말은 알아들어야 합니다. 이건 실제 빠른 속도의 원어민 말을 많이 듣고 빨리 말할 때의 발음 변화 등을 캐치하려는 노력 외에는 그 어떤 것도 해결책이 될 수 없습니다.

하지만 오늘은 컨디션이 좋아서 한 시간 듣고, 다음 날은 컨디션이 별로여서 하나도 안 듣는 이런 학습법은 지양해 주세요. 많이 듣는 것에는 장사가 없습니다. 한 달 정도 독하게 마음먹고 하루에 한 유닛씩 꾸준히 들으세요. 처음에는 책을 보지 않고서 듣고, 다음에는 책을 보면서 듣고, 마지막으로는 성우의 속도대로 따라 읽으려고 하면서 들으세요. 그리고 그날 듣기가 끝나면 그 전날 들었던 것을 다시 한번 책을 보지 말고 들으세요. 꾸준히 하면 분명히 청취와 말하기에서 효과를 볼 수 있습니다.

한글만 보고 영어 문장으로 말하기/단어 바꿔 응용해 보기

여러 번 읽고 들어서 자신감이 생길 때쯤 각 유닛의 한글 해석만 보고 영어를 말해 보세요. 한글 해석만 보고도 영어가 자연스럽게 나온다면 각 문장을 단어를 바꿔 응용해 보는 것도 영어가 느는 좋은 방법입니다.

차례

LESSON 1
전화 통화

(In Henry's office, the phone's ringing.)

Henry's coworker: (To everyone in the office) I'll **pick up the phone**. (On the phone) Hello!

Madison: Hello. May I speak to Henry, please?

Henry's coworker: Hello? I can't hear you well. Can you speak up a little?

Madison: Oh, sorry. I'd like to talk to Henry, please.

Henry's coworker: It looks like Henry just **got on the phone**. Can I take a message? Who's calling, please?

Madison: Oh, that's fine. I'll **call back** later.

Henry's coworker: Oh, hold on, please. I think he just **hung up**. I'll **put you through to Henry**.

Henry: Hello!

Madison: Hey, Henry, it's Madison. How's it going?

Henry: Madison, nice to hear from you! I'm well. How about you?

Madison: Pretty good!

Henry: By the way, **you're breaking up**.

Madison: Sorry, I don't know why my cell phone reception's poor these days. I won't keep you. I've lost Jamie's wedding invitation card, and I need the address of their reception hall, but I cannot get a hold of Jamie.

Henry: My wife has the wedding invitation card, so why don't I **give you a call** when I get home tonight?

Madison: That'll be great!

Henry: Well, I'd better get going. I'll talk to you later tonight, okay?

Madison: Sure! Talk to you later. Bye!

(헨리의 사무실에서 전화가 울린다.)

헨리의 직장 동료: (사무실의 모든 사람에게) 제가 전화 받을게요. (전화로) 여보세요!

매디슨: 여보세요. 헨리 씨 좀 바꿔 주시겠어요?

헨리의 직장 동료: 여보세요? 잘 안 들려서요. 조금만 크게 말씀해 주실래요?

매디슨: 아, 죄송합니다. 헨리 씨와 이야기하고 싶어요.

헨리의 직장 동료: 헨리 씨가 지금 막 통화를 시작한 것 같아요. 제가 메시지 전해 드릴까요? 전화 거신 분이 누구신가요?

매디슨: 아, 괜찮습니다. 제가 나중에 다시 걸겠습니다.

헨리의 직장 동료: 오, 잠시만요. 헨리 씨가 막 전화 끊은 것 같아요. 헨리 씨 전화로 연결해 드리겠습니다.

헨리: 여보세요!

매디슨: 헨리! 매디슨이야. 잘 지내?

헨리: 매디슨, 목소리 들으니 반갑네! 나야 잘 지내지. 넌?

매디슨: 아주 잘 지내!

헨리: 그건 그렇고, 네 소리가 자꾸만 끊겨.

매디슨: 미안. 요즘 왜 내 전화 수신 상태가 안 좋은지 모르겠어. 통화 짧게 할게. 내가 제이미 청첩장을 잃어버렸거든. 피로연 장소 주소가 필요한데, 제이미한테 연락이 안 되네.

헨리: 청첩장이 아내한테 있으니까 내가 오늘 밤에 집에 가서 너한테 전화해 주면 어때?

매디슨: 그래 주면 고맙지!

헨리: 그래, 나 그만 가 봐야겠다. 나중에 밤에 전화할게, 오케이?

매디슨: 그래! 나중에 전화하자. 안녕!

Hold on! 잠시만요!
I won't keep you. 시간 많이 안 빼앗을게요.
get a hold of ~와 연결하다, ~와 연락이 되다

Pick up
the phone

: To answer a phone call

전화를 받다

(The phone's ringing.)

Wife: Honey, can you please **pick up the phone**? I'm kind of busy cooking now.

Husband: Sure!

(전화가 울린다.)
아내: 여보, 전화 좀 받아 볼래요? 지금 음식하느라 좀 바빠서요.
남편: 알았어요!

(The phone is ringing.) I'll **pick up the phone**!

(전화가 울린다.) 내가 전화 받을게!

Pick up the phone, Timmy. I think it's for you.

전화 좀 받아, 티미. 네 전화인 것 같아.

Get on
the phone

: To start talking on the phone

전화 통화를 시작하다/
전화하다/전화 받다

Nicole **got on the phone** with her boyfriend as soon as she got home.

니콜은 집에 오자마자 자기 남자 친구랑 전화하기 시작했어.

I'll **get on the phone** with Will and convince him.

내가 윌한테 전화해서 그를 설득해 볼게.

Jenny just **got on the phone**. Why don't you wait in the living room?

제니가 지금 막 전화를 받았거든. 거실에서 기다리고 있을래?

MP3 002

Call back

: To call again 다시 전화하다

Call ~ back

: To return a phone call to ~
부재 시 전화했던 ～에게 전화해 주다

* 이 구동사는 목적어가 있을 때와 없을 때의 의미가
살짝 달라지는 것에 유의하세요.

Mr. Grill is in a meeting now. Can
you please **call back** in an hour?

그릴 씨는 현재 회의 중이십니다. 한 시간 후에
다시 전화해 주시겠어요?

(On the phone)

A: He's out of the office now. Can I
take a message?

B: That's okay. I'll just **call back**
later.

(전화로)
A: 그분 지금 사무실에 안 계십니다. 메시지 남겨
드릴까요?
B: 괜찮습니다. 그냥 제가 나중에 다시 걸겠습니다.

Dr. Kelch called you about an
hour ago. Why don't you **call her
back**?

켈치 박사님이 한 시간쯤 전에 너한테 전화하셨어.
그분께 전화드려.

I'll **call you back** when I find
James.

제임스 찾으면 내가 너한테 다시 전화해 줄게.

Hang up

: To end a phone call
전화를 끊다

A: Who was that?

B: I don't know. I asked for his
name, but the caller just **hung
up**.

A: 누군데? (문맥상: 전화한 사람이 누구야?)
B: 몰라. 이름을 물어봤는데, 그냥 전화를 끊더라.

After I **hung up**, it dawned on me
that I forgot to tell him the most
important information.

전화를 끊고 난 후에야, 내가 그 사람에게 가장
중요한 정보를 말해 주는 걸 깜빡했다는 사실을
깨달았어.

Please don't **hang up** on me. We
need to finish our conversation.

제발 나하고 통화 중에 전화 끊지 마. 우리 이야기를
끝내야 하잖아.

Mina: (Calling his doctor's office) Hello. Hello? Geez, this annoying message again?

Mike: What message?

Mina: "If this is an emergency, please **hang up** and dial 911."

Mike: Oh, that message! If you call any doctor's office here in the United States, you'll hear that message first; I know it's kind of annoying.

미나: (병원에 전화하며) 여보세요, 여보세요? 어휴, 또 이놈의 음성 메시지!
마이크: 무슨 메시지 말이야?
미나: "긴급 상황이면, 전화를 끊고 911로 전화하세요."
마이크: 아, 그 메시지! 여기 미국에서는 어떤 병원에 전화해도, 그 메시지부터 먼저 들을 거야. 알지 나도, 그게 좀 성가시긴 해.

Put A through (to B)

: To transfer A's call to B's phone

A를 (B에게) 전화로 연결해 주다

Hold the line please. I'll **put you through to** our manager.

끊지 말고 기다려 주세요. 매니저님께 연결해 드리겠습니다.

Hold on, please. I will **put you through** in a moment.

잠시만요. 제가 곧 연결해 드리겠습니다.

Will you **put him through to** my office?

그분 전화, 제 사무실로 연결해 주실래요?

Break up

: To be inaudible at times (due to the weak cell phone signal)

(약한 휴대전화 신호 때문에) 통화가 끊겨서 잘 안 들리다

I don't know why my phone **is breaking up** during calls. Do you know the solution?

> 통화 중에 전화가 왜 자꾸 끊기면서 잘 안 들리는지 모르겠어. 이럴 때 해결책이 뭔지 아니?

My phone **keeps breaking up** during phone conversations, which drives me crazy.

> 내 전화가 통화 중에 자꾸만 소리가 끊기는데, 그것 때문에 정말 돌아버리겠어.

Hello! Hello! Your voice **keeps breaking up**. Let me call you back using another phone.

> 여보세요! 여보세요! 네 목소리가 자꾸만 끊겨. 내가 다른 전화기로 너한테 다시 걸어볼게.

I can't hear you well. **You're breaking up**.

> 네 목소리가 잘 안 들려. 소리가 자꾸만 끊기네.

Give ~ a ring/call

: To call ~

~에게 전화해 주다, ~에게 전화하다

Will you tell Jimmy to **give me a ring/call**?

> 저한테 전화 좀 하라고 지미한테 얘기해 줄래요?

Please **give me a ring/call** as soon as you arrive at the airport.

> 너 공항에 도착하자마자 나한테 전화해 줘.

He **gave me a ring/call** on Sunday.

> 그 사람이 일요일에 나한테 전화했어.

(Text message) Felicia, where are you now? **Give me a ring** when you have a chance.

> (문자 메시지) 펠리샤, 너 지금 어디니? 시간 날 때 나한테 전화 좀 해 줘.

G RAMMAR POINT

이 과에서 get on the phone이 to start talking on the phone과 같은 의미로, '전화 통화를 시작하다'라는 뜻이라고 배우고 있습니다. 그런데 이 표현에서 동사 get을 be로 바꿔서 be on the phone이라고 하면 '전화 통화 중이다'(즉, 통화를 하는 상태다)라는 말이 됩니다. 동사만 get에서 be로 바뀌었을 뿐인데, 의미가 달라지죠? Get이 동작동사인 반면, be가 상태동사라는 점을 알면 그 차이가 쉽게 이해될 거예요. Get married가 '결혼하다'라는 뜻의 동작동사(event verb)인 반면, be married는 '결혼한 상태이다'(즉, 유부남/유부녀이다)라는 의미를 지닌 상태동사(state verb)라는 것과 같은 맥락입니다.*

My roommate **is on the phone** all day long.
내 룸메이트는 하루 종일 전화를 붙잡고 있어.

Mr. Kim's on the phone at this moment, but he's been waiting for you.
김 선생님이 현재 전화 통화 중이기는 한데, 널 기다리고 계셨어.

참고로, get on the phone에서 get 뒤에 바로 사람 목적어를 쓰면, 다음과 같이 '누군가에게 전화로 말하게 하다'의 의미를 갖게 됩니다.

Natalie: (On the phone) Hold the line, please. (To her coworkers) Hey, guys! I'm talking with a customer on the phone now, and he's asking me a question about the D.A. project.
Oliver: Natalie, **get Amy on the phone**. She's in charge of that project and will be able to answer his question.
나탈리: (전화로) 끊지 말고 기다려 주세요. (직장 동료들에게) 저기, 여러분! 제가 지금 전화로 고객과 이야기 중인데, D.A. 프로젝트에 관해서 질문하시네요.
올리버: 나탈리 씨, 에이미 씨가 전화 받게 하세요. 그분이 그 프로젝트 책임자라서 질문에 답할 수 있을 겁니다.

---

* 동작동사와 상태동사의 차이점에 관해서 더 자세히 공부하고 싶은 분들은 〈미국 영어 회화 문법〉 2권의 Chapter 1. 동작이냐 상태냐, 그것이 문제로다(동작동사와 상태동사)를 참고하세요.

𝒱ocabulary POINT 1

"Give me a ring."은 "Give me a call."과 똑같은 말로 "나한테 전화해 줘." 라는 뜻이죠? 이처럼 명사 ring은 phone call(전화 통화)이라는 의미가 있습니다. 그런데도 미국 영어에서는 ring up이라는 구동사가 '전화하다'의 의미로는 쓰이지 않습니다. Ring up을 '전화하다'의 의미로 사용하는 곳은 미국이 아니라 영국이랍니다. 다시 말해, 영국 영어에는 '~에게 전화하다'라는 의미의 Ring ~ up/Ring up ~ (British English: To make a phone call to ~) 이라는 표현이 있지만, 미국에서는 전화 관련 문맥에서는 거의 쓰이지 않는 말입니다. 쇼핑 관련 구동사를 다룬 Lesson 2에서 공부하겠지만, 미국 영어에서 ring up은 '(쇼핑을 다 끝낸 후에) 계산해 주다'의 의미로 주로 쓰입니다. 그렇지만 영국에서는 '전화하다'라는 의미로 종종 쓰이는 구동사니까, 다음 예문과 함께 익혀 보세요. 물론, 미국에 가서 이렇게 말씀하시면 안 됩니다^^

Ring me up if you have any questions.
질문 있으면 나한테 전화 줘.

She **rang me up** and yelled at me. Obviously, she's pretty angry with me.
그녀가 나한테 전화해서 소리를 질렀어. 확실히, 그녀는 나한테 굉장히 화가 났어.

I didn't **ring up Jacky**. I don't even have her number.
난 재키한테 전화 안 했어. 난 걔 번호도 없어.

참고로, 이 과에서 공부하고 있는 give ~ a ring은 미국인들이 아주 흔하게 사용하는 표현이랍니다.

Culture POINT

한국에서 결혼식에 사람들을 초대할 때 청첩장을 돌리듯이, 미국에서도 청첩장(Wedding Invitation Card)을 보냅니다. 신랑, 신부의 이름과 예식을 올리는 곳, 그리고 피로연(Wedding reception)을 하는 곳의 주소를 적는 것 등은 비슷하지만, 다른 세부 사항에는 차이가 있습니다. 예를 들어, 한국 청첩장에는 보통 신랑의 이름을 먼저 적지만, 미국 청첩장에는 언제나 신부의 이름을 먼저 적습니다. 이는 한국에서 청중들에게 "신사 숙녀 여러분"이라고 부르는 것과 달리, 미국에서는 같은 말을 "Ladies and gentlemen"이라고 하는 것과 같은 맥락이 아닐까 싶습니다. 또 다른 차이점이라면, 미국인들은 하객들이 어떤 복장으로 와 줬으면 한다는 드레스 코드(Dress code)를 청첩장에 넣는 경우도 있습니다. 마지막으로, 한국의 청첩장과 달리, 미국에서는 결혼식 참석 여부를 반드시 알려 달라는 "R.S.V.P" 또한 언제나 빠지지 않습니다.

R.S.V.P는 불어인 "Répondez s'il vous plait!"의 약자로, 영어로 번역하면 "Please reply!"입니다. 미국 청첩장에서 RSVP가 더욱 중요한 이유는, 많은 미국인이 해변이나 공원의 가든 같은 곳을 빌려서 결혼식을 하고 피로연과 축하 파티를 하기 때문입니다. 그럴 경우, 알맞은 개수의 의자와 테이블을 세팅하기 위해서, 그리고 적절한 양의 음식을 케이터링 업체(Catering Service)에 주문하기 위해서는 결혼식에 정확히 몇 명이 오는지 반드시 알아야 합니다. 참고로, 몇 년 전에 제가 받은 청첩장에는 자신들이 결혼식 피로연에서 준비하는 음식의 간단한 메뉴를 함께 보내면서, 하객들이 먹고 싶은 음식을 골라서 RSVP할 때 함께 알려 달라는 내용도 있었습니다. 결혼식에 참석할 하객들 각자가 원하는 음식으로 정확하게 준비하고 계획하겠다는 말이지요. 이를 통해서, 청첩장도 그저 형식적인 내용을 채우기보다는 실용적인 방법으로 활용하는 미국인들의 합리적인 면모를 엿볼 수 있었습니다.

미국 청첩장 샘플

POP *Quiz!*

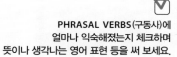

PHRASAL VERBS(구동사)에
얼마나 익숙해졌는지 체크하며
뜻이나 생각나는 영어 표현 등을 써 보세요.

Pick up the phone ☐

Get on the phone ☐

Call back ☐

Call ~ back ☐

Hang up ☐

Put A through (to B) ☐

Break up ☐

Give ~ a ring/call ☐

LESSON 2
쇼핑

(At a beauty supply store)

Friend 1: It seems like all the shoe prices here **are marked down**.

Friend 2: Yes, they are. The owner of this store told me she would **bring down the prices** on all the items here.

Friend 1: I can't believe she did that while every other store around here tries to **put up all their prices**.

Friend 2: Tell me about it! Plus, some of them **jack up their prices** for no reason.

Friend 1: You know what? Usually, I only buy wigs and hair products at a beauty supply, but I might as well buy a pair of shoes too.

Friend 2: Why not? You can't beat the price.

Friend 1: (To the store clerk) Excuse me, could I **try these shoes on** for size?

The store clerk: Sure! If **you're looking for a particular size**, please let me know.

Friend 1: Okay, thanks!

Friend 2: They **go well with your skirt**.

Friend 1: Don't they?

Friend 2: Hey, what about this color?

Friend 1: They're so pretty! I can't **pick out just one pair** because I love them all!

Friend 2: Take your time. It's not like we have to **queue up** at the register now.

Friend 1: Ha ha… okay. Oh, I also need to pick up some shampoo. Do you know the best shampoo for frizzy hair?

Friend 2: You know, I also have frizzy hair, and I always use this brand right here. Do you want to **try it out**?

Friend 1: Okay. I'll take it along with these shoes. (To the cashier) Can you please **ring me up**?

(미용·용품 가게에서)

친구1: 여기 신발 가격이 모두 내린 것 같네.

친구2: 응, 맞아. 이 가게 사장님이 여기 있는 모든 물건의 가격을 내릴 거라고 나한테 말씀해 주셨거든.

친구1: 이 근방의 다른 가게들이 모두 가격을 올리려고 하는데, 여기 사장님은 가격을 내렸다니 믿기지가 않는다.

친구2: 그러게 말이야! 게다가, 어떤 가게들은 아무 이유도 없이 가격을 확 올리잖아.

친구1: 저기, 있잖아. 보통 난 미용·용품 가게에서 가발하고 헤어 제품만 사는데, 신발도 한 켤레 사는 게 좋겠어.

친구2: 당연하지. 가격이 제일 좋은 곳이잖아.

친구1: (가게 점원에게) 실례지만, 사이즈 맞는지 보게 이 신발 신어 봐도 될까요?

가게 점원: 그러세요! 특별히 찾는 사이즈가 있으시면, 저한테 알려 주세요.

친구1: 네, 감사합니다!

친구2: 그 신발, 네 치마랑 잘 어울린다.

친구1: 그렇지?

친구2: 얘, 이 색은 어때?

친구1: 너무 예쁘다! 딱 한 켤레만 못 고르겠어. 전부 다 너무 마음에 들어서!

친구2: 천천히 골라. 우리가 지금 계산대에 줄을 서야 하는 것도 아니니까.

친구1: 하하… 알았어. 아, 나 샴푸도 좀 사야 해. 곱슬머리에 제일 좋은 샴푸가 뭔지 알아?

친구2: 있잖아, 나도 곱슬머리인데 난 항상 여기 이 브랜드 샴푸만 써. 너도 한번 써 볼래?

친구1: 그래. 그 샴푸하고 이 구두로 할래. (계산대 직원에게) 계산 좀 해 주실래요?

Tell me about it! (동의하며) 그러게 말이야!
might as well + 동사원형 ~하는 편이 더 낫다
You can't beat the price. 가격이 좋다. (값을 깎을(beat the price) 수 없을 정도로 가격이 좋다는 의미)
frizzy 곱슬곱슬한

Mark down (the price)

: To lower/reduce (the price)
물건값을 깎다/값을 내리다

Why don't we **mark down prices** on most of our items?
우리 제품 대부분의 가격을 내리는 게 어떨까?

All the shoes in this section **have been marked down**.
이 섹션에 있는 구두는 다 가격이 내렸습니다.

All the items **are marked down** by at least 50% in the clearance section.
정리 코너에 있는 모든 상품은 최소한 50% 이상 가격이 내려갔습니다.

Bring down (the price)

: To lower/reduce (the price)
물건값을 깎다/값을 내리다

Our competitor **has brought down the prices** of their products, and we'll also have to adjust our prices.
경쟁사가 자기네 제품 가격을 내렸으니, 우리도 가격 조정을 해야 할 겁니다.

Our goal is to **bring down our prices** on most items.
우리 목표는 대부분의 제품 가격을 내리는 겁니다.

A: Can we ask the seller to **bring down the price** of this hat?
B: Absolutely! Everyone says we can negotiate prices at a flea market.
A: 우리, 이 모자 가격을 좀 깎아 달라고 파는 분한테 물어봐도 될까?
B: 당연히 되지! 벼룩시장에서는 가격 흥정이 가능하다고 모두들 말하잖아.

Put up (the price)

: To increase/raise (the price)
값을 올리다

Because of the inflation, all the groceries are so expensive now. We'll have to **put up the prices** of some dishes on our menu.

> 인플레이션 때문에 모든 식자재가 지금 너무 비싸요. 우리 메뉴에 있는 몇 가지 요리 가격은 올려야 할 거예요.

I can't believe they **put up the prices** of everything when it's already the most expensive store in town!

> 거기가 이 도시에서 이미 가장 비싼 가게인데, 모든 제품의 가격을 더 올렸다니, 정말 믿을 수가 없네!

Paper got so expensive. I guess publishers will **put up the book prices** soon.

> 종잇값이 너무 비싸. 출판사들이 곧 책 가격을 올리겠네.

Jack up (the price)

: To increase/raise (the price) sharply
값을 급격히 올리다

A: I don't know why the prices keep going up in this store.

B: That's because they **jack up the prices** almost every other day!

> A: 이 가게는 왜 물건값이 계속 오르는지 모르겠어.
> B: 왜냐하면 거의 이틀에 한 번은 물건값을 확 올리니까.

Because of the high oil price, the airlines had to **jack up their prices**.

> 비싼 기름값 때문에, 항공사들도 비행기표 값을 올려야 했습니다.

Try on ~ / Try ~ on

: To put on ~ to see if it suits the person

(신발, 옷, 모자 등이 맞는지)
입어 보다/신어 보다/써 보다

I really like this pink shirt, but I'd also like to **try the white color on.**

난 이 분홍색 셔츠가 참 마음에 드는데, 그 흰색도 한번 입어 보고 싶어.

These shoes are beautiful! Why don't you **try them on**?

이 구두 예쁘다! 네가 한번 신어 보면 어때?

Can I **try on this hat**?

이 모자 한번 써 봐도 될까요?

Look for ~

: To try to find ~

~를 찾다

Whether you **are looking for formal shoes or tennis shoes**, you want to check out this store.

정장 구두를 찾고 있든 운동화를 찾고 있든, 이 가게에 가 보면 돼.

Excuse me. I **was looking for this shirt in size 10**.

실례합니다. 이 셔츠, 사이즈 10으로 찾고 있거든요.

I'm looking for a prom dress. Where should I go?

프롬(졸업 파티)에 입고 갈 드레스를 찾고 있는데요. 어디로 가면 되나요?

Go (well) with ~

: To look better with ~/To be better with ~

~와 (잘) 어울리다

Could you please show me a couple of hats which would **go (well) with this blouse**?

이 블라우스와 (잘) 어울리는 모자 좀 두어 개 보여 주시겠어요?

I don't think this purple scarf **goes (well) with your jacket**.

이 보라색 스카프가 네 재킷과 (잘) 어울리는 것 같지가 않아.

This seafood pasta is a perfect dish that **goes well with this chardonnay**.

이 해산물 파스타는 이 샤르도네(백포도주의 일종) 와 잘 어울리는 완벽한 요리입니다.

Pick out ~ / Pick ~ out

: To choose something/ someone

~을 선택하다/뽑아내다

You need to **pick out the writing topic** first.

먼저, 글을 쓸 주제부터 선택해야 합니다.

Tony, it's your birthday. **Pick out anything you want** in this toy store.

토니, 네 생일이잖아. 이 장난감 가게에서 갖고 싶은 건 뭐든 골라 봐.

I cannot **pick out just one thing** here. I love all of them!

여기서는 딱 하나만 고를 수가 없어. 전부 다 너무 좋아서!

Queue up

: To stand in line

줄을 서다

We had to **queue up** for three hours to purchase the BTS concert tickets.

> 우리는 BTS 콘서트 표를 사려고 세 시간 동안 줄을 서야 했어.

Although it's a very small store, you'll have to **queue up** at the register because they usually have many customers.

> 거기가 아주 작은 가게이긴 하지만, 계산대에서 줄을 서야 할 거야. 왜냐면 보통 때 손님이 많거든.

We didn't have to **queue up** to get the author's signature.

> 우리가 저자 사인을 받기 위해서 줄을 서야 할 필요는 없었어.

Try out ~ / Try ~ out

: To test something if it's suitable (or if it works)

잘 되는지 시험 삼아 해 보다

If you're experiencing hair thinning, why don't you **try out this hair loss shampoo**?

> 머리카락이 얇아지고 있다면(탈모가 시작된다면), 이 탈모 샴푸를 한번 써 보시는 게 어때요?

That looks great on you, but would you like to **try out this one** as well?

> 그게 너한테 아주 잘 어울리기는 한데, 이것도 한번 입어 볼래?

I'd like to **try out the red color**, please.

> 빨간색도 한번 해 보고 싶어요.

Ring up ~/
Ring ~ up

: To help a shopper to make the payment for the items they are buying by recording the amount on the cash register

(상점에서) 상품 가격을 입력해 고객이 물건값을 내도록 돕다/계산해 주다

Excuse me, I'd like to take this black dress and that hat right there. Can you please **ring these up**?

실례지만, 이 검정 드레스와 바로 저기 있는 모자를 사고 싶거든요. 계산 좀 해 주실래요?

I guess I'm done shopping. Can you **ring me up** please?

전 쇼핑 다 한 것 같아요. 계산 좀 해 주실래요?

If you're done, I can **ring you up**.

다 고르셨으면, 제가 계산해 드릴 수 있습니다.

As soon as the cashier **rang up her purchase**, she left the store.

계산원이 그녀가 산 걸 계산해 주자마자, 그녀는 가게를 떠났다.

𝒱ocabulary POINT

Pick out ~은 '~을 고르다/선택하다'라는 뜻의 구동사입니다. 그런데 이 구동사와 함께 외워 두면 좋을 이디엄으로 pick someone/something out of a hat(계획 없이, 의도하지 않고 그냥 무작위로 ~을 뽑다)이 있습니다. 전통적으로 미국인들은 즉흥적으로 제비뽑기를 할 때, 사진과 같이 모자(hat) 속에 제비를 넣고 거기서 하나를 뽑았는데, 그 사실에서 유래한 표현입니다.

I didn't **pick my baby's name out of a hat**. I had been thinking about it for almost two years.
내가 우리 아기 이름을 그냥 아무렇게나 선택한 게 아니야. 거의 2년 가까이 계속 생각해 왔던 말이야.

No one wanted to be the first presenter, so the teacher had to **pick a name out of a hat**.
아무도 첫 번째 발표자가 되고 싶어 하지 않아 해서 선생님께서 무작위로 아무나 고르셔야 했어.

The store owner **picked his manager out of a hat**.
가게 주인은 매니저를 무작위로 뽑았다.

Culture POINT

미국에는 동네마다 Beauty Supply라는 미용용품 판매점이 있는데, 주요 상품 중 가발이 차지하는 비중이 큽니다. 주 고객인 미국 흑인 여성들이 자신을 꾸미는 데 가발을 필수적으로 사용하기 때문이죠. 흑인들은 왜 가발을 애용할까요? 타고난 곱슬머리 때문에 머리 모양을 손질하기가 굉장히 어렵기 때문입니다. 어떤 흑인들은 직모를 선호해서 직모로 된 가발을 쓰기도 하죠. 배우 윌 스미스가 자기 아내를 탈모라고 놀리는 코미디언(크리스 락)을 오스카 시상식에서 때린 사건이 있습니다. 그 사건 직후에, 제 지인인 흑인 여성은 윌 스미스의 아내 제이다 스미스가 영화 촬영 때문에 직모 헤어 스타일을 만들려고 독한 성분의 헤어 제품을 사용하다가 탈모가 왔을 거라고 추측하기도 했습니다. 실제로 제이다 스미스는 화보 촬영 등을 할 때, 찰랑거리는 직모로 만든 가발을 쓰라는 요구를 자주 받았다고 해요. 그렇지만 곱슬머리로 태어난 제이다는 그런 가발을 쓰고 촬영할 때면 자신의 정체성이 부정당한다는 느낌을 받기도 했다고 고백했습니다. 슬프게도 이는 제이다 스미스뿐만 아니라, 미국의 많은 흑인 여성들이 전통적으로 겪은 일이라고 합니다.[*] 이런 이유로 흑인들이 사는 곳엔 어디나 Beauty Supply 가게가 있습니다. 그런데 이 Beauty Supply를 운영하는 분들 절대다수가 놀랍게도 한국인입니다. 미국에서 팔리는 가발 대부분이 한국 회사에서 만들어지기 때문이죠. 요즘은 인건비 때문에 가발 공장이 거의 다 중국과 동남아 등으로 옮겨갔지만, 여전히 그 회사의 경영진들은 모두 한국인입니다. 또 영어를 잘 못하는 한국인들도 미국에서 비교적 수월하게 시작할 수 있는 비즈니스가 Beauty Supply 가게라고 해요. 한국말 못하는 사람도 물건을 사들이고 수입하는 데는 지장이 없어서 요즘은 아랍계 등 다른 이민자들이 Beauty Supply 가게를 차리기도 합니다. 그렇지만 이 분야에 한국인들이 압도적으로 많은 이유는 가발이라는 제품의 특수성 때문인 것 같습니다. 가전제품이나 자동차와 달리, 가발은 머리카락 색과 스타일의 조합에 따라 그 가짓수가 엄청나고, 다채로운 색상과 모양의 각종 부분 가발까지 포함하면 수천, 수만 가지 아이템이 있을 정도로 제품이 다양합니다. 이렇게 다양한 제품 중에서 원하는 스타일의 상품으로만 한국 회사에 제대로 주문하려면, 한국말 잘하는 한국인이 훨씬 더 유리한 사업임에는 틀림없는 것 같습니다.

Beauty Supply에서는 가발 외에, 각종 미용용품과 더불어 헤어 액세서리, 신발, 옷, 스카프, 귀걸이, 목걸이 등도 판매합니다. 이곳을 즐겨 찾는 고객 중에는 저소득층에 속하는 흑인들이 많아서, 제품 가격은 대체로 저렴한 편에 속합니다. 미국 여행을 하게 되면, Beauty Supply에 한번 들러 보세요. 그곳에서 열심히 일하는 한국인 가게 주인분들에게 미국 현지에 관한 정보도 얻고, 착한 가격의 액세서리와 스카프도 구경해 보시길 추천합니다.

---

[*] 흑인 여성들 사이에서는 원래 그대로의 곱슬머리를 드러내며 정체성을 지키고자 하는 움직임도 꽤 오랫동안 지속돼 왔습니다. 참고로, 흑인 여성들의 헤어스타일과 그들의 정체성을 흑인을 향한 미국 사회의 인종 차별적인 시선과 함께 연결 지어 논문을 쓴 학자들도 있습니다.

LESSON 3
여행

John: Tommy, I think I should call it a day. I need to **pick up my son**, and my wife told me to **get in** there before he finishes his soccer practice.

Tommy: I thought you **drop him off** in the morning, and your wife **picks him up** in the evening.

John: We usually do so, but my wife went to the airport to **see her mother off** today. Her flight **takes off** at 8:30, so my wife won't be home until then.

Tommy: Oh, was your mother-in-law visiting?

John: Yes, she stayed with us for a couple of weeks.

Tommy: Where does she live?

John: She lives in Michigan.

Tommy: Wow, I didn't know she lives so far away. Does she visit you often? She must have spent big bucks on flight tickets.

John: Sort of, but if you don't mind having a layover, it reduces the cost.

Tommy: That makes sense. By the way, I won't be here on Monday. I'll probably be sunbathing, drinking a Margarita on Miami Beach by then.

John: You'll **set off for Miami**? I'm so jealous of you, man! I've been really wanting to **get away**.

Tommy: You should! I've been meaning to travel for so long. As soon as I **get off the plane**, I'm heading for the beach.

John: So, are you going there by yourself?

Tommy: No, I'm going with Nathan.

John: Nathan? Your dog? I know there are lots of pet-friendly hotels in Florida, but wouldn't it be a little inconvenient to travel with a pet?

Tommy: There are a couple of things I should do when **checking in** and **checking out** at a hotel, but other than that, it's not that cumbersome. Besides, you know Nathan's my child.

John: Yeah, I hear you. I would choose to drive there and **stop over in Orlando** en route to Miami. I personally think there are more things to do in Orlando than Miami.

Tommy: That's not a bad idea, but I've already booked my flight.

John: Anyways, I should really get going now. I hope you have a fun trip!

Tommy: Thanks! Have a restful weekend!

존: 토미 씨, 오늘은 여기까지 해야겠어요. 우리 아들 데리러 가야 하는데, 아내가 아이가 축구 연습 마치기 전에 저 보고 도착해 있으라고 했거든요.

토미: 저는 평소에 존 씨가 아침에 아이를 데려다주고, 아내 분이 저녁에 데리러 가는 줄 알았네요.

존: 보통은 그렇게 하는데, 오늘 아내가 장모님 배웅하러 공항에 갔거든요. 장모님 타시는 비행기가 8시 30분에 이륙하니까, 아내가 그때까지는 집에 안 올 거라서요.

토미: 아, 장모님이 방문 중이셨어요?

존: 네, 장모님이 저희 집에서 한 2주 정도 지내셨어요.

토미: 장모님은 어디 사시는데요?

존: 미시간주에 사세요.

토미: 와, 그렇게 멀리 사시는지 몰랐네요. 장모님이 자주 오세요? 비행기 표에 쓰는 돈도 만만찮겠네요.

존: 그렇기는 한데요, 한 번 경유해도 괜찮으면 가격이 낮아져요.

토미: 그렇겠네요. 그건 그렇고, 저 월요일에 여기 없을 거예요. 그때쯤이면 제가 마이애미 해변가에서 마르가리타를 마시면서 일광욕하고 있을 거예요.

존: 마이애미로 떠나실 거라고요? 정말 부럽네요! 저도 정말 휴가를 떠나고 싶었거든요.

토미: 그러셔야죠! 저는 아주 오랫동안 여행하려고 마음먹고 있었거든요. 비행기에서 내리자마자, 해변가로 향합니다.

존: 그래서 그곳엔 혼자 가시는 거예요?

토미: 아니요, 네이단과 같이 가요.

존: 네이단? 토미 씨 강아지 말이에요? 플로리다에 반려동물 친화적인 호텔이 많은 건 알지만, 반려동물이랑 같이 여행하는 게 좀 불편하지 않겠어요?

토미: 호텔에서 체크인할 때와 체크아웃할 때 해야 할 것이 두어 가지 있지만, 그것 제외하고는 그렇게 번거롭지 않아요. 게다가, 네이단은 제 아이잖아요.

존: 아, 그렇긴 하죠. 저라면 거기까지 운전해 가면서, 마이애미로 가는 길에 올랜도에 들르겠어요. 개인적으로는 마이애미보다 올랜도에 할 게 더 많은 것 같거든요.

토미: 좋은 생각이긴 하지만, 제가 이미 비행기 표를 예약해서요.

존: 어쨌든, 저 이제 정말 가 봐야겠어요. 즐겁게 여행 잘하시기 바랍니다!

토미: 고맙습니다! 편안한 주말 보내세요!

---

call it a day
(회의 등을 마치면서) 여기까지 하다, 그만하다
buck 달러(= dollar)
layover 단기 체류(= stopover)
cumbersome 길고 복잡한
I hear you. (상대의 말에 동의하며) 그렇죠.
en route to ~로 가는 도중에
I should really get going.
(하던 일을 멈추고 가 볼 때) 가 봐야겠어요.

Pick up ~ / Pick ~ up

: To go to a place in order to bring the person

~를 데리러 가다

Son: Dad, we'll arrive in Miami at 5. Can you **pick me up** at the airport?

Dad: I need to finish this before I leave, and I can **pick you up** at 5:30. How does that sound?

아들: 아빠, 우리 마이애미에 5시에 도착해요. 공항에 저 데리러 오실 수 있어요?
아빠: 내가 떠나기 전에 이걸 끝내야 해서, 너를 5시 30분에 데리러 갈 수 있어. 그러면 될까?

Who's going to **pick up Jerry** at the train station? He'll be arriving at noon.

누가 기차역으로 제리 데리러 갈 거지? 제리가 정오에 도착할 거야.

I need to **pick up my children** from school.

난 학교로 아이들 데리러 가야 해.

Get in

: To arrive

도착하다

The train **got in** at 2:40, not 2:30.

기차는 2시 40분에 도착했어. 2시 30분이 아니라.

My flight **got in** too early, and I've been sitting here for an hour.

내가 탄 비행기가 너무 일찍 도착해서, 나 여기서 한 시간 동안 앉아 있었어.

It looks like his flight **got in** late.

그 사람이 탄 비행기가 늦게 도착한 것 같아.

When our plane **got in** at JFK airport, my grandparents were already waiting for us.

우리 비행기가 JFK 공항에 도착했을 때, 할머니 할아버지께서는 이미 우리를 기다리고 계셨어.

Drop off ~ / Drop ~ off

: To give ~ a ride to a place

~를 차로 어떤 장소에 내려주다

My son's preschool is very close to my workplace, and I **drop him off** on my way to work every day.

우리 아들이 다니는 유아원이 내 직장에서 아주 가깝거든. 그래서 내가 매일 출근하는 길에 아이를 내려주고 가.

There's no need to call Uber. I can **drop you off** at the airport.

우버 택시 부를 필요 없어. 내가 공항에 너 내려줄 수 있거든.

My car has broken down, and I need a ride home. Could you please **drop me off** on your way home?

제 차가 고장 나서 집까지 차 편이 필요해요. 댁으로 가시는 길에 저 좀 내려주실래요?

See off ~ / See ~ off

: To go to a place (such as an airport) and say goodbye to ~

~를 배웅하다

Amy didn't **see him off** at the airport because she didn't want to cry.

에이미는 공항에서 그를 배웅하지 않았어. 울고 싶지 않았거든.

We'll **see you off** at the train station.

우리가 기차역에서 너를 배웅할게.

Jamie, could you please **see off Mr. Kim**?

제이미, 네가 김 선생님 좀 배웅해 드릴 수 있겠니?

Take off

: To leave the ground and start to fly

(비행기가) 이륙하다

When the plane was about to **take off**, Laura pushed the call button for the flight attendant.

비행기가 막 이륙하려고 할 때, 로라가 승무원 호출 버튼을 눌렀다.

The plane will **take off** soon. Please fasten your seat belt.

비행기가 곧 이륙할 겁니다. 안전벨트를 착용해 주세요.

The flight will **take off** at 7:10.

비행기가 7시 10분에 이륙할 겁니다.

Set off

: To begin traveling/To start a journey

(여정을) 출발하다

Let's **set off** for New York!

뉴욕으로 출발하자!

We need to **set off** early tomorrow.

우리 내일 일찍 출발해야 해.

Because of the pandemic, he had to stop traveling and **set off** home.

팬데믹 때문에 그는 여행을 그만두고 집으로 출발해야 했다.

Get away

: To have a vacation

휴가를 떠나다

I'm stressed out! I really want to **get away** even for a day.

나 너무 스트레스 받아! 정말 단 하루만이라도 휴가 받아서 떠나고 싶어.

After this project, let's **get away** for a month.

이 프로젝트 끝나면, 한 달 동안 휴가 떠나자.

We should be able to **get away** for a week in December.

우리가 12월에는 일주일 동안 휴가를 떠날 수 있을 거야.

Get off (~)

: To leave a bus/train/plane

버스/기차/비행기에서 내리다

We should **get off** at the next station.

우리는 다음 정류장에서 내려야 합니다.

It looks like the next stop is the terminal. Let's **get off the bus**.

다음 정류장이 터미널인 것 같아. 버스에서 내리자.

A: Hey, aren't you supposed to be in Paris now? Why are you still in New York?

B: I **got off the plane** right before it took off.

A: 얘, 너 지금 파리에 있어야 하는 것 아니니? 왜 아직 뉴욕에 있는 거야?
B: 비행기 이륙하기 바로 전에 내렸거든.

Check in

: To register (at a hotel or an airport)

(호텔에서) 체크인하다/
(공항에서) 탑승 수속을 하다

It's an international flight, so we need to **check in** two hours before departure.

국제선이라서 우리가 출발 두 시간 전에 탑승 수속을 해야 해.

I understand Delta lets you **check in** up to 24 hours prior to your departure time.

나는 델타항공은 출발 24시간 전부터 수속을 하게 해 주는 걸로 알고 있어.

If you're traveling with your pet, you'll have to sign a guest pet agreement when you **check in** at a hotel.

반려동물과 함께 여행하면, 호텔에서 체크인할 때 반려동물 동반 허가서에 서명해야 할 겁니다.

Check out

: To pay the hotel bill and leave

(호텔에서) 체크아웃하다/
호텔비를 지불하고 나가다

We might as well get up before 10 tomorrow in order to **check out** at 11.

11시에 체크아웃할 수 있게 내일 10시 전에 일어나는 게 좋겠어.

A: Hurry up! The receptionist says we should **check out** before 11 a.m.

B: We already paid for the hotel room. Do we still have to **check out**?

A: 서둘러! 안내 직원이 우리가 11시 전에는 체크아웃해야 한다고 하니까.
B: 우리가 이미 호텔비를 지불했잖아. 그런데도 체크아웃을 해야 하는 건가?

Stop over (in ~)

: To have a short stop/To stay somewhere for a short time while traveling

(이동/여행 중에) 어딘가에 들르다/ 어딘가에 들러서 잠시 머무르다

Why don't we **stop over in Orlando** for a day on our way to Miami?

마이애미로 가는 중에 올랜도에 들러서 하루 머물면 어떨까?

Can we **stop over in Washington, D.C.** for a couple of nights on the way to New York?

뉴욕 가는 길에 워싱턴 D.C.에 들러 이틀 밤 정도 머물러도 될까요?

This is not a direct flight to Incheon, South Korea; this plane **stops over in Tokyo**.

이건 한국 인천공항으로 가는 직항이 아니야. 비행기가 도쿄를 경유해.

G RAMMAR POINT

존의 문장 "I've been really wanting to get away."는 전통 문법에 따르면 문법적으로 옳지 않은 문장입니다. want는 동작동사가 아니라 상태동사이고, 상태동사는 원칙적으로 진행형을 쓰면 안 되기 때문입니다. 그런데도 실제로 많은 미국인들이 구어체 영어(spoken English)에서 다음과 같이 이 표현을 사용합니다.

A: You wanna come over and watch <Pachinko> with me? It's a show on Apple TV.
B: Yes! **I've been wanting** to see that drama!
A: 우리 집에 와서 나랑 〈파친코〉 볼래? 애플 TV에서 하는 프로그램이야.
B: 그래! 나 그 드라마 계속 보고 싶었거든!

이렇게 구어체(spoken English)에서는 허용되는 이 표현이 문어체(written English)에서는 허용되지 않습니다. 문어체라면, 현재완료형인 have wanted라고 써야 합니다. 문어체 영어가 전통 문법을 따르려는 경향이 훨씬 더 강하기 때문이죠. 이를 구어체와 문어체의 차이로 볼 수도 있겠지만, 또 규범 문법(prescriptive grammar: 한 언어에는 올바른 용법이 존재하기 때문에 모든 사람이 그 용법에 따라서 해당 언어를 사용해야 한다는 관점)과 기술 문법(descriptive grammar: 언어가 보통 사람들에게 쓰이는 그 상태 그대로 기술하는 문법)의 차이로도 볼 수 있습니다.[*]

---

[*] 규범 문법과 기술 문법의 차이를 좀 더 상세하게 알고 싶은 분들은 아선생이 쓴 〈미국 영어 문화 수업 합하고 더한 책〉의 '자장면은 짜장면의 느낌이 안 난다(문법을 바라보는 두 가지 관점)' 편을 참고하세요.

$\mathscr{V}$ocabulary POINT

Stop over는 '(긴 여행/여정 중) 어딘가에 들러 잠시 머물다'의 뜻입니다. 비슷한 의미의 구동사 lay over도 함께 알아두세요. 두 구동사 모두 붙여서 stopover, layover처럼 명사로도 쓰입니다. 이 둘이 비슷하기는 한데 완전히 똑같지는 않습니다. 흥미롭게도 같은 의미를 지닌 이 둘의 차이점은 '들른 지점에서 머무르는 시간'에 있다고 하네요. 미국인들은 대략 24시간 이내로 머무는 것은 layover라고 하며, 그 이상 머무는 것은 stopover라고 합니다. 참고로, 이 명사형을 사용해서 have a stopover, have a layover라고도 합니다.

We will **have a stopover** in Chicago on Christmas on our way to Cincinnati, Ohio.
우리는 오하이오주 신시내티로 가는 길에 크리스마스 날에는 시카고에 들러서 좀 머물 거야.

I don't mind **having a layover** because a 16-hour flight is just too long.
난 한 번 경유하는 건 괜찮아. 16시간 비행은 너무 기니까.

I booked a flight with two **layovers** because it was the only one that I could afford.
난 두 번 경유하는 비행기로 예약했어. 그게 내가 살 수 있는 유일한 비행 편이었거든.

Culture POINT

반려동물과 함께 여행하려는 미국인들은 반려동물 관련 서비스를 제공하는 pet-friendly hotel을 이용합니다. 이런 호텔에 체크인할 때는 데리고 오는 동물의 요금을 따로 내야 하는데, 이를 pet charge 또는 pet fee라고 합니다. 이렇게 내는 이유는 동물에게 주는 간식과 동물 장난감같이 특별히 따로 제공되는 서비스 때문이기도 하지만, 동물이 머물다 간 방을 청소하는 게 좀 더 힘들기 때문이기도 합니다. 그렇다면 이 요금을 따로 내기 싫어서 반려동물을 살짝 숨겨서 호텔 방으로 데리고 들어가면 어떻게 될까요? 대부분 호텔에서는 이런 경우에 요금보다 더 비싼 벌금을 물게 하고 호텔에서 쫓아낸다고 합니다. 물론, 호텔 사용료도 당연히 내야 하고요.

Pet fee를 내는 것 외에 호텔에 체크인할 때는 반려동물이 필요한 백신을 모두 맞았는지 확인할 수 있게 백신 카드(vaccination card)도 보여 줘야 합니다. 그렇지만 아무리 pet-friendly hotel이라 해도 모든 동물이 다 머물 수 있는 건 아닙니다. 예를 들어, 제 친구는 뱀을 한 마리 키우는데 뱀을 받아주는 호텔을 찾는 건 미국에서도 쉽지 않습니다. 그러니 동물과 함께 여행을 계획할 때는 투숙할 호텔이 어떤 동물을 받아주는지도 미리 확인해야 합니다. 참고로, pet-friendly hotel 안에서도 동물이 갈 수 없는 곳이 있으니, 그런 정보까지도 체크인할 때 모두 확인해야 합니다. 이렇게까지 하면서 반려동물을 데리고 함께 여행하는 미국인들이 많은 걸 보면, 미국인들의 동물 사랑이 참으로 각별하다는 생각도 듭니다.

POP *Quiz!*

PHRASAL VERBS(구동사)에
얼마나 익숙해졌는지 체크하며
뜻이나 생각나는 영어 표현 등을 써 보세요.

Mark down (the price) ☐

Jack up (the price) ☐

Go (well) with ~ ☐

Queue up ☐

Ring up ~ / Ring ~ up ☐

Drop off ~ / Drop ~ off ☐

Get off ☐

Get away ☐

Set off ☐

Stop over (in ~) ☐

Gina: Honey, it's almost time for dinner. Do you want to **eat out** or **eat in** tonight?

Stephen: Let's **eat in**. I can help you cook.

Gina: Let me think about what to make. I know! I could cook some steaks. I think I have some in the freezer.

Stephen: Well, actually, the doctor told me to **cut back on red meat**. I already had some this week.

Gina: I could **whip up some pasta and a salad**. That wouldn't take long, and it would be healthy.

Stephen: Great! I can **chop up the veggies** for the salad.

Gina: (Looking in the fridge) Okay, here's the lettuce. Oh, wait. This doesn't look right. Oh, no, the lettuce **has gone bad**. I have to **throw this out**.

Stephen: And, I hate to say it, but it looks like **we're out of pasta** too.

Gina: We have nothing to eat!

Stephen: I'll go to the supermarket and **pick up some food** for the rest of the week. On the way home, I can **stop by the Italian place** and get some dinner to go. Why don't you call the restaurant and place the order?

Gina: Sounds perfect! Thanks, honey!

영어로 말하고 싶은, 또는 못 알아들을 것 같은 예문에 체크해 보세요.

MP3 007

지나: 여보, 저녁 먹을 시간 다 됐어요. 오늘 밤에는 외식할래요, 아니면 집에서 먹을래요?

스티븐: 집에서 먹읍시다. 내가 당신 요리하는 거 도와줄게요.

지나: 뭘 만들지 생각 좀 해 보고요. 아, 생각났다! 스테이크를 만들 수 있겠어요. 냉동실에 스테이크가 좀 있는 것 같던데.

스티븐: 음, 실은 의사가 나한테 붉은색 고기는 좀 줄이라고 했거든요. 이번 주에도 이미 좀 먹었고요.

지나: 그럼 파스타하고 샐러드를 금방 만들 수 있어요. 그건 시간도 오래 안 걸리고, 몸에도 좋을 거예요.

스티븐: 좋아요! 내가 샐러드에 들어갈 채소를 썰게요.

지나: (냉장고 안을 들여다보며) 오케이, 양상추가 여기 있구나. 아, 잠깐. 이거 이상해 보이네. 에잇 참, 양상추가 상했어요. 버려야 해요.

스티븐: 그리고 이런 말 하기 싫은데, 파스타도 다 떨어진 것 같아요.

지나: 먹을 게 하나도 없네요!

스티븐: 내가 슈퍼마켓에 가서 이번 주 남은 기간 동안 먹을 음식 좀 사 올게요. 집에 오는 길에 이탈리아 식당에 들러서 저녁으로 먹을 것 좀 포장해 가지고 올게요. 당신이 식당에 전화해서 주문 좀 할래요?

지나: 좋아요! 고마워요, 여보!

I know! (뭔가 좋은 생각이나 해결책이 떠올랐을 때) 아, 생각났다!
freezer (냉장고의) 냉동실
fridge 냉장고
place the order 주문하다

Eat in

: To eat at home 집에서 식사하다

Eat out

: To eat in a restaurant
외식하다

I travel a lot for work, so I **eat out** frequently, so when I'm home, I prefer to **eat in**.

> 난 일 때문에 많이 돌아다녀서 외식을 자주 하거든.
> 그래서 집에 있을 땐 집에서 먹는 게 더 좋아.

When my mom is tired and doesn't want to cook, we usually **eat out**.

> 우리 엄마가 피곤해서 요리하기 싫어하시면,
> 우리는 주로 외식을 해.

Eating in is so much healthier than **eating out**; you can cook healthier meals at home. Restaurants always add a lot of fat and salt.

> 집에서 먹는 게 외식하는 것보다 훨씬 더 몸에
> 좋지. 집에서 더 건강한 음식을 만들 수 있거든.
> 식당에서는 항상 기름하고 소금을 많이 넣잖아.

Wife: Do you want to stay home and watch TV tonight?

Husband: No, it's Friday. Let's **eat out** and go see a movie.

> 아내: 오늘 밤엔 집에 있으면서 TV 볼래요?
> 남편: 아니요, 금요일이잖아요. 외식하고 영화 보러
> 갑시다.

Cut back (on ~)

: To reduce the consumption of ~

~의 섭취(소비)를 줄이다

When Alice realized she was drinking a cup of coffee every night, she decided to **cut back on caffeine** by drinking herbal tea.

앨리스는 자신이 매일 밤 커피를 한 잔씩 마시고 있다는 사실을 깨닫자 허브차를 마심으로써 카페인 섭취를 줄이기로 했다.

I finally realized that I was sensitive to milk, so I **have cut back on dairy products**. Now I feel much healthier.

결국은 내가 우유에 민감하다는 걸 알게 돼서, 유제품 섭취를 좀 줄였거든. 지금은 훨씬 더 건강해진 느낌이야.

When I was a baby, my dad smoked a pack of cigarettes a day. He still hasn't quit, but he **cut back** a lot. Now he only smokes a cigarette once in a while.

내가 아기였을 때, 우리 아빠가 매일 담배를 한 갑씩 피우셨거든. 여전히 끊지는 않으셨지만, 많이 줄이셨어. 이제는 담배를 가끔 한 대씩만 피우셔.

Whip up ~ / Whip ~ up

: To prepare (food) quickly

(음식을) 빨리 준비하다

My brother is a great cook. He can **whip up a gourmet meal** in minutes.

우리 오빠는 요리를 정말 잘해. 고급 요리를 몇 분이면 휘리릭 만들어 낼 수 있거든.

We only have thirty minutes before we have to go, but I can **whip up an omelet** if you're hungry.

우리 떠나기 전에 30분밖에 시간이 없지만, 네가 배고프다면 오믈렛을 빨리 준비할 수 있어.

A: I know it's late, but have you had anything to eat all day?

B: No, but it's too late to cook anything.

A: Nonsense! Let me **whip something up** for you. Would you like a grilled cheese sandwich?

A: 늦은 건 아는데, 하루 종일 뭐 좀 먹었니?
B: 아니, 그렇지만 뭘 요리하기엔 시간이 너무 늦었잖아.
A: 뭔 말도 안 되는 소리! 내가 뭐 좀 빨리 만들어 줄게. 그릴드 치즈 샌드위치 먹을래?

Chop up ~

: To chop or cut something into smaller pieces

(음식 재료를) 잘게 썰다/다지다

We're making chicken curry tonight. Can you **chop up the chicken** into bite-sized pieces?

오늘 밤에 우리 치킨 카레 만들 거거든. 네가 치킨을 한입 크기로 썰어 줄래?

My grandmother always makes me **chop up the onions**. She cries too much when she cuts them.

우리 할머니는 항상 내가 양파를 다지게 하셔. 양파 자를 때 할머니가 너무 많이 우시거든.

I'm going to **chop up some fresh herbs** and add them to the salad.

내가 신선한 허브를 잘게 다져서 샐러드에 넣을게.

Go bad

: To become spoiled (used with food)

(음식에 사용하며) 상하다

Ooh, this milk does not smell right. I think it **has gone bad**.

어, 이 우유 냄새가 이상하게 나네. 상한 것 같아.

I'm going to return this meat to the supermarket. It doesn't look or smell fresh. I think **it's gone bad**.

이 고기, 슈퍼마켓에서 환불받아야겠다. 보기에도 그렇지만 냄새도 신선하지가 않아. 상한 것 같아.

A: This yogurt is expired. I'll throw it away.

B: Wait, smell it first. It takes yogurt a long time to **go bad**.

A: 이 요거트는 유통기한이 지났어. 갖다버릴게.
B: 잠깐만. 냄새부터 먼저 맡아 봐. 요거트는 상하기 까지 시간이 오래 걸리거든.

* '음식이 상하다'라는 뜻의 **go bad**는 미국 영어 에서 굉장히 자주 쓰이는 구동사입니다. 하지만 같은 뜻의 영국 영어 표현은 **go off**입니다. 영국에 가시면, 앞의 예문 모두 **go bad**를 **go off** 로 바꿔 쓰세요.

Throw out ~ / Throw ~ out

: To dispose of ~ in the trash
～를 쓰레기통에 버리다

A: Do you want me to **throw out these vegetable peels**?

B: No, you can leave them there. I'll use them later to make vegetable stock.

> A: 이 채소 껍질들 내가 쓰레기통에 버릴까?
> B: 아니, 그냥 거기에 놔둬도 돼. 내가 나중에 채소수 만들 때 다 쓸 거거든.

A: Kim, you have a lot of mail!

B: Not really. I **throw most of it out**. It's just advertising.

> A: 킴, 너한테 우편물이 많이 왔어!
> B: 안 그래. 나 그거 대부분은 버려. 그냥 광고야.

After I made coffee, I **threw out the grinds**.

> 커피를 내린 후에, 커피 가루는 버렸어.

Be out of ~

: To have nothing of a particular item
～가 다 떨어지다

Oh no! I always have cream in my coffee, but we **are out of cream** today.

> 어쩌지! 난 커피에 항상 크림을 넣는데, 오늘 크림이 다 떨어지고 없네.

I wanted to print something, but the printer **was out of toner**.

> 뭐 좀 출력하고 싶었는데, 프린터기의 토너가 다 떨어졌어.

My husband drove all over town looking for baby formula. Three stores **were out of it**, but the fourth store had some in stock.

> 우리 남편이 아기 분유를 찾아서 우리 도시 여기저기를 다 운전해서 돌아다녔어. 가게 세 곳에선 분유가 다 떨어지고 없었는데, 네 번째 가게에는 재고가 좀 있었어.

Pick up (an item such as food)

: To buy (an item such as food)

(음식 등을) 사다

I'm going to the supermarket for bread, eggs, and fruit. Would you like me to **pick up anything else**?

> 내가 슈퍼마켓에 빵, 달걀, 과일 사러 가거든. 다른 것도 뭐 사다 줘?

My wife and I are both working late tonight. She is going to **pick up some sushi** for us on her way home.

> 아내와 난 둘 다 오늘 밤에 늦게까지 일해요. 아내가 집에 오면서 우리가 먹을 초밥을 사 올 거예요.

I was invited to a friend's house for dinner, so I **picked up some flowers** for her as a gift.

> 내가 한 친구네 집에 저녁 식사 초대를 받아서. 걔한테 줄 선물로 꽃을 좀 샀어.

Stop by ~

: To make a short visit to ~ (oftentimes on the way to somewhere else)

(보통 다른 곳으로 가는 길에) 잠시 ~에 들르다

On Fridays after work, I always **stop by my friend's place** to chat and have a beer.

> 금요일에 일이 끝난 후에는, 난 늘 이야기 나누고 맥주를 마시려고 내 친구네 집에 들러.

I'm doing some errands in town. I'm going to the pharmacy and the garden center. Do you need me to **stop by any other places**?

> 내가 시내에서 볼일을 볼 거야. 약국하고 가든 센터(원예용품점)에 가는데, 또 다른 곳에도 내가 들렀으면 하니?

Can you **stop by the post office** and mail this letter for me?

> 우체국에 들러서 이 편지 좀 부쳐 줄 수 있어?

I **stopped by the pizza place** after work and picked up a large, cheese pizza.

> 퇴근길에 그 피자가게에 들러서 치즈피자 큰 거 한 판 샀어.

Vocabulary POINT 1

Cut back on ～은 '무언가를 덜 소비하거나 덜 먹다'의 뜻입니다. 참고로 cut out ～의 뜻도 알아두세요. 이건 '완전히 끊다'(to completely stop one's consumption of ～)의 뜻입니다.

Allen: I think I'll order pancakes and bacon and a cup of coffee. What are you getting, Daniel?

Daniel: I'm going to do the egg white omelet with spinach and a cup of decaffeinated coffee. My doctor wants me to lower my cholesterol, so I need to **cut back on heavy food**, so no bacon for me today. She also told me that I need to completely **cut out caffeine** for a month, so no regular coffee either.

앨런: 난 팬케이크랑 베이컨, 커피 주문할래. 다니엘, 넌 뭐 먹을래?

다니엘: 난 달걀흰자로 만든 오믈렛에 시금치 곁들이고, 디카페인 커피로 할래. 의사가 나한테 콜레스테롤 낮춰야 한다고 해서 고열량 음식을 좀 줄여야 해. 그래서 오늘은 나 베이컨 안 먹어. 의사가 한 달 동안 카페인은 완전히 끊어야 한다고도 해서 일반 커피도 못 마셔.

Cut out 뒤에는 목적어가 바로 오지만, cut back 뒤에는 전치사 on 이 온 다음에 목적어가 온다는 사실에 유의하세요.

cut back + on + 목적어   VS.   cut out + 목적어

Laura **cut back on sugar**, and she says she feels better.
로라는 설탕을 줄였고, 그래서 건강이 더 좋아졌다고 하네.

When my brother became a vegan, he totally **cut out eating animal products**.
우리 오빠는 엄격한 채식주의자가 되더니, 동물성 식품 먹는 걸 완전히 끊었어.

흥미로운 사실은, cut out이 이미 '～를 완전히 끊다'(to completely stop your consumption of ～)라는 의미임에도 불구하고, 미국인들은 이 구동사 앞에 '완전히'의 의미를 지닌 completely나 totally 등의 부사를 넣어서 그 의미를 더욱 강조하기도 합니다.

$\mathscr{V}$ocabulary POINT 2

대화문에서 스티븐은 이탈리아 식당에서 get some dinner to go 하겠다고 합니다. To go는 미국인들이 매우 자주 쓰는 표현인데, 다음 여러 가지 예문에서 어떻게 쓰이는지 살펴보세요.

I would rather stay home tonight. Let's **get some burgers to go** from McDonald's.
난 오늘 밤에는 집에 있는 게 나을 것 같아. 맥도날드에서 햄버거나 몇 개 사 가자.

* 여기서 get ~ to go는 '식당에서 만든 요리를 사 가다'(to buy prepared food from a restaurant)라는 의미로 쓰였습니다. 한 마디로 포장해 가는 걸 뜻합니다.

(At a fastfood restaurant)
Customer: I'd like two cheeseburgers, one chicken sandwich, and two orders of French fries, please.
Restaurant worker: Is that for here or **to go**?
Customer: **To go**.
(패스트푸드 식당에서)
고객: 치즈버거 두 개, 치킨샌드위치 하나, 감자튀김 두 개 주세요.
식당 종업원: 여기서 드세요, 아니면 포장해 가세요?
고객: 포장해 주세요.

* "Is that for here or to go?"는 패스트푸드점 같은 식당에서 언제나 묻는 말로, 다른 말로 하자면, "Do you want to eat here, or do you want to take your food home?"입니다.

To go와 같은 의미의 표현으로 take out이 있습니다. 주의할 점은 이 단어가 명사로 쓰일 때는 다음과 같이 붙여서 씁니다.

I would rather stay home tonight. Let's get some **takeout**.
난 오늘 밤에는 집에 있는 게 나을 것 같아. 포장 음식 사 가자.

* Take out이 동사로 쓰일 때는 두 개 단어(take out)로, 명사로 쓰일 때는 붙여서 한 단어(takeout)로 씁니다.

Culture POINT

다른 나라 사람들과 마찬가지로 미국인들도 좋은 일이나 특별한 날을 축하하려고 또는 그냥 편하게 한 끼 때우려고 외식을 합니다. 그런데 미국에서 외식할 때 기억해야 할 점은 팁을 남겨야 한다는 사실입니다. 그렇지만 맥도날드나 버거킹 같은 패스트푸드점에서는 팁을 남기지 않아도 됩니다. 그런데도 패스트푸드점에서도 신용카드나 현금카드로 계산할 때면 계산 기계에 팁을 남기고 싶은지 먼저 물어보는 단계를 거친 후에 계산을 해 줍니다. 심지어 그냥 '팁을 남기겠냐?'도 아니고 '팁을 얼마나 남기겠냐?'라면서 No tip(팁 안 남김), 10%, 15%, 20%의 옵션이 뜹니다. 때로는 작은 팁을 담을 수 있는 유리병이 계산대 바로 옆에 놓여 있기도 합니다. 계산해 주는 직원이 굉장히 친절하거나 서비스가 좋다면, 패스트푸드점에서도 5%나 10% 정도의 팁을 남기는 사람들이 가끔 있지만, 팁을 꼭 남겨야 하는 것은 아닙니다.

반면, 패스트푸드점이 아닌 일반 식당에서는 팁을 남기는 것이 의무입니다. 그 이유는 식당 종업원들에게는 팁이 주 수입원이기 때문이죠. 사실, 음식을 서빙하는 식당 종업원들은 다른 직업군에 있는 근로자보다 급여를 적게 받는데, 미국인들은 이런 팁 시스템 때문에 식당 종업원들이 고객에게 친절하게 서비스하려는 동기를 부여받는다고 생각합니다. 보통 세금을 포함한 전체 계산서의 15~20%를 팁으로 내지만, 서비스가 특별히 더 좋았다면 22~30%, 또는 그 이상을 주기도 합니다. 서비스가 형편없었다면 10%만 주기도 하지요.

예전에는 팁을 현금으로 준비해서 테이블 위에 남겼지만, 요즘은 주로 신용카드로 계산하면서 팁을 얼마 남기겠다고 계산서에 직접 써넣고 서명합니다. 식당 종업원이 작은 클립보드에 계산서를 넣어서 테이블로 가지고 오면 고객은 금액을 확인한 후에 클립보드 안에 자기 신용카드를 끼워 넣고 종업원에게 다시 줍니다. 카드로 계산을 끝낸 종업원이 고객에게 카드와 함께 영수증을 갖다주는데, 영수증은 Merchant Copy와 Customer Copy 두 장이 나옵니다. Merchant Copy 영수증에 팁을 얼마나 남기고 싶은지를 적는 난이 있는데, 그곳에 남기고 싶은 팁의 액수를 적고 서명한 후에 테이블에 놓아두고 가면 됩니다. 그럼 팁 포함 금액으로 다시 결제됩니다. 물론 카드와 Customer Copy는 가지고 가야겠죠?

Jacob: I'm looking forward to our hiking trip tomorrow, Emma. I'm checking the forecast to see what to expect.

Emma: You know, here in the Bay Area of California, the weather can change a lot. Like yesterday, you saw how the day **started out** foggy and cold, but then it **cleared up** by lunchtime.

Jacob: Exactly, once the sun **came out**, it **warmed up** a lot, too. I had to take my jacket off; I was too hot.

Emma: It's a very different climate from what we are used to in Florida. Here, if the sun goes behind a cloud, it can **cool down** fast. What does the forecast say about rain this week?

Jacob: Tomorrow should be nice, but there's a storm system approaching in the evening. Looks like we might **be rained in** tomorrow night. That's okay by me! If we do a whole day of hiking, I'll be happy to stay inside on a rainy night. According to this report, we might want to **bundle up** tomorrow. The winds could **pick up** ahead of the storm.

Emma: I'll bring extra jackets for us, and caps too. Will it be stormy all week?

Jacob: Nope. It looks like, after tomorrow night, the storms will **blow over**, and the weather will **calm down** again.

Emma: Great! A little bit of rain won't get in the way of our trip!

제이콥: 나 내일 우리 하이킹 가기로 한 것 고대된다, 엠마. 날씨가 어떨지 보려고 일기예보 확인하고 있어.

엠마: 저기, 여기 캘리포니아 샌프란시스코만 지역은 날씨가 자주 변하잖아. 어제만 해도, 하루가 안개 끼고 춥게 시작하더니 점심 때쯤에는 맑아졌고 말이야.

제이콥: 맞아. 일단 해가 나오니까 많이 따뜻해지기도 했고. 난 재킷을 벗어야 했다니까. 너무 더워서 말이야.

엠마: 여기 기후는 플로리다에서 우리가 익숙해 있던 그 기후와는 아주 달라. 이곳에서는 해가 구름 뒤로 사라지면, 날씨가 빨리 시원해질 수도 있거든. 일기예보에서는 이번 주 비 관련해서 뭐라고 해?

제이콥: 내일은 날씨가 좋을 거지만, 저녁에는 폭풍 전선이 올 거라네. 내일 밤에는 비 때문에 꼼짝없이 집에 갇혀 있어야 할 것 같아. 난 괜찮아! 하루 종일 하이킹을 한다면, 비 오는 밤에는 하루쯤 실내에 있는 것도 좋을 거야. 이 예보에 따르면, 내일은 옷을 따뜻하게 껴입는 게 좋겠어. 폭풍이 오기 전엔 바람이 점점 거세질 수 있거든.

엠마: 내가 우리 둘이 입을 여벌 재킷을 가져갈게. 그리고 모자도. 일주일 내내 폭풍우가 몰아칠까?

제이콥: 아니. 내일 밤 이후에는 폭풍이 지나가고, 날씨가 다시 잠잠해질 것으로 보여.

엠마: 좋아! 비 조금 오는 거로는 우리 여행에 방해가 안 될 거야!

---

storm system 폭풍 전선
get in the way of ~ ~에 방해가 되다

Start out

: To begin (in a particular way)

**(특정한 방식으로)
시작하다/시작되다**

The day **started out** sunny and dry, but in the afternoon, it started to rain.

하루가 맑고 건조하게 시작되더니, 오후에는 비가 내리기 시작했습니다.

The weather is going to **start out** fine tomorrow, but then it might get stormy. We should start our drive early to take advantage of this.

내일은 날씨가 좋게 시작할 거지만, 그런 후에 폭풍우가 몰아칠 수도 있어. 좋은 날씨 덕 보려면, 일찍 운전하기 시작해야 해.

The music event **started out** with a small audience, but after an hour, the place was full of people.

그 음악 행사는 적은 관중으로 시작됐지만, 한 시간 후엔 장소가 사람들도 꽉 찼어.

My new job **started out** okay, but after a few months, I realized that I did not enjoy it at all.

내 새로운 직장은 괜찮게 시작됐지만, 몇 달 후에 나는 내가 그 일을 전혀 즐기지 않는다는 사실을 깨달았어.

Clear up

: (For the skies) To be clear of bad weather such as rain, snow, or smoke

(하늘이) 비, 눈, 연기 등이 없이 맑다

There were wildfires nearby last week. We had to stay inside for several days until the air **had cleared up**.

지난주에 가까운 곳에서 산불이 났거든. 우리는 공기가 맑아질 때까지 며칠간 집 안에서 있어야 했어.

It's going to snow all weekend, but then it will **clear up** by Monday.

주말 내내 눈이 올 거지만, 월요일쯤이면 맑아질 겁니다.

A: I hope it doesn't rain tonight. There's an outdoor concert at the park.

B: It will **clear up** this afternoon and be dry again by this evening.

A: 오늘 밤에는 비 안 오면 좋겠어. 공원에서 야외 콘서트가 있거든.
B: 오늘 오후에는 맑아질 거고, 저녁때쯤이면 다시 건조해질 거야.

Come out

: To appear (with the weather, often used with celestial bodies like the sun and stars)
(날씨와 관련한 문맥에서 해와 별 등이) 나오다

After the storm, the sun **came out**.

폭풍이 몰아친 후에 해가 나왔다.

It was very cloudy all day, but things cleared up at night, and the stars **came out**.

종일 구름이 꼈지만, 밤에는 날씨가 맑아졌고, 별도 보였어.

Don't worry! The sun always **comes out** after the rain.

걱정하지 마! 비가 온 후에는 언제나 해가 나오니까.

Warm up

: To become warm or hot
따뜻해지다/더워지다

It was cold this morning, but hot and dry by 5 p.m. It really **warmed up** today!

오늘 아침엔 추웠지만, 오후 5시쯤에는 덥고 건조했어. 오늘 정말 날씨가 더워졌어!

It was freezing cold last night. I hope it **warms up** by 9 a.m.; that's when I like to go jogging.

어젯밤에 엄청나게 추웠어. 아침 9시까지는 따뜻해지면 좋겠어. 그때가 내가 조깅하러 나가기 좋아하는 시간이거든.

We had an unusually cool April for our region; usually the weather **warms up** by then.

우리 지역에서는 드물게 시원한 4월을 보냈어. 원래는 그때쯤이면 날씨가 더워지거든.

Cool down

: To become cool or cold

서늘해지다/추워지다

Be sure to dress appropriately when you're in the desert. It's hot during the day, but it can **cool down** a lot at night.

사막에 있을 때는 반드시 옷을 제대로 입도록 해. 낮에는 덥지만, 밤에는 꽤 쌀쌀해질 수 있거든.

I love how hot summer days can **cool down** after thunderstorms.

난 폭풍우가 지나간 후에 무더운 여름날이 서늘해지는 게 정말 좋아.

When we went to bed last night, it was quite warm. We woke up and found that things **had cooled down** a lot. We needed jackets in the morning.

어젯밤에 우리가 잠자리에 들 때는 날씨가 꽤 따뜻했어. 깨고 보니 날씨가 매우 쌀쌀해졌더라고. 아침에는 재킷이 필요했어.

Be rained in / Be snowed in

: To be forced to stay indoors because of heavy rain or snow

비가 (또는 눈이) 너무 많이 와서 실내에 머물러야 하다

The weather report says that we'll have a blizzard on Saturday. It sounds like we'll **be snowed in** all weekend.

일기예보에서 토요일에 눈보라가 몰아칠 거라고 하네. 눈 때문에 주말 내내 집 안에 갇혀 있어야 할 것 같아.

The farmer's market is on Wednesday morning, but it poured outside last Wednesday. We **were rained in** for half the day.

농산물 장터가 수요일 아침에 열리는데, 지난주 수요일에는 밖에 비가 엄청나게 왔어. 우리가 반나절 동안 비 때문에 집에 갇혀 있어야 했다니까.

Sometimes, in the winter, I enjoy **being snowed in** for a day or two. I make hot chocolate and read a good book.

가끔은 겨울에 하루나 이틀 정도 눈 때문에 집 안에 갇혀 있는 것도 좋아. 난 뜨거운 코코아를 만들어 마시면서 좋은 책을 읽거든.

Bundle up / Bundle ~ up

: To dress warmly/To wear enough clothes to keep oneself warm

옷을 따뜻하게 껴입다/～를 껴입히다

A: Wow, it's really nippy outside today!

B: I know. Here's your scarf. You'd better **bundle up** before you leave for the day.

A: 와, 오늘 밖이 정말 춥네!
B: 맞아. 여기 네 목도리. 나가기 전에 옷을 따뜻하게 껴입는 게 좋을 거야.

If you go to New York City in December, bring a hat, coat, boots, scarf, and gloves. The city can be cold and windy, and you need to **bundle up**.

12월에 뉴욕에 갈 거면 모자, 코트, 부츠, 목도리, 장갑을 가져가. 뉴욕이 춥고 바람이 불 수 있고, 그러면 옷을 따뜻하게 껴입어야 하거든.

My brother lives in Vermont where they have cold winters. He's got two little kids, and he spends a lot of time **bundling them up** so they can play in the snow.

우리 오빠는 겨울이 추운 버몬트주에 살아. 어린아이가 둘 있는데, 아이들이 눈 속에서 놀 수 있게 걔들 옷을 따뜻하게 껴입히는 데 시간을 많이 써.

Pick up (wind and/or rain)

: To increase in speed and force

(바람이나 비 등의) 속도와 세기가 증가하다

It was so hot in the afternoon, but after the sun went down, the winds **picked up** a little bit, and the temperature is quite comfortable now.

오후엔 무척 더웠지만, 해 지고 나서 바람이 좀 세지더니, 지금은 온도가 딱 적당해.

A: Carl, are you worried about the hurricane?

B: Right now, it's not too strong, but if the winds **pick up**, then yes, I will be very worried about damage to my house.

A: 칼, 너 허리케인 걱정되니?
B: 지금은 바람이 그렇게 강하지 않으니까. 하지만 바람이 세지면 그때는 걱정되지. 우리 집이 손상될까 봐 매우 걱정될 거야.

When we went to bed, it was raining lightly, but by morning, the winds and rain **had picked up**, and the streets were flooded.

우리가 잠자리에 들 때는 비가 가볍게 왔지만, 아침 쯤에는 바람과 비가 세져서 거리가 물에 잠겼어.

Blow over

: For a storm (or stormy emotions) to pass

(폭풍이나 격한 감정 등이) 사그라들다/지나가다

Looks like we'll be rained in this morning, but once this storm **blows over**, it'll be a nice day.

오늘 아침엔 비 때문에 꼼짝 말고 집에 있어야 할 것 같지만, 일단 폭풍우가 지나가고 나면, 날씨가 좋을 거야.

Shopper 1: (Inside the door to a shop) Wow! Did you see all that lightning? This is quite a thunderstorm.

Shopper 2: Yes, I'm too afraid to go through the parking lot to get to my car. I think I'll wait in the store until this weather **blows over**.

쇼핑객 1: (가게 안쪽 문 앞에서) 왜 저 번개 다 봤어요? 이거 정말 심한 뇌우네요.
쇼핑객 2: 네, 전 너무 무서워서 주차장에 있는 제 차로 가지도 못하겠어요. 날씨가 잠잠해질 때까지 저는 가게 안에서 기다리는 게 좋을 것 같아요.

Jan: Hey, David, a word of warning: don't stop by Nancy's office for the next thirty minutes.

David: Why? What's wrong?

Jan: Nancy just got out of a stressful meeting, and she's furious about some decisions that were made. It'll all **blow over**. She'll be her usual, friendly self again soon!

잰: 저기, 데이비드 씨. 제가 조심하시라고 한 말씀 드릴게요. 앞으로 30분 정도는 낸시 씨 사무실에 가지 마세요.
데이비드: 왜요? 무슨 일인데요?
잰: 낸시 씨가 지금 막 스트레스 만땅인 회의를 끝내고 나왔는데요, 거기서 결정된 몇 가지 사안들 때문에 엄청 화가 나 있거든요. 그래도 다 지나갈 겁니다. 그 후에는 다시 보통의 친절한 낸시 씨로 돌아올 거예요!

Calm down

: To become calm
(for weather)

(날씨 관련해) 진정되다/가라앉다

It was super windy on the beach
this morning. I waited a few hours
until the wind **calmed down**
before going for a swim.

오늘 아침에 해변가에 바람이 엄청나게 불었어.
난 수영하러 가기 전에 바람이 잦아들기까지
몇 시간 기다렸어.

It was snowing so hard I couldn't
see to drive. I stopped at a diner
and drank coffee while waiting
for the heavy snowfall to **calm
down**.

눈이 너무 많이 와서 운전하는데 앞을 볼 수가
없었어. 난 식당에 들렀고, 폭설이 잦아질 때까지
기다리면서 커피를 마셨어.

We thought the fireworks show
would be cancelled because of
the bad weather. Fortunately, the
weather **calmed down**, and we
got to see the fireworks.

우리는 날씨가 나빠서 불꽃놀이 쇼가 취소될 거로
생각했거든. 다행히도 날씨가 진정됐고, 우린
불꽃놀이를 볼 수 있었지.

 POINT

대화에서 엠마는 "A little bit of rain won't get in the way of our trip!"이라고 합니다. 이 문장 속 구동사 get in the way of ~는 '~를 방해하거나 진행을 늦추다'(to hinder ~/to slow ~ down) 라는 뜻의 이디엄이기도 하지요. 매우 다양한 상황에서 굉장히 자주 쓰이는 표현이니, 반드시 확실하게 이해하고 넘어가세요.

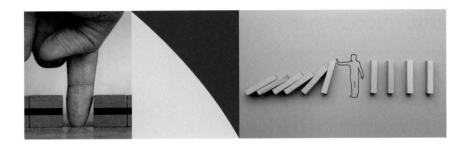

You have a good idea. Don't let other people's opinions **get in the way of implementing your idea**.
너에겐 좋은 아이디어가 있어. 다른 사람들 의견이 네 생각을 실행하는 데 방해가 되도록 하지 마.

When my mother is cooking, you can sit in the kitchen and watch, but don't try to help. You'll only **get in the way**.
우리 어머니께서 요리하실 때 네가 부엌에 앉아서 구경할 수는 있어. 하지만 도와드리려고는 하지 마. 방해만 될 테니까.

Unfortunately, the bad weather **got in the way of our plans** to have a picnic outside.
불행히도, 나쁜 날씨로 인해 밖에서 소풍하려던 우리 계획은 무산됐지.

Her plan is to have a music career in New York City, and nothing is going to **get in her way**.
그녀의 계획은 뉴욕에서 음악가로서 활동하는 건데, 아무것도 그 계획에 걸림돌이 되지 못할 거야.

Culture POINT 1

엠마와 제이콥은 샌프란시스코만(the San Francisco Bay Area)의 변덕스러운 날씨를 이미 경험해서 알고 있습니다. 이 지역은 보통 San Francisco를 빼고 그냥 the Bay Area라고 불립니다. 북부 캘리포니아에 위치한 이 지역에는 7백만 명이 살고 있는데, 샌프란시스코, 오클랜드(Oakland), 산호세(San Jose) 등의 도시를 포함합니다. 이곳은 첨단 기술 산업(tech industry)의 심장부라고 불리는 실리콘 밸리(the Silicon Valley)가 있는 곳이기도 하지요. 샌프란시스코만 지역은 많은 미국인들이 일하거나 살고 싶어 하는 굉장히 인기 있는 지역입니다. 그래서 많은 사람들이 페이스북과 같은 IT업계에서 일하거나, UC 버클리(the University of California, Berkeley) 같은 소위 일류 대학에서 공부하기 위해 이곳으로 갑니다.

이 지역은 샌프란시스코 같은 도시 때문에도 유명하지만, 미국인들 사이에서는 주변의 아름다운 자연경관으로도 잘 알려져 있습니다. 마린 카운티(Marin County)에 있는 포인트 레이즈 국립 해안(Point Reyes National Seashore)의 멋진 암석으로 된 해안가, 뮤어 숲(Muir Woods)의 숨 막히게 아름다운 오래된 붉은 삼나무 숲이 아주 유명합니다. 샌프란시스코만의 동부에는 하이킹을 할 수 있는 곳들도 많습니다. 그 지역 북부에는 미국의 대표적인 와인 생산지 나파 밸리(Napa Valley)가 있어서, 미국 최고의 포도밭이 즐비합니다. 이 지역의 또 다른 장점은, 여름에도 많이 덥지 않고 겨울에도 크게 춥지 않은 날씨로 인해, 1년 중 어느 때 방문해도 좋다는 점입니다. 미국인들 사이에서 이 지역은 "미기후"(微氣候: microclimate)가 있다고 알려져 있습니다. 미기후란 주변의 다른 지역들과는 다른, 이 지역만의 특별한 기후가 있다는 뜻입니다. 이곳의 경우, 일 년 내내 크게 춥지도 덥지도 않은 특별한 기후 덕분에 어느 계절이든 다양한 활동을 하기에 적합합니다.

Culture POINT 2

스몰 토크(Small talk)*는 사람들 사이에서, 심지어 처음 보는 사람과 즉흥적으로 하는 짧은 대화를 말합니다. 미국에서 굉장히 흔한 대화 방식이죠. 예를 들어, 줄을 서서 뭔가를 기다릴 때 미국인들은 가만히 서 있기보다 함께 줄 서 있는 사람들과 다정하게 한두 마디씩 주고받습니다. 이런 스몰 토크의 가장 흔한 주제가 바로 날씨죠. 미국 동네마다 있는 원예용품점(Garden Center)에서 정원을 꾸미는 물건을 사려고 줄 서 있는 상황이라면 다음과 같은 대화가 가능할 거예요.

대화 1 (Too Much Rain)

Customer 1: I hope this rain ends soon.
Customer 2: Me too. Remember, a week ago it was bone dry, and we were all so happy about the rain, but now this is too much of a good thing!
Customer 1: Exactly! My poor tomato plants need a few days to dry out.

(비가 너무 많이 올 때)

고객 1: 비가 어서 그치면 좋겠어요.
고객 2: 저도요. 일주일 전에는 아주 건조해서, 우리 모두 비가 와서 너무 기뻤던 것 기억하시죠? 근데 지금은 좋은 거라도 너무 지나치네요!
고객 1: 맞아요! 가엾은 제 토마토 모종은 마르려면 며칠이 걸리거든요.

대화 2 (No Rain)

Customer 1: It sure has been hot lately.
Customer 2: You said it. What was it yesterday? Over 90 degrees? And dry too.
Customer 1: Very dry. I heard we should get some rain by Friday.
Customer 2: That'll be a huge relief!

(비가 오지 않을 때)

고객 1: 최근 들어 확실히 날씨가 더워졌어요.
고객 2: 그렇긴 해요. 어제는 뭐였죠? 화씨 90도가 넘었었나? 건조하기도 했고요.
고객 1: 굉장히 건조했죠. 금요일쯤에는 비가 올 거라고 들었어요.
고객 2: 그렇다면 정말 다행이고요!

---

* 미국 영어에서 스몰 토크의 패턴과 다양한 주제에 관해 더 공부하고 싶은 분들은 〈미국 영어 문화 수업 합하고 더한 책〉의 **미국 문화 속 두드러진 대화 패턴, 스몰 토크** 편을 참고하세요.

POP *Quiz!*

PHRASAL VERBS(구동사)에
얼마나 익숙해졌는지 체크하며
뜻이나 생각나는 영어 표현 등을 써 보세요.

Eat in ☐

Whip up ~ / Whip ~ up ☐

Go bad ☐

Be out of ~ ☐

Pick up (an item such as food) ☐

Come out ☐

Be rained in / Be snowed in ☐

Bundle up / Bundle ~ up ☐

Blow over ☐

Calm down ☐

LESSON 6
직장/업무 I

Damon: Why don't you **speed up the process** so that you can **wrap up this project** before **taking over Jimmy's job**?

Gabe: That's what I'm trying to do, but no matter how hard I try, I don't think I can **wrap it up** anytime soon. I feel like **I've taken on too much work**. We're gonna have to **come up with a solution** in order to complete everything on time.

Damon: If we **put together a team** to assist you with that project, would that be helpful?

Gabe: Oh, absolutely!

Damon: Then, **I'll reach out to several people** and keep you posted.

Gabe: Awesome! What about Project B? **Have you followed up on the customer's complaints**?

Damon: Not yet, but I'll be able to **take care of them** today. I also had a couple of questions about the city project.

Gabe: Oh, it's already 3 p.m., and I need to **turn in a report** to Jerry by 4. Can we **pick it up** tomorrow?

Damon: Sure!

데이먼: 지미 씨 업무를 인수받기 전에 이 프로젝트를 끝낼 수 있게 진행을 더 빨리하는 게 어떻겠습니까?

게이브: 저도 그렇게 하려고 하는데요, 아무리 열심히 해도 곧 끝낼 수 있을 것 같지가 않네요. 제가 지나치게 많은 업무를 떠맡은 것 같아요. 이 모든 일을 제시간에 다 해내려면 뭔가 어떤 해결책을 생각해 내야 할 겁니다.

데이먼: 사람들을 모아서, 게이브 씨를 도와 그 프로젝트를 같이 할 팀을 꾸리면, 도움이 되겠습니까?

게이브: 오, 물론이죠!

데이먼: 그렇다면, 제가 여러 사람에게 연락을 취해 보고, 진행 상황을 게이브 씨에게도 알려 드리겠습니다.

데이먼: 좋습니다! 프로젝트 B는요? 고객 불만 사항에 관해서는 후속 조치를 하셨습니까?

데이먼: 아직요. 그렇지만 오늘 제가 처리할 수 있을 겁니다. 시와 함께하는 프로젝트에 관해서도 몇 가지 질문이 있었거든요.

게이브: 앗, 벌써 3시네요. 제가 4시까지 제리 씨에게 보고서를 하나 제출해야 해서요. 내일 계속 이야기해도 될까요?

데이먼: 그럽시다!

---

keep someone posted ~에게 계속 정보를 업데이트해 주다

Speed up ~

: To increase the speed of ~

〜를 더 빨리 진행하다

The scene of the accident is still messy. We'd better **speed up the recovery**.

> 사고 현장이 아직도 지저분해. 우리가 복구 속도를 더 높이는 게 좋겠어.

Somebody should tell the boss to recruit more people if he wants to **speed up the process**.

> 사장님이 일을 더 빨리 진행하기를 원하신다면, 누군가가 사장님께 사람들을 더 고용하라고 말을 해야 합니다.

You can **speed up your metabolism** by drinking green tea.

> 녹차를 마심으로써 몸의 신진대사를 더 촉진할 수가 있습니다.

Wrap up ~/ Wrap ~ up

: To finish ~

〜을 마무리 짓다

We should get back to work; let's **wrap up this meeting** as soon as possible.

> 우리가 다시 일해야 하니, 가능한 한 빨리 이 회의를 마무리 지읍시다.

It's approaching the deadline. Let's **wrap it up** and submit it.

> 마감 시간이 다가옵니다. 마무리해서 제출합시다.

We'd better **wrap up the project** because the boss wants us to finish it today.

> 우리가 그 프로젝트를 마무리하는 게 좋겠어요. 사장님께서 오늘 끝내기를 바라시니까요.

Take over ~ / Take ~ over

: To begin to do something that someone else has been doing

(타인이 하던 일을) 인수/인계받다

Mr. Lee is going to retire soon, and his daughter is going to **take over his company**.

이 선생님은 곧 퇴직하시고, 그분 따님께서 회사를 넘겨받을 겁니다.

My former boss resigned, and I**'ve taken over his job**.

전 상사는 사직했고, 내가 그분 업무를 인계받았지.

The manager is going to quit soon, and someone new will **take over his position**.

매니저가 곧 그만두고, 새로운 분이 그분 일을 인수할 거예요.

Take on ~ / Take ~ on

: To undertake (a task)

(일이나 업무를) 떠맡다/책임지다

Try not to **take on more tasks**; you've already got enough on your plate.

더 많은 업무를 맡으려고 하지 마. 이미 넌 충분히 많은 일을 떠맡고 있어.

Jimmy always **takes on too many tasks** and cannot complete anything on time.

지미 씨는 항상 지나치게 업무를 많이 맡아서 어떤 것도 제시간에 끝내질 못합니다.

I was extremely exhausted. I felt like I would collapse, in the street, on my way home. I think **I've taken too much on** at work.

난 되게 피곤했어. 집에 오는 도중에 길에서 쓰러질 것 같았지. 직장에서 업무를 너무 많이 맡은 것 같아.

Come up with ~

: To suggest or think of
an idea or plan

(아이디어, 계획 등을)
제시하다/생각해 내다

We need to **come up with a
solution for this problem**.

우리는 이 문제의 해답을 내놓아야 합니다.

The manager **came up with a
good idea** to increase sales.

매니저는 매출을 증가시킬 좋은 아이디어를
제시했습니다.

The boss doesn't think it's going
to work, and we should **come up
with another plan**.

사장님은 이게 안 될 거로 생각하시기 때문에,
우리는 다른 계획을 제시해야 합니다.

Put together ~

: To create ~ by assembling
different people/parts

(사람들을/이것저것을)
모아서 ~를 만들다/준비하다

With all these data, we will have to
put together a report.

이 모든 데이터를 가지고, 우리가 보고서를
만들어야 합니다.

Dr. Kim is trying to **put together
a research group** to study
genderlect.

김 박사님은 성별에 따라 달라지는 언어를 연구
하기 위해 연구팀을 만들려고 하고 있습니다.

Jake and Bonnie will **put
together a new business
plan**.

제이크와 보니는 새로운 사업 계획을 함께
준비하고 있습니다.

Reach out (to ~)

: To contact ~ by phone or
e-mail

**전화나 이메일로 ~에게 연락을
취하다/(일이나 업무로) ~를
접촉하다**

Thank you for **reaching out to
us**. Our next information session
will be held on July 1st at 3 p.m.

저희에게 연락해 주셔서 감사합니다. 다음
설명회는 7월 1일 오후 3시에 열릴 예정입니다.

I'm trying to get a job now, but I
don't know how to **reach out to
a recruiter**.

제가 지금 직장을 구하려는데, 리크루터에게
어떻게 접촉해야 할지를 모르겠습니다.

We're trying to **reach out to Mr.
Kim**, but he doesn't seem to check
his e-mail. Do you know his phone
number?

김 선생님께 연락을 취하려는데, 그분이 이메일을
확인 안 하시는 것 같아요. 그분 전화번호 아세요?

Follow up (on ~)

: To pursue ~ further

(~에 관한) 후속 조치를 하다

Mr. Chang will **follow up on that**.

장 선생님이 그에 관한 후속 조치를 할 겁니다.

Ms. Brooks says our customer service department did not **follow up on her complaints**.

브룩스 씨가 우리 고객 센터에서 자신의 불만 사항에 후속 조치를 하지 않았다고 합니다.

The boss will **follow up on all your questions** after he gets back from his business trip.

사장님께서 출장에서 돌아오신 후에 여러분의 모든 질문에 답변하겠다고 합니다.

The general manager will **follow up** after all the job interviews.

모든 면접이 끝난 후에 총괄 매니저가 후속 조치를 할 겁니다.

Take care of ~

: To do ~/To deal with ~

어떤 일을 하다/처리하다

Usually, my wife **takes care of the utility bills**.

보통, 내 아내가 공과금 같은 걸 처리해.

When my roof was damaged because of the hurricane, the insurance company **took care of it**.

허리케인 때문에 우리 집 지붕이 부서졌을 때, 보험 회사에서 그걸 처리했어.

* take care of는 '~을 돌보다'라는 의미로도 쓰입니다.

Don't worry about the report; I'll **take care of it**. You can go home and **take care of** your baby.

보고서는 걱정하지 마세요. 제가 처리할게요. 집에 가셔서 아기 돌보세요.

Turn in ~ /
Turn ~ in

: To submit ~

~를 제출하다

My supervisor asked me to **turn in this report** by tomorrow.

> 우리 상사가 나한테 이 보고서를 내일까지 제출하라고 했거든.

She just **turned in her letter of resignation** to HR and disappeared.

> 그녀는 지금 막 인사과에 사직서를 제출하고는 사라져 버렸어.

He never **turns anything in** on time.

> 그는 어떤 것도 제시간에 제출하는 법이 없어.

Pick up ~ /
Pick ~ up

: To continue ~ after taking a break

잠시 쉬었다 ~을 다시 계속하다

It's almost 1 p.m. Can we **pick this up** after lunch?

> 1시가 거의 다 됐네요. 점심 먹고 다시 계속할까요?

Why don't we call it a day and **pick up this discussion** tomorrow?

> 오늘은 이만하고 내일 이 논의를 계속합시다.

Let's **pick this up** after I get back from my business trip.

> 이 건은, 제가 출장 다녀온 후에 계속 논의하는 것으로 합시다.

G RAMMAR POINT

Follow와 up, 이 두 단어를 하이픈(hyphen)으로 연결해서 한 단어로 만들면, 다음과 같이 '후속 조치', 또는 '후속편'이라는 뜻의 명사가 되어 다른 명사 앞에서 수식어로 쓰이기도 합니다.

After I sent that e-mail to Mr. Moore, there was no **follow-up**.
제가 무어 씨에게 그 이메일을 보낸 후에, 아무런 후속 조치가 없었습니다.

This movie is a **follow-up** to *The Batman*.
이 영화는 〈배트맨〉의 후속편입니다.

Some scholars are skeptical about the validity of this research method, so a **follow-up** study needs to be done.
어떤 학자들은 이 연구법의 유효성에 관해 회의적이라서 후속 연구가 진행되어야 합니다.

Vocabulary POINT 1

'마무리하다'의 wrap up이 목적어 없이 자동사로 쓰일 때는 '옷을 따뜻하게 껴입다'(to dress warmly/to bundle up)라는 전혀 다른 의미가 됩니다. 〈Lesson 5〉에서 다룬 bundle up과 같은 의미의 구동사이니, 함께 외워 두세요.

It's freezing today. You'd better **wrap up** warm if you don't want to get a cold.
오늘 엄청 추워. 감기 걸리기 싫으면, 옷 따뜻하게 껴입는 게 좋을 거야.

Vocabulary POINT 2

Reach out to ~는 '일이나 업무로 누군가에게 연락하거나 접촉을 시도하다'의 뜻이라 서로 격식을 갖춰야 하는 문맥에서 주로 쓰입니다. 따라서 "Thank you for reaching out to me."(연락해 주셔서 감사합니다.)는 상당히 격식을 차린 표현이죠. 공적인 일로 연락해 온 사람에게 사용하기 그만입니다. 그렇지만 이 표현을 친한 친구에게 쓰면 동갑내기끼리 극존칭을 쓰는 것과 비슷한 느낌이라고나 할까요? 이럴 경우에는 격식에 얽매이지 않는 "Thank you for getting in touch with me."가 훨씬 더 자연스러운 표현입니다. 영어에는 존댓말이 따로 존재하지는 않습니다. 그런데도 격식을 차린 언어와 친근함을 강조하는 언어는 뚜렷하게 구분되는 경향이 있습니다.[*]

---

[*] 더 알고 싶은 분들은 〈미국 영어 문화 수업 합하고 더한 책〉의 "한국어는 존댓말 영어는 Style-shifting: 영어에도 격식은 있다" 편을 참고하세요.

Peter: The CEO has decided to increase the prices of all our products instead of **laying off workers**, so the union **has called off its strike**.

Alex: Thank God! So, we don't have to **put off the delivery dates**.

Peter: At least that's the upside, but I'm kind of concerned about how consumers will respond to the higher prices.

Alex: I know what you mean. Well, most of our Sports Utility Vehicle (SUV) models **took off** as soon as they were released, so I think consumers will be willing to pay higher prices for them, but I'm not sure about our pick-up trucks.

Peter: Considering the fact that a significant number of manufacturers **have closed down**, consumers don't have as many options as before, so we should be fine. In any case, I'll keep you posted on that.

Alex: All righty! By the way, a little bird told me Aiden got an offer from our competitor.

Peter: Oh, Aiden told me he **turned it down** because he's going to **open up his own business**.

Alex: I thought he resigned because of the job offer.

Peter: Hmm… That shows you how rumors are spread.

Alex: Tell me about it! Well, Aiden **has carried out all his work** exceptionally well; if he **keeps it up**, he'll be successful in whatever he does. When does he leave?

Peter: I guess after he finishes his current project. You know, **he's been carrying on that project** for almost two years, and he wants to complete it before **moving on to another job**.

MP3 013

피터: CEO께서 직원들을 정리 해고하는 대신 우리 모든 제품의 가격을 인상하는 쪽으로 결정했고, 그래서 노조에서 파업을 철회했습니다.

알렉스: 천만다행입니다! 그럼 우리가 납품 기일을 미루지 않아도 되겠군요.

피터: 적어도 그건 긍정적인 부분이지만, 저는 소비자들이 더 비싸진 가격에 어떻게 반응할 것인지 좀 걱정입니다.

알렉스: 저도 무슨 말씀인지 압니다. 뭐, 대부분의 우리 SUV 제품들은 출시되자마자 인기를 끌었잖아요. 그래서 그 제품들은 높은 가격이어도 소비자들이 기꺼이 돈을 낼 거로 생각하지만, 픽업트럭 제품에 관해서는 저도 잘 모르겠습니다.

피터: 상당수 제조업체가 문을 닫았다는 사실을 고려해 보면, 소비자들에게 예전만큼 옵션이 많이 없어서 저희는 괜찮을 겁니다. 어쨌든, 그 건에 관해서는 계속해서 진행 상황 알려 드리겠습니다.

알렉스: 알겠습니다! 그건 그렇고, 에이든 씨가 우리 경쟁사에서 스카우트 제의를 받았다는 소문을 어디서 들었습니다.

피터: 아, 에이든 씨가 저한테 자기 사업을 시작할 것이라서 그 제의는 거절했다고 얘기해 주더군요.

알렉스: 저는 그 스카우트 제의 때문에 에이든 씨가 사직하신 줄 알았습니다.

피터: 음, 이게 바로 헛소문이 어떻게 퍼지는지를 보여 주는 사례죠.

알렉스: 그러게 말입니다! 에이든 씨는 자기 일은 다 남달리 잘 해냈죠. 계속 그렇게 하신다면, 그분은 뭘 하든 성공하실 겁니다. 에이든 씨는 언제 떠나세요?

피터: 현재 진행하는 프로젝트 끝나고 나서가 아닐까 싶네요. 글쎄, 그분이 거의 2년 동안 그 프로젝트를 진행해 오셨으니까, 새로운 일을 시작하기 전에 그걸 끝내고 싶어 하시거든요.

Thank God! 다행입니다!
upside (전반적으로 안 좋은 상황에서) 비교적 괜찮은 면
keep someone posted on ~ ~에 관해 누군가에게 진행 상황을 알려 주다
a little bird told me that ~ ~라는 소문을 들었다

Lay off ~ / Lay ~ off

: To stop employing ~/To dismiss (workers)

～를 정리 해고하다

In our current economic situation, we'll have to **lay some of our employees off**.

현 경제 상황에서는, 우리가 직원 몇 명을 정리 해고해야 할 겁니다.

I don't want to **lay off good people** either, but we're losing money every single day!

저도 좋은 사람들을 정리 해고하기 싫지만, 우리가 매일 매일 적자란 말입니다!

According to NBC, Netflix is **laying off around 150 employees** across the company.

NBC에 따르면 넷플릭스는 회사 전반에 걸쳐 150명 정도의 직원을 정리 해고합니다.

Call off ~

: To cancel ~

～를 취소하다, 철회하다

The union **has called off the meeting with management**.

노조는 사측과의 회의를 취소했습니다.

The deal **has been called off**.

그 거래는 취소됐습니다.

If it keeps raining tomorrow, the baseball game will **be called off**.

내일도 계속해서 비가 오면, 야구 경기는 취소될 겁니다.

Put off ~

: To postpone ~/To delay
〜를 미루다/연기하다

As Benjamin Franklin says, "Don't **put off what you can do today** until tomorrow."

벤저민 프랭클린이 말하듯이, "네가 오늘 할 수 있는 일을 내일로 미루지 마."

The meeting **was put off** because of the heavy rain.

회의는 폭우 때문에 연기됐습니다.

I cannot get a hold of the witness. We might as well **put off the trial**.

그 증인에게 연락이 안 됩니다. 재판을 연기하는 게 좋겠습니다.

Take off

: To (suddenly) become successful or popular
(사업이나 상품이) 급격히 성공하다/인기를 끌다

Their new iPhone **took off** as soon as it was released.

그 신상 아이폰은 출시되자마자 인기를 끌었어요.

Before your business **takes off**, you should have a long-term plan.

사업이 성공하기 전에, 장기적인 계획부터 세워야 합니다.

Although his business **has taken off**, John didn't want to hire more people.

사업이 성공했음에도 불구하고, 존은 직원을 더 고용하고 싶지 않았습니다.

Close down (~)

: To stop business (usually permanently)

(보통 아예) 사업을 접다/폐점하다

McDonald's has decided to **close down all their branches** in Russia.

> 맥도날드는 러시아에 있는 모든 지점을 닫기로 했습니다.

So many manufacturing plants in Detroit **were closed down** in the 1970's.

> 디트로이트에 있는 엄청 많은 제조업체가 1970년대에 폐업했습니다.

His company **closed down** last year.

> 그의 회사는 작년에 문을 닫았습니다.

Turn down ~ / Turn ~ down

: To reject ~

~를 거부하다/거절하다

They offered me the job, but I **turned it down**.

> 거기서 나한테 일자리를 제안했지만, 내가 그것 거절했어.

The company **turned down our business offer**.

> 그 회사는 우리의 사업 제의를 거절했어.

Because of our busy schedule, we had to **turn down that project**.

> 바쁜 스케줄 때문에 우리는 그 프로젝트를 거절해야 했습니다.

Open up ~

: To start doing business

사업이나 영업을 시작하다/문을 열다

Although the pandemic's not over yet, the government allowed all businesses to **open up** from next week on.

꽤데믹은 아직 안 끝났지만, 정부는 다음 주부터 모든 사업장이 문을 열도록 허가했습니다.

My wife opened up a new business last week.

아내가 지난주에 새로운 사업을 시작했어.

She wants to **open up a store** in New York.

그녀는 뉴욕에서 가게를 하나 열고 싶어 해.

Carry out ~ / Carry ~ out

: To accomplish ~ / To do ~

(어떤 일을) 수행하다/해내다

This project seems difficult, and I don't think we can **carry it out** within a month.

이 프로젝트는 어려워 보여서, 우리가 이걸 한 달 내에 해낼 수 있을 것 같지 않습니다.

If the boss thinks I can **carry out this plan** within a month, he's being unrealistic.

사장님이 내가 이 계획을 한 달 내에 수행할 수 있을 거라 생각하신다면, 그건 현실적이지 못하신 겁니다.

Don't make a promise that you cannot **carry out**.

이행 못할 약속은 하지를 마.

Keep up ~ /
Keep ~ up

: To continue to do ~

계속 ~하다

The boss is quite satisfied with the project that you just completed. **Keep up the good work**!

사장님이 자네가 막 끝낸 그 프로젝트에 매우 만족스러워하시네. 계속 잘해 주게나!

We **kept up a correspondence** with that company, but they didn't mention anything about the issue.

우리는 그 회사와 계속해서 연락을 주고받았지만, 그쪽에서 그 문제에 관해서는 아무런 언급을 하지 않았습니다.

We just finished our first project successfully. Let's **keep it up**!

우리는 지금 막 첫 번째 프로젝트를 성공적으로 마쳤습니다. 계속 잘합시다!

Carry on ~

: To continue doing ~

계속해서 ~하다

We've been carrying on this
project for three years.

우리가 이 프로젝트를 3년 동안 계속해 왔어.

Dr. Grill's group **carried on a research project** to find out how kids under 12 acquire their second language.

그릴 박사님 그룹은 12세 미만 아이들이 어떻게 제2 언어(외국어)를 습득하는지 알아내기 위해 연구 프로젝트를 진행했습니다.

I might as well quit this job because I feel like it's almost impossible to **carry on a dialogue** with my boss.

내가 이 직장을 그만두는 게 나을 것 같아. 우리 사장님과 대화를 계속하는 건 거의 불가능한 일처럼 느껴지거든.

Move on (to ~)

: To start doing something new

**(다음 주제나 일로) 넘어가다/
새로운 걸 시작하다**

We don't have enough time now. Let's **move on to the next item** on the agenda.

우리 지금 시간이 많이 없습니다. 의제에 있는 다음 안건으로 넘어갑시다.

I think we spent too much time on this one. It's time to **move on to another topic**.

우리가 이 건에 시간을 너무 많이 쓴 것 같아요. 이제 다음 주제로 넘어갈 시간입니다.

Just forget about it and **move on** with your life.

그건 그냥 잊어버리고 계속해서 네 삶을 살아가.

G RAMMAR POINT 1

알렉스가 에이든이 경쟁사에서 스카우트 제의를 받았다고 하자, 피터가 이렇게 말합니다.

"Aiden told me he turned it down."

Turn down은 '~를 거부하다/거절하다'의 뜻인데, 이때 목적어가 피터의 문장처럼 어떤 사안(여기서는 '스카우트 제의를 받은 것')이 될 수도, 다음과 같이 사람이 될 수도 있습니다.

A: He's a very good person, but I don't really have feelings for him.
B: Well, then you'll just have to **turn him down** nicely.
A: 그는 참 좋은 사람이지만, 정말로 그에게 이성적으로 끌리지가 않아.
B: 음. 그렇다면 좋게 거절해야지, 뭐.

Turn down의 쓰임새는 〈Lesson 12. 연애/사랑 I〉에서 자세히 다뤘으니 참고하세요.

G RAMMAR POINT 2

Keep up 뒤에 목적어가 바로 오면 '~를 계속하다'의 뜻이 됩니다. 그런데 목적어 대신 전치사 with가 붙으면, '~를 따라가다'의 뜻인 걸 기억하세요. with 뒤의 목적어로는 사람, 사안(뉴스, 유행, 변화 등)이 올 수 있습니다.

You missed four classes last week. If you want to **keep up with** your classmates, you will have to put in more effort. (사람 목적어)
너 지난주에 수업 네 개나 빠졌어. 같은 반 친구들 따라잡고 싶으면, 좀 더 노력해야 할 거야.

In order to **keep up with** current issues, I listen to Podcasts every day. (사안)
최신 이슈를 따라잡으려고 나는 매일 팟캐스트를 들어.

정리하자면, keep up ~은 '~를 계속하다'(to continue to do ~)의 의미로, keep up with ~는 '~를 따라잡다'(to make progress at the same speed as others)의 의미로 쓰입니다. Keep up with ~의 이런 쓰임새는 〈Lesson 8. 학교/학업 I〉에서 더 자세히 다뤘으니 참고하세요.

ℐocabulary POINT

피터의 문장 In any case, I'll <u>keep</u> you <u>posted</u> on that.을 보세요. 여기서 밑줄 친 keep ~ posted는 '~에게 진행 상황을 알려 주다'(to let ~ know about any changes or updates)의 뜻입니다. 직장이나 업무 관련 문맥에서 미국인들이 거의 매일 쓰다시피 하는 표현이니 반드시 외워 두세요.

Please **keep me posted**.
저한테 계속 상황 전해 주세요.

 I'll **keep you posted**.
제가 진행 상황을 계속 전해 드리겠습니다.

참고로, 그 뒤에 무엇에 관한 진행 상황인지를 덧붙이려면 전치사 on을 사용하면 됩니다.

Could you please **keep me posted on** the weather?
날씨 상황을 저한테 계속 알려 주시겠어요?

I'll **keep you posted on** the progress of that project.
그 프로젝트 진행 상황에 관해 계속 알려 드리겠습니다.

참고로, 미국에서 직장 생활을 하면 자주 들을 수 있는 표현으로 Call it a day(그만합시다)도 있습니다.

Everyone seems to be exhausted. Let's **call it a day**.
모두들 지친 것 같습니다. 오늘은 이만합시다.

Son: Mom, can you **run through this essay** before I turn it in?

Mom: Honey, I'm in the middle of doing something now. Can I **look over that essay** this afternoon?

Son: My language arts teacher wants it by noon. Besides, I had to write this to **make up for a failed test**, so I really need to **hand it in** on time.

Mom: David, tell me why you failed the test.

Son: I **read over all the materials** the teacher **handed out**, but I guess I didn't **take anything in**.

Mom: You **should've gone over those materials** over and over until you **knew everything backwards and forwards**.

Son: I know, but after joining the soccer team, I'm having a hard time **keeping up with my schoolwork. I've fallen behind** in language arts class in particular, and I'm struggling with writing essays.

Mom: Why don't you take a break from all the extra-curricular activities including soccer and focus more on the schoolwork?

Son: I'll do that, Mom. I guess I'll have time to take the online writing course to **catch up**.

Mom: Sure! I'll **sign you up for that course** right away so that you can finish it before your junior year.

아들: 엄마, 제가 쓴 이 에세이 제출하기 전에 빨리 좀 훑어봐 주실래요?

엄마: 애, 엄마 지금 뭐 하는 중이거든. 오늘 오후에 그 에세이 봐 주면 안 될까?

아들: 국어 선생님께서 정오까지 제출하라고 하셨어요. 게다가, 제가 시험에 통과하지 못해서 보충으로 이걸 써야 했던 거라 이건 정말로 제시간에 제출해야 한다고요.

엄마: 데이비드, 왜 그 시험을 통과 못했는지 엄마한테 말해 보렴.

아들: 선생님께서 나눠 주신 모든 자료를 다 읽었는데, 제가 거의 이해를 못 한 것 같아요.

엄마: 그러니까 그 자료들을 네가 아주 잘 이해할 때까지 계속해서 보고 또 봤어야지.

아들: 알아요. 그렇지만 축구팀에 들어간 후부터 학과 공부를 따라가는 게 힘들어요. 특히 국어 수업에서 뒤처졌는데, 에세이 쓰는 데 애를 먹고 있어요.

엄마: 축구 포함해 모든 과외 활동을 좀 쉬고 학과 공부에 좀 더 집중하는 게 어떻겠니?

아들: 그렇게 할게요, 엄마. 그럼 제가 따라잡을 수 있게 온라인 작문 수업을 들을 시간이 생길 거예요.

엄마: 그래! 엄마가 당장 너 그 수업에 등록시킬게. 고2 되기 전에 네가 그 과정을 마칠 수 있도록 말이야.

---

language arts 우리의 국어에 해당하는 수업
junior year 우리나라 고2에 해당하는 학년 혹은 대학교 3학년

Run through ~

: To read ~ quickly
(책 등을) 대충 빨리 보다

I've run through the list, but I couldn't find his name there.

내가 그 리스트를 대충 다 봤지만, 그 사람 이름은 거기서 찾을 수가 없었어.

Simon **ran through the document,** but he couldn't remember all the details.

사이먼은 그 서류를 대충 훑어봤지만, 세부 사항을 다 기억할 수는 없었어.

The movie director **ran through the scenario,** and he seems to like the plot.

감독님이 그 시나리오를 대충 봤는데, 줄거리를 마음에 들어 하시는 것 같아.

Look over ~ / Look ~ over

: To review ~

~를 살펴보다/훑어보다

Dr. Ciappetta says she will **look over your research paper** today and give you feedback tomorrow.

씨아페타 교수님께서 오늘 중 리서치 페이퍼를 훑어보고 내일 피드백을 주겠다고 하십니다.

When you **look over a contract**, make sure to capture who is responsible for what first.

계약서를 훑어볼 때는 누가 무엇을 책임져야 하는지부터 반드시 먼저 보세요.

Do you have a few minutes to **look this monthly report over**?

이 월간 보고서 좀 검토할 시간 있어요?

Make up ~ / Make ~ up

: To complete a test or an assignment that you couldn't complete on time

(제시간에 못 치른 시험이나 숙제를) 보충하다/(실수를) 만회하다

I couldn't do well on the exam, so I'll have to **make it up**.

난 시험을 잘 못 봐서, 그걸 만회해야 할 거야.

Dr. Jefferson, I know I failed the test today; I was wondering if there's any extra work I could do to **make it up**.

제퍼슨 교수님, 저 오늘 시험에 통과하지 못한 것 아는데요. 그 시험을 만회할 다른 숙제 같은 것을 내주실 수 있는지 궁금합니다.

I know I made a huge mistake. Please let me **make it up** to you.

내가 큰 실수를 했다는 건 나도 알아. 너한테 그걸 만회할 수 있게 해 줘.

Hand in ~

: To submit ~

~를 제출하다

Kate left the office as soon as she **handed in her resignation letter**.

케이트는 사직서를 제출하자마자 사무실을 떠났어.

Jake always **hands in incomplete homework assignments**.

제이크는 언제나 다 못 끝낸 숙제를 제출해.

Here's my feedback on the first draft of your essay; please don't forget to **hand in the final draft** by next Monday.

여기 네 에세이 초고에 관한 내 피드백이야. 다음 주 월요일까지 최종 원고 제출하는 것 잊지 마.

Read over ~ / Read ~ over

: To read ~ thoroughly/To read ~ again

(책이나 문서를) 처음부터 끝까지 다 읽다/(문장을) 다시 읽다

My language arts teacher gave me a list of books that I have to **read over** during the summer vacation.

우리 국어 선생님께서 내가 여름 방학 동안 읽어야 하는 책 리스트를 주셨어.

Before signing the contract, did you **read it over**?

계약서 서명하기 전에, 그거 다 읽어 보셨습니까?

Dad, I **read this book over**, but I still don't seem to understand it thoroughly.

아빠, 이 책 다 읽어 봤는데요, 그래도 제가 이걸 완벽히 이해하는 것 같지는 않아요.

Hand out ~/
Hand ~ out

: To distribute ~

~를 배포하다/나누어 주다

Ms. Wylder **handed out all the worksheets** at the beginning of the semester.

> 와일더 선생님께서 학기 초에 모든 연습문제지를 나눠 주셨습니다.

The letter that my teacher **handed out** yesterday made us all cry.

> 우리 선생님께서 어제 나눠 주신 편지 때문에 우리 모두 다 울었어.

Could you start **handing the survey questionnaire out**?

> 설문지 좀 나누어 주실래요?

Take in ~/
Take ~ in

: To understand what they read

(듣거나 읽은 것을) 이해하다

Juan is a beginner level ESL student, and if he takes an upper-level class, he won't be able to **take anything in**.

> 후안은 초급 영어 수업을 듣는 ESL 학생인데, 상위 레벨 수업을 듣게 되면, 아무것도 이해하지 못할 겁니다.

I read the book from cover to cover, but I didn't **take anything in**.

> 나는 그 책을 처음부터 끝까지 다 읽었지만, 아무것도 이해하지 못했습니다.

It's pretty easy to teach that kid; she's super smart, and whatever I teach, she **takes everything in** quickly.

> 저 아이는 가르치기가 정말 쉬워. 엄청나게 똑똑해서 내가 뭘 가르치든 모든 걸 빠르게 이해해.

Go over ~

: To check ~

~를 검토하다

Why don't you **go over the report** before turning it in?

> 그 보고서를 제출하기 전에 검토해 보는 게 어때?

If you don't think you understood it 100%, please **go over it** again.

> 네가 그걸 100% 이해 못했다고 생각한다면, 다시 검토해 봐.

PJ always **goes over his homework** multiple times before submitting it.

> PJ는 숙제를 제출하기 전에 항상 여러 번 검토해.

Know ~ backwards and forwards

: To understand ~ very well

~를 아주 잘 이해하다

I'm not worried about the math test at all because I **know everything backwards and forwards**.

> 난 수학 시험이 전혀 걱정 안 돼. 왜냐하면 모든 걸 아주 잘 이해하고 있거든.

Edith **knows everything about the movie backwards and forwards** because she watched it five times.

> 이디스는 그 영화를 아주 잘 알아. 왜냐면 그 영화를 다섯 번이나 봤거든.

Even though I've studied English for 30 years, I still don't feel like I **know it backwards and forwards**.

> 내가 영어를 30년 동안 공부했는데도, 여전히 영어를 아주 잘 이해하는 것 같지는 않아.

Keep up with ~

: To make progress at the same speed as another person or other people

~에 뒤지지 않다

My son had heart surgery last semester, and he couldn't **keep up with his classmates** after he got back to school.

> 우리 아들은 지난 학기에 심장 수술을 했고, 다시 학교로 돌아온 후에 반 아이들을 따라잡을 수가 없었어.

After the leader fell down, the other runners were able to **keep up with her**.

> 선두 주자가 넘어지고 난 후에야, 다른 선수들이 그 주자를 따라잡을 수 있었습니다.

I don't know why Joe can't **keep up with the other students** in my math class.

> 나는 왜 조가 내 수학 수업에서 다른 학생들에 비해 뒤처지는지를 모르겠어.

Fall behind

: To fail to keep up with others in the same class/course/school

(같은 수업을 듣는 다른 사람들보다) 뒤처지다

After he got COVID, he **fell behind** in school.

> 그는 코로나에 걸린 후에 학교에서 뒤처졌다.

He's usually excellent at math, and I don't really know why he **fell behind** in his math class this semester.

> 그는 보통 수학을 꽤 잘하는데, 이번 학기에는 왜 수학 수업에서 뒤처졌는지 정말 모르겠어.

I've fallen so far behind in all my courses. I really don't know what to do.

> 내가 듣는 모든 수업에서 너무 뒤처졌어. 정말 뭘 어떻게 해야 할지 모르겠어.

Catch up with ~

: To do something fast enough in order to join someone who started first

~를 따라잡다

Since I couldn't come to school last week, it's going to be difficult to **catch up with the math class**. Could you please help me out?

내가 지난주에 학교를 못 와서, 수학 수업을 따라잡는 게 힘들 것 같아. 나 좀 도와줄 수 있겠니?

My father slowed down so that I could **catch up with him**.

우리 아버지는 천천히 가셨어. 내가 아버지를 따라잡을 수 있도록 말이야.

He tried his very best but wasn't able to **catch up with the leader**.

그는 최선을 다했지만, 선두 주자를 따라잡을 수는 없었다.

Sign up for ~

: To register for ~

~ 과목을 듣기 위해 수강 신청하다

In order to get an EFL teaching job, I **signed up for the TEFL certificate course**.

EFL (English as a Foreign Language: 외국어로서의 영어) 교사직을 구하기 위해, TEFL 자격증 과목을 수강 신청했습니다.

Before **signing up for summer classes**, you'll want to get a dorm room for the summer semester first.

여름 학기 수업에 등록하기 전에, 여름 학기에 지낼 기숙사 방을 먼저 얻어야 할 겁니다.

Some freshmen don't even know how to **sign up for classes**.

몇몇 신입생들은 수강 신청을 어떻게 하는지도 모릅니다.

G RAMMAR POINT 1

Catch up은 '따라잡다'의 구동사인데, 자동사라서 목적어 없이 사용합니다.

I can **catch up**!
난 따라잡을 수 있어!

Don't worry! We can **catch up**!
걱정하지 마. 우리 따라잡을 수 있어!

자동사는 뒤에 목적어가 바로 올 수 없어서, 목적어가 나오려면 반드시 전치사를 써야 합니다. 이런 문맥에서 catch up 뒤에는 with를 쓰는데, 이때 목적어로 오는 '따라잡는 대상'은 사람이 될 수도 있고 일이나 사안이 될 수도 있습니다.

사람:

You need to run faster if you want to **catch up with Damon**.
너 데이먼 따라잡으려면 더 빨리 달려야 해.

Katie skipped three classes, and she had to study two chapters by herself in order to **catch up with the rest of the class**.
케이티는 수업을 세 개나 빠져서, 나머지 급우들을 따라잡기 위해 혼자서 두 챕터를 공부해야 했어.

일이나 사안:

I live in Brazil now, so in order to **catch up with the latest news in France,** I often visit this Internet news site.
난 지금 브라질에 살아서 프랑스의 최신 뉴스를 따라잡으려고 이 인터넷 뉴스 사이트에 자주 방문해.

My plan for this summer vacation is to **catch up with my reading**.
이번 내 여름 방학 계획은 못 읽었던 책을 읽는 거야.

참고로, 'catch up with 사람'의 경우, '~를 따라잡다' 외에 '서로의 최근 소식을 나누다'라는 의미로도 쓰입니다.

It was nice **catching up with you** today.
오늘 서로 안부 나눌 수 있어서 좋았어.

이건 친구 관계와 관련된 구동사를 다룬 Lesson 14에서 자세히 공부하세요.

G RAMMAR POINT 2

Sign up for ~는 '어떤 과목에 수강 신청을 하다'라는 뜻입니다. 이 경우, 보통 이 동사의 주어가 수강 신청하는 과목을 듣습니다.

I **signed up for three online classes** this summer.
나는 올여름에 온라인 수업 세 개 등록했어.

Before **signing up courses**, you need to determine how many credit hours you should take first.
수강 신청하기 전에, 먼저 네가 몇 학점을 들을 것인지부터 정해야 해.

앞의 대화 속 엄마의 마지막 문장 I'll sign you up for that course right away.를 보세요. 이렇게 sign someone up for ~는 '다른 사람이 그 수업을 듣도록 주어가 수강 신청을 해 주다'라는 뜻입니다.

My wife **signed me up for a hip-hop dance class** so that I can lose weight.
아내는 내가 살을 뺄 수 있게, 내가 힙합 댄스 수업을 듣도록 수강 신청해 줬어.

참고로, 이 표현은 꼭 어떤 과목이 아니더라도 다음과 같이 '뭔가에 이름을 올려서 참여하게 하다'라는 의미로도 쓰입니다.

My boss **signed us all up for the event**.
상사는 그 이벤트에 참여하게 하려고 우리 모두의 이름을 올렸어.

I want to **sign my kids up for a team sport** over the summer.
난 우리 아이들이 이번 여름에 팀 스포츠에 참여하게 등록하고 싶어.

Culture POINT

한국과 달리 미국 고등학교는 4년 과정입니다. 미국은 초등학교 1학년부터 고등학교 졸업할 때까지 계속 학년을 더해 가기 때문에, 9학년에서 12학년까지 다니는 학교가 고등학교 (high school)입니다. 그렇지만 앞의 대화처럼, 미국에서는 9학년을 freshman year, 10학년을 sophomore year, 11학년을 junior year, 12학년을 senior year라고도 부릅니다. (참고로 대학교 1학년부터 4학년까지도 이렇게 부릅니다.)

기억하실 점은 이 표현은 모두 미국 영어일 뿐이라는 사실입니다. 즉, 영국이나 심지어 미국과 국경이 맞닿아 있는 캐나다에서도 사용하지 않는 표현들입니다. 참고로, 미국은 고등학교가 4년 과정임에도 불구하고, 학생들이 졸업하는 나이는 한국과 똑같습니다. 한국 초등학교에서는 6학년이 마지막 학년인 것과 달리, 미국 초등학교에서는 5학년이 마지막 학년이기 때문입니다. 그래서 미국에서 6학년 학생은 중학생입니다.

미국의 공립학교 학년 제도

나이	학년
만 5세	Kindergarten (유치원) → 100% 무료인 미국의 공립교육은 유치원 과정부터 시작합니다.
만 6세~만 10세	Elementary School (초등학교) 1학년~5학년 (First/Second/Third/Fourth/Fifth Year)
만 11세~만 13세	Middle School (중학교) 6학년~8학년 (Sixth/Seventh/Eighth Year)
만 14세~만 17세	High School (고등학교) 9학년~12학년 9학년 Freshman 10학년 Sophomore 11학년 Junior 12학년 Senior
만 18세~만 21세	College (대학교) 대학교 1학년 Freshman 대학교 2학년 Sophomore 대학교 3학년 Junior 대학교 4학년 Senior

LESSON 9
학교/학업 II

Professor: Before we start our warm-up discussion, do you have any questions?

Student: Dr. Rios, you asked me to **do over the problems** you had marked, and I've completed it, but somehow, I could not submit it through the course site. Could I just e-mail it to you?

Professor: Sure, you can do that.

Student: Oh, I also have a question about the group presentation we're supposed to give at the end of the semester. In our group, you told Claire to **study up on the South Korean economy**. She **turned up** at our first meeting for this group project, but we had five more meetings after that, and she never **showed up**. She's absent today. I'm not sure if that's true, but her roommate says she might **drop out of school**.

Professor: I see.

Student: In any case, each of our group members **went through their topic** thoroughly, so we were wondering if we could just give our presentation without the section on the Korean economy.

Professor: Okay, that's fine. Any other questions? Good! Last week, we talked about how inflation affects our economy during the wrap-up discussion. Did you all **read up on the article** that I handed out? The author **studied under Dr. Smith**, so what she argues is influenced by his theory; therefore, ...

교수: 수업 시작을 위한 토의에 들어가기 전에, 혹시 질문 있습니까?

학생: 리오스 교수님, 교수님께서 제게 교수님이 표시하신 문제를 다시 풀라고 하셨고, 그래서 그걸 했습니다. 그런데 무슨 이유에서인지 과목 사이트로 제출할 수가 없습니다. 제가 교수님께 그냥 이메일로 보내드려도 될까요?

교수: 네, 그렇게 하세요.

학생: 아, 그리고 저희가 학기 말에 해야 하는 그룹 발표에 관해서도 질문이 있습니다. 저희 그룹에서는, 교수님께서 클레어에게 대한민국 경제에 관해 공부해 오라고 하셨어요. 클레어가 이 그룹 프로젝트 진행 때문에 열린 첫 번째 모임에는 왔지만, 그 후에 저희가 모임을 다섯 번 더 했는데, 한 번도 오지 않았습니다. 오늘은 결석했고요. 사실인지는 모르겠지만, 클레어 룸메이트 말로는 학교를 자퇴할 수도 있다고 하네요.

교수: 그렇군요.

학생: 어쨌든, 저희 팀원들은 모두 자신이 맡은 주제에 관해서는 철저하게 조사했고, 그래서 대한민국 경제 부분 없이 저희가 발표해도 될까 해서요.

교수: 좋아요, 그렇게 하세요. 다른 질문 있습니까? 좋습니다! 지난주에, 우리는 마무리 토의에서 인플레이션이 우리 경제에 어떻게 영향을 미치는가에 관해 이야기했습니다. 제가 나눠 준 논문은 모두 읽었습니까? 그 저자는 스미스 박사 밑에서 공부해서 그분이 주장하는 것은 스미스 박사 이론의 영향을 받은 겁니다. 그러므로...

---

somehow 왜 그런지 모르겠지만

Do over ~ /
Do ~ over

: To redo ~

〜를 다시 하다

I really like your design, but if the boss doesn't like it, you'll have to **do it over**.

> 난 네 디자인이 정말 좋은데, 사장님이 마음에 안 들어 하시면, 다시 해야 할 거야.

I'm sorry, but I cannot **do it over** within a week.

> 죄송하지만, 제가 일주일 내에 이걸 다시 할 수는 없습니다.

This was the 5th time! I don't want to **do it over**!

> 이게 다섯 번째입니다! 그걸 다시 하기 싫다고요!

Study up on ~

: To do some research on ~

〜에 관해 조사하다/공부하다

Even though I **studied up on Noam Chomsky's theory** before writing the paper, I still had to rewrite it.

> 이 페이퍼 쓰기 전에 노암 촘스키의 이론을 조사 했는데, 난 그래도 그걸 다시 써야만 했어.

You want to **study up on their culture** before traveling to another country.

> 다른 나라로 여행 가기 전에 그들의 문화를 공부하는 게 좋을 겁니다.

I **studied up on how to fix a car**, so you can believe in me.

> 내가 차를 어떻게 고치는지 공부했으니까, 날 믿어도 돼.

Turn up

: To appear/To come to class
나타나다/출석하다

Harry was the first presenter and was supposed to show up, but after our fourth presenter finished his presentation, he finally **turned up**.

> 해리가 첫 번째 발표자라서 와 있어야 했지만, 우리 네 번째 발표자의 발표가 끝난 후에야 비로소 그가 나타났어.

Jackie **turns up** late every single day.

> 재키는 하루도 빠짐없이 늦게 나타나.

We hadn't seen Kyle for a long time, but he **turned up** at our Christmas party.

> 우리는 오랫동안 카일을 못 봤는데, 카일이 우리가 연 크리스마스 파티에 나타났어.

We didn't expect that many people would **turn up**.

> 우리는 그렇게 많은 사람이 올 거라고는 예상하지 못했어.

Show up

: To appear/To come to class
나타나다/출석하다

Hunter was supposed to give a presentation today, but he didn't **show up**.

> 헌터가 오늘 발표하기로 돼 있었지만, 출석하지 않았어.

Donald never **shows up** on time.

> 도널드는 절대로 제시간에 나타나는 법이 없어.

If you don't want to get an F in chemistry, you'd better **show up**.

> 화학에서 F 받기 싫으면, 출석하는 게 좋을 거야.

Drop out of ~

: To leave school or college without graduating

학교나 대학을 중도에 그만두다

John **dropped out of college** in his junior year.

존은 3학년 때 대학을 그만뒀어.

You want to just **drop out of high school** without any future plans? Nonsense!

아무 장래 계획도 없이 그냥 고등학교를 중퇴하고 싶다고? 말도 안 돼!

I hate to say this, but kids like him are more likely to **drop out of school** and go astray.

이런 말 하기 싫지만, 걔 같은 애들은 학교 중퇴하고 엇나갈 가능성이 커.

Go through ~

: To examine or search ~ carefully

～를 자세히 조사하다

Dr. Grill says she **went through every article about genderlects** at the library.

그릴 박사는 자신이 도서관에 있는 성별에 따른 언어에 관한 논문을 모두 자세히 봤다고 합니다.

Do we really need to **go through all these books** just to write one research paper?

고작 연구 보고서 하나 쓰려고 우리가 이 책들을 정말 다 샅샅이 봐야 하나요?

The solution Jimmy came up with doesn't seem to work; why don't we **go through Paul's plan** one more time?

지미가 내놓은 해결책으로는 안 될 것 같아. 폴의 계획을 한 번 더 검토해 보면 어때?

Read up on ~

: To do research on ~

～에 관해 조사하다/공부하다

Dr. James told us to **read up on this topic** before writing our research paper outline.

> 제임스 박사님이 우리에게 연구 논문 개요를 쓰기 전에, 이 주제에 관해 조사하라고 하셨어.

Please **read up on this material** before coming to class tomorrow.

> 내일 수업에 오기 전에 이 자료를 읽고 공부하세요.

In order to give a better presentation, I'll need to **read up on American history** first.

> 발표를 더 잘하기 위해서, 먼저 내가 미국 역사에 관해 공부해야 할 거야.

Study under ~

: To be taught by ~

～ 아래에서 공부하다/연구하다

The Chinese pianist, Lang Lang **studied under Daniel Barenboim**.

> 중국인 피아니스트 랑랑은 다니엘 바렌보임 휘하에서 배웠어.

I've heard that Dr. Kim **studied under Noam Chomksy**, who is called the father of modern linguistics.

> 김 박사님이 현대 언어학의 아버지라 불리는 노암 촘스키 밑에서 공부하셨다고 들었어.

Mr. Gene, I'd like to **study under you** and learn how to make Korean pottery.

> 진 선생님, 저는 선생님 밑에서 공부하면서 한국 도자기 만드는 법을 배우고 싶습니다.

G RAMMAR POINT

대화에서 교수의 첫 문장 질문 Do you have <u>any questions</u>?를 보세요. 우리는 문법적으로 any 뒤에 단수형이 오든(any question) 복수형이 오든(any questions) 둘 다 맞는다고 배웠습니다. 그런데 이런 문맥에서 절대다수의 미국인은 이처럼 복수형을 사용합니다. 그래서 이때 단수형을 사용해서 any question이라고 말하면, 미국인들에게는 살짝 어색하게 들릴 수도 있습니다.

문법적으로 단수형이 틀리지는 않지만, 이 경우 교수가 질문을 딱 하나만(question) 하라는 말이 아니라, 여러 질문(questions)을 해도 괜찮다는 의미로 말하고 있기 때문입니다. 그래도 이 경우는 어색하게만 들릴 뿐, 단수형을 쓰든 복수형을 쓰든 질문이 있으면 하라는 기본적인 의미는 변하지 않습니다. 하지만 어떤 경우는 any 뒤에 단수형을 썼을 때와 복수형을 썼을 때, 그 의미까지 달라지기도 합니다. 예를 들어, 다음 두 문장을 보세요.

1.

Do you have **any ideas** on how we can achieve this goal?
이 목표를 이루는 방법에 관한 아이디어가 있습니까?

2.

Do you have **any idea** what I had to give up to pay off your debt?
네 빚을 갚으려고 내가 뭘 포기해야 했는지 넌 알기나 하니?

1번 문장에서 ideas는 어떤 생각(아이디어)이라도 좋으니 다 말해 보라는 말이죠? 그러니 이 문맥에서는 복수형이 자연스럽습니다. 반면, 2번 문장의 경우는 idea가 여러 가지 다른 생각을 말하는 것이 아니라, '어떤 특정한 사실'을 아는지를 따져 묻고 있으므로 단수형이 맞습니다.

ocabulary POINT

대화 속 교수가 말한 문장에 warm-up discussion과 wrap-up discussion이라는 표현이 나옵니다. Warm up은 Lesson 5에서 날씨와 관련된 구동사를 공부하면서, '따뜻해지다'의 의미라고 배웠습니다. 그런데 warming up에는 '준비 운동'이나 '예열'이라는 의미도 있습니다. 이와 비슷한 의미로, 수업과 관련된 문맥에서는 수업 시작할 때 하는 토의나 액티비티 등을 말합니다. 이 두 단어가 수식어로 쓰일 때는 주로 하이픈(-)으로 연결하여 다음과 같이 한 단어처럼 씁니다.

Mr. Brown started the class with a nice **warm-up** discussion.
브라운 선생님은 훌륭한 준비 토의로 수업을 시작하셨습니다.

I'm trying to create a **warm-up** activity for this grammar lesson.
난 이 문법 수업에 활용할 시작 활동을 만들려고 합니다.

참고로, Lesson 5의 날씨와 관련된 문맥에서 warm up과 반대의 뜻을 가진 구동사가 cool down(서늘해지다/추워지다)이라고 배웠습니다. 학업과 관련된 문맥에서 warm up과 반대되는 의미로 쓰이는 구동사는 wrap up입니다. Lesson 6에서 배웠듯이, 이는 '무언가를 마무리 짓다'라는 말입니다. 이 단어도 warm up과 마찬가지로, 수식어로 쓰일 때는 하이픈으로 연결해서 한 단어처럼 사용합니다.

What can be a perfect **wrap-up** activity for this reading class?
이 독해 수업에 활용할 완벽한 마무리 활동으로 뭐가 있을까?

Can you think of a decent **wrap-up** discussion topic?
너 괜찮은 마무리 토의 주제 좀 생각해 낼 수 있겠어?

Culture POINT

한국의 모든 대학이 2학기제로 운영되는 것과 달리, 미국 대학들은 2학기 또는 4학기제로 운영됩니다. Semester system이라고 불리는 2학기 제도는 15주 동안 지속되는 학기가 일 년에 두 번 진행됩니다. 보통 봄 학기는 1월부터 5월까지, 가을 학기는 8월부터 12월까지입니다. 그렇지만, 여름 방학이 3개월 정도 되기 때문에, 여름 학기에도 원하는 학생들은 수업을 들을 수 있습니다. 참고로, 미국 대학에는 9개월 교수진(nine-month faculty)과 12개월 교수진(12-month faculty)이 있는데, 12개월 교수진은 여름 방학 때도 강의를 합니다. 2학기제에서 겨울 방학은 한 달이 채 안 되기 때문에 겨울에는 수업이 없습니다.

반면, quarter system이라고 불리는 4학기제는 10주 과정의 비교적 짧은 학기가 1년 동안 네 번 진행됩니다. 그러니 학생들은 봄, 여름, 가을, 겨울 학기에 모두 수업을 들을 수가 있습니다. 학교마다 조금씩 차이는 있지만, 평균적으로 봄 학기는 4월 중순에서 6월 초순까지, 여름 학기는 6월 중순에서 8월 하순까지, 가을 학기는 9월 중순에서 12월 초순까지, 겨울 학기는 1월 초순에서 3월 하순까지입니다. 4학기제에서도 여름 학기는 필수가 아닌 선택으로 듣는 학기(optional)라서 여름 방학 때 쉴 학생들은 여름 학기에 수업을 듣지 않습니다. 4학기제의 장점은 각각의 학기가 짧아서 학생들이 1년 동안 더 많은 수업을 들을 수 있다는 점입니다. 그래서 전공이 적성에 맞지 않는 학생들은 더 쉽게 전공을 바꿀 수 있어서 4학기제를 선호하기도 합니다.

POP *Quiz!*

PHRASAL VERBS(구동사)에
얼마나 익숙해졌는지 체크하며
뜻이나 생각나는 영어 표현 등을 써 보세요.

Take over ~ / Take ~ over ☐

Reach out (to ~) ☐

Take off ☐

Move on (to ~) ☐

Run through ~ ☐

Take in ~ / Take ~ in ☐

Sign up for ~ ☐

Turn up ☐

Read up on ~ ☐

Study under ~ ☐

Megan: Amy, are you okay? It looks like your eyes **are tearing up**.

Amy: I just want to quit my job.

Megan: Oh, no!

Amy: (Crying) I'm sorry, but just thinking about it makes me **choke up**.

Megan: Did something happen?

Amy: It didn't happen just one time. My frustrations at this workplace have been building up for the last couple of months, (hysterically) now everything **wears me down**!

Megan: Okay, Amy. **Calm down** a little bit and tell me what really happened.

Amy: My boss often **blows up at me**.

Megan: Excuse me?

Amy: I think that's just the way he **vents out his anger**.

Megan: He **vents out his anger on you**?

Amy: Exactly!

Megan: That's neither professional nor appropriate! What about the other people there? Do they know about this?

Amy: I don't think they do. He usually does that to me when we're alone.

Megan: Gosh, I can't believe it! Have you told your coworkers about it?

Amy: No. I **bottle things up** at my workplace because I feel safer that way. Besides, after he **cools off**, he just pretends that nothing has ever happened, so I don't really think anyone knows.

Megan: That's not right. Amy, I'm not trying to **stir up your anger** or anything, but I think you should write down all the details about it and submit a formal complaint to HR.

Amy: I was actually thinking about that as well.

Megan: Good! **Cheer up**! I'll make your favorite dish, and we'll work on the document together.

Amy: Thank you so much, Megan!

Megan: That's what friends are for!

메건: 에이미, 너 괜찮아? 우는 것 같은데.

에이미: 나 그냥 직장 그만두고 싶어.

메건: 이를 어째!

에이미: (울면서) 미안. 근데 그냥 생각만 해도 목이 메어.

메건: 무슨 일 있었어?

에이미: 딱 한 번만 있었던 일도 아냐. 이 직장에서 좌절감이 지난 두어 달간 계속 쌓여 온 건데, (아주 흥분해서) 이제 모든 게 날 지치게 해!

메건: 자, 에이미. 조금만 진정하고, 정말 무슨 일이 있었는지 나한테 말해 봐.

에이미: 상사가 나한테 자주 화를 폭발해.

메건: 뭐라고?

에이미: 내 생각에는 그게 그냥 그 사람이 화풀이를 하는 방식 같아.

메건: 그 사람이 널 화풀이 대상으로 삼는다는 말이야?

에이미: 바로 그거야!

메건: 그건 프로답지도 않고 적절하지도 않은 행동이야! 거기 다른 사람들은 어때? 그 사람들도 이 사실을 알아?

에이미: 모르는 것 같아. 보통 우리 둘만 있을 때 상사가 그런 행동을 하거든.

메건: 세상에, 믿기지가 않아! 직장 동료들한테 이 일에 관해 이야기해 봤어?

에이미: 아니. 직장에서 난 속에 있는 말을 안 해. 왜냐면 그렇게 하는 게 더 안심되거든. 게다가 그 사람은 화가 풀리면, 마치 아무 일도 없던 것처럼 행동해서 정말 아무도 모르는 것 같아.

메건: 그건 옳지 않아. 에이미, 네 화를 돋우거나 하려는 게 아니라, 난 네가 그 일에 관한 모든 세부 사항을 다 적어서 인사과에 공식 항의서를 제출해야 한다고 생각해.

에이미: 실은 나도 그렇게 할까 생각 중이었어.

메건: 좋았어! 힘내! 내가 너 좋아하는 음식 만들어 줄게. 그러고 나서 우리 그 서류를 함께 만들자.

에이미: 정말 고마워, 메건!

메건: 그게 친구 좋다는 거지!

What are friends for? 친구 좋다는 게 뭐니?

Tear up

: To start crying

눈물이 고이다/울기 시작하다

When she was seeing her fiancé off at the airport, she **teared up**.

그녀는 공항에서 약혼자를 배웅할 때 눈물이 고였다.

When John yelled at her, her eyes **teared up**, but he didn't care about it.

존이 그녀에게 소리 질렀을 때, 그녀 눈엔 눈물이 고였지만, 존은 그건 신경 쓰지 않았다.

His eyes **teared up** when he saw his baby for the first time.

처음으로 자기 아기를 봤을 때, 그의 눈에는 눈물이 고였다.

Choke up

: To feel a very strong emotion to the point that one is unable to speak

(격한 감정 때문에 말을 못 할 정도로) 목이 메다

My grandma passed away 10 years ago, but when I think of her, I still **choke up**.

우리 할머니는 10년 전에 돌아가셨지만, 할머니 생각만 하면, 난 여전히 목이 메어.

While watching the movie, my husband **choked up**.

그 영화를 보는 동안, 남편은 목이 메었어.

Just by thinking about the accident, I **choked up**.

그 사고를 생각하는 것만으로도 난 목이 메었어.

Wear down ~ / Wear ~ down

: To make ~ feel tired

～를 피곤하게 하다/지치게 하다

His constant complaints **are wearing me down**.

그 사람의 끊임없는 불평에 내가 지치고 있어.

Their constant arguments were beginning to **wear her down**.

그들의 끝없는 논쟁 때문에 그녀가 지쳐가기 시작했어.

My boss often blows up at me, which really **wears me down**.

상사는 나한테 자주 화풀이를 하는데, 그것 때문에 내가 정말 지치네.

Calm down / Calm ~ down

: To become calm (for emotional situations)

(격정적인 감정이) 진정되다/가라앉다

Please **calm down**. The kids are listening to you.

진정 좀 하세요. 애들이 당신 말을 듣고 있어요.

My son is six months old, so I spend a lot of time **calming him down** so that he can fall asleep.

우리 아들은 6개월인데 난 아이가 잠이 들 수 있도록 진정시키는 데 시간을 많이 써.

He's not going to **calm down** for a while. I would stay away from him.

그는 한동안 흥분을 가라앉히지 못할 거야. 나라면 그와 떨어져 있겠어.

Blow up at ~

: To lose one's temper and explode

~에게 화가 나서 폭발하다

A: My boss **blew up at me** in front of everyone, and he doesn't seem to feel bad about it at all.

B: What a jerk!

A: 상사가 모든 사람 앞에서 나한테 화를 냈는데, 그것에 대해 하나도 미안해하는 것 같지가 않아.
B: 나쁜 놈이네!

Blowing up at your coworker is not an appropriate action. You should've handled the situation differently.

직장 동료에게 화를 터뜨리는 건 적절한 행동이 아니야. 네가 그 상황을 다르게 처리해야 했어.

My roommate **blew up at me** out of nowhere, and it's not even the first time. I can't really live with her any longer.

내 룸메이트가 난데없이 나한테 엄청 화를 쏟아냈는데, 그게 처음 있는 일도 아니야. 나도 정말 더는 그 애랑은 같이 못 살겠어.

Vent out ~

: To let one's negative feelings out

(분노, 스트레스, 좌절감 같은 부정적인 감정을) 배출하다/터뜨리다

My boss has been so unfair to me. I don't know how to **vent out my frustration**.

> 상사가 날 너무나 불공정하게 대했어. 난 이 좌절감을 어떻게 분출해야 할지 모르겠어.

My husband tends to drink in order to **vent out stress**.

> 우리 남편은 스트레스를 풀기 위해 술을 마시는 경향이 있어.

It's inappropriate to **vent out your anger** in your workplace.

> 직장에서 분노를 터뜨리는 건 적절치 못한 행동입니다.

Bottle up ~/ Bottle ~ up

: To keep a feeling or emotion inside and not express it

감정을 속에만 담고 표현하지 않다

I don't think it's healthy to **bottle up your feelings**.

감정을 마음속에 담아두는 건 건강하지 못한 거라고 생각합니다.

My son never talks about his problems and always tries to **bottle them up**, which worries me.

우리 아들은 자기 문제를 절대로 말하지 않고, 늘 마음속에 담아두려고만 하는데, 그것 때문에 내가 걱정이다.

John **bottles up his emotions** all the time, so nobody knows what he really feels about anything.

존 씨는 항상 자기 감정을 숨겨서, 그 사람이 뭔가에 대해서 정말로 어떻게 생각하는지는 아무도 몰라요.

Cool off

: To calm down/To become less angry

진정해지다/차분해지다

A: Should I go talk to him?

B: I think we should give him a little time to **cool off**.

A: 제가 그 사람한테 가서 이야기해야 할까요?
B: 제 생각에는 그 사람에게 진정할 시간을 좀 줘야 할 것 같습니다.

Cool off! You're making a scene.

진정하세요! 당신이 지금 소란을 피우고 있다고요.

Please **cool off** and listen to me.

제발 진정하고 제 말 좀 들어 보세요.

Stir up ~ /
Stir ~ up

: To make someone feel an emotion

(어떤 감정을) 불러일으키다

The way her teacher's asking questions seems to **stir up her anxiety**.

> 그녀의 선생님이 질문하는 방식이 그녀의 불안감을 촉발하는 것 같아.

I wouldn't talk about that issue with him because you're going to **stir up his anger**.

> 나라면 그와 그 문제에 관해 이야기하지 않겠어. 그의 분노만 불러일으킬 테니까.

I really don't like that politician because he tries to get more votes by **stirring up people's racial hatred**.

> 난 저 정치인이 정말 싫어. 그 사람이 사람들의 인종적 증오심을 불러일으켜서 표를 더 얻으려고 해서야.

Cheer up

: To start to feel happy again/ To become cheerful

기운을 내다

Cheer up! You can always retake the TOEFL exam.

> 기운 내! 토플 시험은 언제든 다시 칠 수 있으니까.

After seeing her mom, she **cheered up**.

> 엄마를 본 후, 그녀는 기운을 차렸다.

Cheer up! You can do it! I believe in you.

> 힘내! 넌 할 수 있어! 난 널 믿어.

G RAMMAR POINT

대화에서 choke up은 목적어 없는 자동사로, '(격한 감정 때문에) 목이 메다'의 의미입니다. 이 구동사 사이에 목적어를 넣어서 choke ~ up이라고 쓰면 '~를 격한 감정 때문에 목이 메게 하다'(to make ~ feel very sad)라는 뜻의 타동사가 됩니다.

It **chokes me up** just to think about the accident.
그 사고를 그냥 생각하는 것만으로도 내가 목이 메어.

It was obvious that the movie **choked him up**, but he wouldn't admit that.
그 영화가 그를 목 메게 한 건 확실했지만, 그는 그 사실을 인정하려 들지 않았어.

동사가 타동사로 쓰인다는 건 수동태 문장으로도 쓰일 수 있다는 뜻입니다.

I **was so choked up** and started crying.
난 너무 목이 메어서 울기 시작했어.

I **get choked up** easily while talking about emotional things.
난 감정적인 것들을 이야기할 때면 쉽게 목이 메어.

대화에서 cheer up와 tear up 모두 목적어 없이 자동사로 쓰이지만, 이 두 구동사 모두 choke up과 마찬가지로 타동사로 쓰일 수도 있습니다. Cheer up이 '기운을 내다'의 뜻이니까, cheer ~ up은 '~를 기운 내게 하다'(to cause ~ to become cheerful)로, tear up은 '울기 시작하다'의 뜻이니, tear ~ up은 '~를 울게 하다'(to cause ~ to cry)의 의미가 됩니다.

A: Sarah couldn't pass the GRE test, and she says she feels like a loser.
B: No worries! I know how to **cheer her up**. A delicious, iced latte will do it!
A: 사라가 GRE 시험에 통과 못했어. 그래서 자기가 실패자인 것처럼 느껴진다고 해.
B: 걱정하지 매 내가 사라를 기운 내게 하는 방법을 알거든. 맛있는 아이스 라테 한 잔이면 해결될 거야!

The movie was kind of boring, but it **teared me up** a little at the end.
그 영화는 조금 지루했지만, 마지막에 가서는 나를 조금 울렸어.

ocabulary POINT

대화에서 '진정하다', '흥분을 가라앉히다', '화를 누그러뜨리다'의 의미로 calm down과 cool off가 쓰였습니다. 영어에는 이와 같은 의미를 가진 구동사가 매우 다양한데, 그중 일상생활에서 자주 쓰이는 것들을 정리해 보면 다음과 같습니다.

Chill out: 화를 누그러뜨리다/열을 식히다/긴장을 풀다

(= To calm down/To relax)

I think both of you guys should **chill out** and listen to each other.
내 생각엔 너희 둘 다 화를 누그러뜨리고 서로의 이야기를 들어봐야 할 것 같아.

Cool down: 화를 누그러뜨리다

(= To become less angry/To become less heated)

Both of the children need time to **cool down**, so we might as well keep them apart.
그 두 아이 모두 화를 가라앉힐 시간이 필요하니, 우리가 둘을 좀 떨어뜨려 놓는 게 좋을 것 같습니다.

Settle down: 진정하다

(= To become less angry/To become less heated)

Please **settle down** and listen to Mr. Dozier.
제발 좀 진정하고 도지어 씨가 하는 말씀을 들어보세요.

Simmer down: 흥분을 가라앉히다

(= To become less angry)

At first, he was infuriated, but he began to **simmer down** soon after.
처음에 그는 극도로 화가 났지만, 곧 화가 누그러지기 시작했다.

Take it easy: 진정하다

(= To become calm)

Hey, **take it easy**! He didn't mean to offend you.
얘, 진정해! 그 사람은 널 화나게 하려고 한 게 아니야.

LESSON 11
가족

Angie: Are you ready to **get together with the whole family** next month?

Lupita: Yes, I am! I've been researching our family history, and I have so much information to share with everyone.

Angie: Really? That sounds fascinating! What **have you found out**?

Lupita: Well, you know how we have several cousins with red hair and blue eyes?

Angie: Yes. They're the ones who **take after the Spanish side of the family**.

Lupita: Actually, they don't. The red-headed cousins all **look like a great-grandmother** who was originally from Hungary.

Angie: Hungary? I thought the family had roots in Spain.

Lupita: We do, and we have ancestors from Hungary, Egypt, and France.

Angie: That's amazing! Do you have any details about our ancestors?

Lupita: Of course! I discovered that the red-headed great-grandmother from Hungary left the country when she was only 19. Apparently, her mother had died, and her father remarried. Our great-grandmother **didn't get along with her new stepmother**, and she **ran away** to France.

Angie: This is like a movie!

Lupita: Oh, there's more! We have a great-great uncle from Spain who fell in love with a woman from Egypt. He wanted to marry her, but his father was against it because they were of different religions. Our uncle would not **go against his father**, so he wrote love letters to this girl for years, hoping his father would change his mind.

Angie: That's so sad!

Lupita: Well, his father got sick and died, and then our uncle **ended up marrying his true love**.

Angie: Sorry that his dad died, but that's a happy ending for our uncle.

Lupita: More drama! When the Egyptian girlfriend married our uncle, her family **cut her off**. They were wealthy, and they wanted her to marry a rich boy from the same religion. She left Egypt to elope with our uncle. Our history is better than a romance novel!

앤지: 너 다음 달에 모든 가족이랑 다 만날 준비가 됐니?

루피타: 응, 그럼! 내가 우리 가족력을 공부하고 있는데, 모두에게 알려 줄 정보들이 정말 너무 많거든.

앤지: 정말? 멋지다! 뭘 찾았는데?

루피타: 음, 우리가 어떻게 빨간 머리와 푸른 눈의 사촌이 여러 명 있는지 너 알아?

앤지: 응. 걔들이 우리 가족 중에서 스페인 쪽을 닮아서 그런 거잖아.

루피타: 사실은, 그게 아냐. 빨간 머리 사촌들은 모두 원래 헝가리 출신인 우리 증조할머니를 닮아서 그런 거야.

앤지: 헝가리라고? 난 우리 가족이 스페인에 뿌리를 두고 있다고 생각했는데.

루피타: 맞아. 우리한테 헝가리, 이집트, 프랑스에서 온 조상들도 있는 거지.

앤지: 놀라운데! 우리 조상들에 관해 더 자세한 걸 알고 있니?

루피타: 물론이지! 우리 빨간 머리 증조할머니께서 19살밖에 안 됐을 때 조국을 떠나셨다는 걸 알게 됐어. 분명한 건, 증조할머니 어머니께서 돌아가시고 아버지는 재혼하셨지. 우리 증조할머니는 새어머니와 잘 지내질 못했고, 프랑스로 도망치셨어.

앤지: 이건 영화 같다!

루피타: 오, 그것 말고도 더 있어! 스페인 출신인 우리 증조부 형제 한 분은 이집트 출신 여성과 사랑에 빠지셨어. 그분은 그 여자분과 결혼하고 싶어 했지만, 그분 아버지께서 결혼을 반대하셨어. 두 사람의 종교가 서로 달랐으니까. 그분은 자기 아버지의 의견에 반하는 행동은 안 하려 했고, 그래서 아버지가 마음을 바꾸기 바라면서 그 여자분에게 여러 해 동안 연애편지를 쓰셨어.

앤지: 그건 너무 슬프다!

루피타: 음, 아버지가 병들어 돌아가시자, 그 후 그분은 결국 자신의 진실한 사랑과 결혼하게 됐지.

앤지: 아버지께서 돌아가신 건 안됐지만, 그분 입장에서는 해피엔딩이네.

루피타: 드라마는 더 있어! 그 이집트 여자분이 우리 증조부 형제분과 결혼했을 때, 그 여자분 가족들은 그분과 인연을 끊었어. 가족들은 부유했고, 그분이 같은 종교를 가진 부자 남자와 결혼하기를 원했거든. 그분은 이집트를 떠나서 증조부 형제분과 도망가셨지. 우리 가족사가 로맨스 소설보다 더 재밌다니까!

Get together (with ~)

: To meet and spend time with each other

만나서 함께 시간을 보내다

We **are getting together with some old friends** for dinner this weekend.

우리 이번 주말에 오랜 친구들이랑 만나서 저녁 먹으며 시간을 함께 보낼 거야.

Dana: Hi, Mia! How have you been? It's been a while.

Mia: Hi, Dana! Good to see you. **Let's get together** sometime soon for coffee.

데이나: 안녕, 미아! 어떻게 지냈어? 오랜만이네.
미아: 안녕, 데이나! 얼굴 보니 반갑네. 조만간 만나서 커피나 한잔 같이하자.

When we visited my husband's family in New Zealand, we **got together with some of his cousins** for a weekend.

뉴질랜드에 있는 시댁 식구들을 방문했을 때, 우리는 남편의 사촌들 몇 명과 만나 주말에 함께 시간을 보냈지.

Find out ~ / Find ~ out

: To discover some information

(어떤 정보나 사실을) 알게 되다

I just **found out that I won a scholarship that I applied for**. I'm so thrilled!

내가 신청했던 장학금을 받게 됐다는 소식을 금방 알게 됐어. 얼마나 신나는지 몰라!

They never **found out who had murdered the millionaire**.

그들은 그 백만장자를 누가 죽였는지 결코 알아내지 못했다.

I wanted to **find something out about my heritage**, so I got a subscription to a genealogy website.

난 내 혈통에 관해 뭔가 알아내고 싶어서 가계도 관련 웹사이트에 구독 신청을 했어.

Louise: Did you **find out how much that house costs**?

Thea: Yes, and it's in our price range. We should talk to the real estate agent today.

루이즈: 그 집이 얼마나 하는지 알아냈니?
씨아: 응, 우리가 생각하는 범위 내의 가격이야. 오늘 부동산 중개업자랑 이야기해야겠어.

Take after ~

: To resemble or behave like an older family member

(외모, 성격이) 가족 중 누군가를 닮다

I'm an introvert like my father. My mother is very outgoing; I don't **take after her** at all.

> 난 우리 아버지처럼 내성적인 사람이야. 우리 어머니는 아주 외향적인데, 어머니를 하나도 안 닮았어.

My son really **takes after my husband's side of the family;** they are all tall and have straight hair.

> 우리 아들은 남편 쪽 가족을 정말 많이 닮았어. 그쪽 사람들이 모두 키가 크고, 완전 직모거든.

Do you **take after your mother** more or your father?

> 넌 어머니를 더 닮았니, 아버지를 더 닮았니?

Look like ~

: To physically resemble an older family member

(외모가) 가족 중 누군가와 닮다

* Take after가 외모와 성격에 모두 쓰이는 말이지만, **look like**는 외모와 관련된 문맥에서만 사용된다는 점에 유의하세요.

Vanessa: Do you **look like either of your parents**?

Jane: I was adopted, so I don't **look like either of them**, but in terms of personality, I take after my dad.

> 바네사: 넌 (외모가) 부모님 중 한쪽을 닮았니?
> 제인: 난 입양아라서 부모님 어느 쪽도 닮지 않았어. 하지만 성격을 말하자면, 우리 아빠를 닮았어.

My two-year old daughter **looks** exactly **like me at that age**.

> 두 살 된 내 딸은 그 나이였을 때의 나랑 완전 똑같이 생겼어.

Wow, look at this picture of your grandmother as a young woman. You **look just like her**. You both have the same eyes, nose, and jawline.

> 우와, 너희 할머니 젊으셨을 때 이 사진 좀 봐. 너 완전 할머니를 빼닮았구나. 할머니랑 너, 눈이랑 코, 턱선이 똑같아.

Get along (with ~)

: To have a positive relationship with ~

~와 좋은 관계를 갖다

I have a brother and a sister. I **get along** fine **with my brother** because we have similar interests, but my sister and I are like oil and water. We don't **get along** at all.

> 난 남동생 한 명과 여동생 한 명이 있어. 남동생과는 잘 지내. 서로 관심사가 비슷해서. 그런데 여동생과 난 물과 기름 같아. 우린 전혀 잘 지내지를 못해.

You can't always **get along with everyone** at work.

> 일터에서 언제나 모두와 잘 지낼 수는 없어.

My daughter is going away to college and will be living in a dorm. She hopes that she will be able to **get along with her roommate**.

> 우리 딸은 멀리 있는 대학에 가서 기숙사에서 지낼 거야. 딸아이는 자기 룸메이트와 잘 지낼 수 있기를 바라지.

Joan: Heather, at the meeting it seemed like James was ignoring you.

Heather: Well, we don't exactly **get along** well.

> 조운: 헤더 씨, 회의에서 제임스 씨가 헤더 씨를 못 본 척하는 것 같았어요.
> 헤더: 그게, 저희가 그다지 사이가 좋지 않거든요.

Run away

: To leave a place, usually one's home, because of negative circumstances

부정적인 환경 때문에 집을 떠나다/가출하다

My great-grandfather **ran away** from Slovakia and immigrated to the US when he was 20. He didn't want to be drafted into the Prussian army.

우리 증조할아버지는 슬로바키아를 떠나서 20세에 미국으로 이민해 오셨어. 프로이센 군대에 징집되어 가기 싫었대.

She had a really rough upbringing with a lot of poverty and abuse. It's no surprise that she **ran away** from home at 16.

그녀는 극도의 빈곤과 학대로 정말로 힘들게 자랐어. 그녀가 16세에 가출한 게 놀라운 일이 아니지.

This past month at work has been so exhausting. If the boss gives me any more work, I'll **run away** to a tropical island and never return!

직장에서 지난 한 달은 사람 진을 빼놓을 정도였어. 사장님이 나한테 일을 더 주면, 난 그냥 열대 섬으로 도망가서 다시는 안 돌아올 거야!

Go against ~

: To disagree or be opposed to ~

〜에 반대하다

I think the company's strategic plan is really weak, but the CEO thinks it is brilliant. If I **go against the CEO**, I could lose my job.

회사 전략 계획이 정말 빈약한 것 같지만, CEO는 그게 훌륭하다고 생각하십니다. 내가 CEO 의견에 반대하면, 난 직장을 잃을 수도 있을 거예요.

In the military, soldiers rarely **go against the commands of their officers**.

군대에서는 군인들이 상관의 명령에 반하는 일이 거의 없습니다.

I **went against my parents' wishes** by studying art instead of medicine. They were angry with me for a long time, but once I became a successful artist, they were happy about my decision.

난 의학 대신 미술을 공부해서 부모님의 바람에 반하는 일을 했지. 부모님은 오랫동안 내게 화 나 있었지만, 일단 내가 성공한 화가가 되고 나니까, 내 결정에 만족하셨어.

End up ~

: For something to eventually happen

결국 〜하게 되다

We had plans to go listen to a band on Friday night, but we **ended up going to see a new movie**.

우리는 금요일 밤에 밴드 공연을 보러 갈 계획이었지만, 결국 새로 나온 영화를 보러 가게 됐지.

Victoria: Susanna, have you seen the latest episode of our favorite show, <Lucy in Love>? What happened between Lucy and Jake?

Susanna: She **ended up dumping Jake and marrying Luis**! I couldn't believe it!

빅토리아: 수잔나, 너 우리가 좋아하는 〈Lucy in Love〉 가장 최근 편 봤어? 루시와 제이크 사이에 무슨 일이 있었던 거야?
수잔나: 루시가 결국 제이크를 차고 루이스와 결혼 했어! 믿을 수가 없었다니까!

I don't know what happened with our GPS, but we **ended up taking the wrong exit** and drove 30 miles in the wrong direction.

우리 GPS가 어떻게 된 건지는 모르겠지만, 우리는 결국 잘못된 출구로 나가게 돼서, 잘못된 방향으로 30마일이나 더 운전해갔어.

What a trip we had! Two of our flights were cancelled, so we had to fly to different connecting cities. We **ended up** at our destination, but it sure was a long day!

실로 희한한 여행이었다니깬! 비행편 두 개가 취소돼서 다른 도시로 날아가서 환승을 해야 했거든. 결국 우리 목적지에 도착하긴 했지만, 확실히 힘든 하루였어!

Cut off ~

: To separate or block someone from something that they previously had access to

~를 끊어내다/잘라 버리다

When her parents found out that she was spending her tuition money on clothing and trips, they **cut off her funding** immediately.

그녀의 부모님이 그녀가 수업료를 옷 사고 여행하는 데 쓰고 있다는 사실을 알게 됐을 때, 즉시 그녀의 지원금을 끊어 버렸어.

He had not paid the electricity bill in two months, so the utility company **cut off his power.**

그는 두 달 동안 전기세를 내지 않아서 전기 회사에서 전기 공급을 중단했어.

After the divorce, he **was cut off** from his ex-wife's family.

이혼 후에, 그는 전 부인 가족들과 연락이 끊어졌어.

G RAMMAR POINT 1

'만나서 함께 시간을 보내다'라는 뜻의 구동사 get together는 똑같은 형태로 명사로도 쓰입니다. 명사일 때는 가산명사라서 관사 a를 사용해서 a get together라고 쓰지요. 주로 동사 have와 함께 have a get together와 같이 활용합니다.

Ellen: Hi, Sue! Tom and I **are having a little get together** at our place on Saturday with some friends. If you're free, we'd love it if you could come.
Sue: Thanks, Ellen! See you on Saturday.
엘렌: 안녕, 수! 톰이랑 내가 우리 집에서 토요일에 친구들 몇 명이랑 조촐히 모이거든. 시간 되면, 너도 오면 참 좋을 것 같아.
수: 고마워, 엘렌! 토요일에 봐!

그런데 이 구동사와 헷갈리지 않게 함께 공부해야 하는 표현이 중간에 목적어 it을 넣은 get it together입니다. 이는 '무언가를 어리석지 않게 합리적으로 잘 해내다'(to do things sensibly and not foolishly)라는 말입니다. 중간에 it만 들어갔을 뿐인데 완전히 다른 뜻이 되지요? 다음 예문들을 보면서 완전히 익히고 넘어가세요.

Our son got terrible grades in high school and started hanging out with kids who were always in trouble. But now he **has really gotten it together**. He's going to university, studying hard, and doing very well.
우리 아들이 고등학교 때 성적을 엉망으로 받고, 항상 문제만 일으키는 애들과 어울리기 시작했거든. 그런데 지금은 정신 차리고 아주 잘하고 있어. 공부도 열심히 하면서 대학에 다니고 아주 잘하고 있거든.

If this start-up company doesn't **get it together** soon, they are going to go bankrupt.
이 신생 회사가 하루빨리 합리적으로 일 처리를 못 한다면, 파산할 겁니다.

Look, I know you've had a stressful week, but you need to **get it together**. We have a job to do.
이거 봐, 나도 네가 스트레스 만땅인 한 주를 보내고 있다는 건 아는데, 그래도 현명하게 잘 해내야 해. 우리는 해야 할 일이 있잖아.

G RAMMAR POINT 2

구동사 get along은 단독으로 쓰이지만, 전치사 with와 함께 쓰일 수도 있습니다.

My brother and I **get along** well. (전치사 없이)
오빠와 난 서로 잘 지내.

I **get along** well **with** my brother. (with와 함께)
난 우리 오빠와 잘 지내.

My brother **gets along** well **with** me. (with와 함께)
우리 오빠는 나랑 잘 지내.

참고로, get along과 정반대의 의미인 like oil and water 이디엄도 알고 가세요. 우리 한국어에서도 '물과 기름'은 '서로 어울리지 못하며 겉도는 사이'라는 뜻의 관용구죠? 기름(oil)과 물(water)이 서로 섞이지 못하는 현상을 보면서, 영미 문화권과 우리가 똑같은 이디엄을 만들어서 사용한다는 것이 참 재밌습니다.

Those two people are **like oil and water**. Their personalities do not blend well.
그 두 사람은 물과 기름 같아. 둘 성격이 정말 안 맞아.

She is loud, talkative, and loves to go out dancing. He is quiet, reads books all day, and likes to stay home. Those two are **like oil and water**.
그녀는 시끄럽고, 수다스럽고, 춤추러 가는 걸 아주 좋아하거든. 그는 조용하고, 종일 책을 읽고, 집에 있는 걸 좋아하고. 그 두 사람은 마치 물과 기름 같아.

Vocabulary POINT

구동사 cut off는 여러 가지 의미가 있는데요, 돈이나 수도/전기/가스와 관련된 문맥에서는 동사 to cut과 같은 뜻입니다.

The phone company **cut off our phone** because we forgot to pay the bill.
전화 회사가 전화 서비스를 끊었어. 우리가 전화 요금 내는 걸 깜박했거든.

남이 얘기 중인데 cut off하는 건 '남이 하는 말을 자르다(= to interrupt)'의 뜻입니다.

I was telling a story, and he just started talking and **cut me off**.
내가 이야기하고 있었는데, 그 사람이 그냥 말하기 시작하면서 내 말을 잘랐어.

Oh, I'm sorry, I didn't mean to **cut you off**, please continue what you were saying.
아, 죄송해요. 말씀 끊으려는 의도는 아니었어요. 하시던 이야기 계속하세요.

Cut off는 '단절하다(= to sever a connection between places or between people)'의 뜻도 있는데, 사람 사이의 단절과 장소 사이의 단절 모두를 의미합니다.

There was a mudslide that destroyed part of the highway. We **were cut off** from the town because that was the only road out of the region.
고속도로 일부를 파괴한 토사 유출이 있었고, 우리는 마을에서 고립되었습니다. 왜냐하면 그곳이 그 지역에서 나올 수 있는 유일한 도로였기 때문이죠.

I once lived in a very rural area that did not have reliable phone or Internet services. I felt so lonely and **cut off** from my friends.
한번은 내가 작동이 잘 되는 전화나 인터넷 서비스가 없는 아주 시골 지역에서 산 적이 있어. 난 너무 외로웠고 친구들로부터 고립된 것처럼 느껴졌어.

This phone line is terrible; we keep **getting cut off** and have to call each other back all the time.
이 전화선이 형편없어. 전화가 계속 끊겨서 맨날 서로에게 다시 전화해야 하거든.

Cut off는 문자 그대로 '(가위나 칼로) 무언가를 자르다'라는 뜻도 있습니다.

She was using a really sharp knife and **cut off the top of her finger**.
그녀는 아주 날카로운 칼을 사용하고 있었는데, 손가락 끝을 베였어.

Can you **cut these loose threads off** this sweater?
이 스웨터 늘어진 실밥들 좀 잘라 줄래요?

Culture POINT

가족의 혈통 조사는 미국인들에게 인기 있는 취미 중 하나입니다. 흑인 노예 제도와 식민 지배, 다양한 나라에서 온 이민 역사로 인해 미국인들의 족보를 따라가 보면 세계 여러 나라와 다양한 문화를 접하게 되는 일이 아주 흔하죠. 요즘은 DNA 테스트 키트를 구하기 쉬워져서, 자신의 혈통 계보를 조사하는 것이 더욱 쉬워졌고, 그 결과 더 많은 미국인이 이 주제에 관심을 갖게 되었습니다.

게다가 23andMe나 Ancestry 같은 회사는 유전자 일치와 관련된 거대한 데이터베이스를 개발해 사람들이 자기 가족 혈통을 찾는 게 더욱 쉬워졌습니다. 최근엔 가족력과 관련된 TV 쇼까지 등장해 인기를 끌면서, 더 많은 미국인이 자신의 혈통과 뿌리를 찾으려고 하는 것 같습니다. 자기 조상이 어떤 삶을 살아왔고, 또 어떤 업적을 이루었는지 알아보는 건 매우 흥미진진하니까요. 참고로, 그런 TV 쇼 중 하나가 〈Finding Your Roots(당신의 뿌리 찾기)〉인데, 이 쇼의 진행자는 하버드대 교수 헨리 루이스 게이츠(Henry Louis Gates) 박사입니다. 그는 이 쇼에서 매회 두 유명인의 가족력을 조사합니다.

Molly: Pauline, you look blue. Is everything okay with you?

Pauline: Emery proposed to me, but I **turned it down**.

Molly: Really? You guys **have been going out** for four years. I don't understand why you **turned down his marriage proposal**. Did he **cheat on you** or something?

Pauline: No, not at all. He's the perfect man for me.

Molly: Then, what's the problem?

Pauline: I'm not really ready to **settle down** yet. I mean…I don't want to **break up with him**, but I don't want to get married at the moment either.

Molly: Do you love him?

Pauline: Yes, I do love him.

Molly: Of course, you do! When you first saw him, you **fell in love with him** right off the bat. He also **fell for you** at first sight. Didn't you say you guys **hit it off with each other** from the get-go?

Pauline: Yeah, I remember all that.

Molly: Pauline, I know many couples who **drift apart** over time, but it looks like your relationship with Emery is getting stronger and stronger. Well, it's your decision after all, but if you feel like he's the right person for you, you don't want to lose him. Girl, it's not easy to find your own Prince Charming!

Pauline: You're right.

Molly: Then again, if you're not ready to **settle down** yet, he should respect that as well. Why don't you **talk it out with him**?

Pauline: Okay, I will.

Molly: At the same time, you want him to know that you love him as well.

Pauline: Yes, ma'am! Thank you so much for your sincere advice, Molly.

Molly: That's what friends are for!

MP3 023

몰리: 폴린, 너 우울해 보인다. 괜찮아?

폴린: 에머리가 나한테 프러포즈했는데, 내가 거절했어.

몰리: 정말? 너희 둘 4년 동안 데이트해 왔잖아. 네가 왜 에머리 청혼을 거절했는지 이해 못 하겠다. 그 사람이 널 속이고 바람이라도 피웠니?

폴린: 아니, 전혀 아니야. 나한테는 완벽한 남자지.

몰리: 그럼 뭐가 문제인데?

폴린: 내가 아직은 완전히 정착할 준비가 정말 안 돼 있거든. 내 말은, 에머리와 헤어지고 싶지는 않지만, 그렇다고 지금 당장 결혼하고 싶지도 않아.

몰리: 그 사람을 사랑하니?

폴린: 응, 나 정말 그 사람 사랑해.

몰리: 물론 넌 그 사람을 사랑하지! 네가 에머리 처음 봤을 때, 바로 사랑에 빠졌잖아. 에머리도 너한테 첫눈에 반했고. 네가 너희 둘이 처음부터 엄청나게 잘 맞았다고 하지 않았니?

폴린: 맞아, 나도 그거 다 기억해.

몰리: 폴린, 시간이 지나면서 서서히 멀어지는 커플들을 많이 알지만, 에머리와 너의 관계는 점점 더 견고해지는 것 같거든. 뭐, 결국 네가 결정하는 거겠지만, 에머리가 바로 네 짝이라고 생각이 들면, 너 그 사람 놓치면 안 돼. 얘, 너만을 위한 완벽한 남자를 찾는 게 쉬운 일이 아니라고!

폴린: 네 말이 맞아.

몰리: 그렇긴 하지만, 네가 아직 정착할 준비가 안 돼 있다면, 그 사람도 그걸 존중해야지. 에머리와 이 문제를 대화로 해결해 보면 어때?

폴린: 그래, 그렇게 할게.

몰리: 동시에, 너도 그를 사랑하고 있다는 사실을 그가 알게 해야겠지.

폴린: 알았어! 진지하게 충고해 줘서 정말 고마워, 몰리.

몰리: 그게 친구 좋다는 거지 뭐!

---

blue 우울한
at the moment 말하는 지금 이 순간　　**right off the bat** 즉시
from the get-go 처음부터　　**over time** 시간이 지나면서
right person 당사자에게 꼭 맞는 이상형　　**Prince Charming** 백마 탄 왕자님
What are friends for? 친구 좋다는 게 뭐니?

Turn someone down

: To refuse someone

(누군가의 고백을) 거절하다

John is a great guy, but I don't have big feelings for him, so I **turned him down**.

> 존은 참 좋은 사람이지만, 그에게 크게 끌리는 감정이 없어서 나 그 사람 고백 거절했어.

She should really learn how to **turn a guy down**.

> 그녀는 정말로 남자의 고백을 거절하는 법을 배워야 해.

* **Turn down**의 목적어가 사람일 경우에는 이렇게 '사람의 고백을 거절하다'라는 의미입니다. 하지만 LESSON 7(직장/업무 II)에서 배웠듯이, 목적어가 어떤 사안이나 제안일 경우에는 '(제안을) 거절하다/거부하다'의 뜻이 됩니다. 연애나 사랑에 관계되는 문맥에서는 '청혼을 거절하다'의 뜻으로도 쓰입니다.

Although Christine loves Aiden, she **turned down his marriage proposal** because she's not ready to get married.

> 크리스틴이 에이든을 사랑하기는 하지만, 그녀는 그의 청혼을 거절했어. 왜냐하면 그녀는 결혼할 준비가 안 됐거든.

Go out (with ~)

: To date ~

~와 사귀다

Did you just say she **went out with Donald**? I can't believe it!

> 너 지금 그녀가 도널드와 사귀었다고 했니? 믿기지가 않네!

Hey, I'm not going to **go out with anyone** in our workplace. Office romance is not my thing.

> 야, 난 직장에서는 아무랑도 사귀지 않을 거야. 사내 연애는 내 스타일이 아니거든.

Justin **has been going out with Lindsey** for five years, and he will propose to her tonight.

> 저스틴은 린지와 5년 동안 사귀었고, 오늘 밤에 린지에게 청혼할 거야.

Cheat on ~

: To have a sexual relationship with someone else other than one's wife/husband/fiancé/boyfriend/girlfriend

(배우자나 약혼자가 아닌) 다른 사람과 성적 관계를 갖다, 바람을 피우다

I don't know if I could say Jack is the best guy in the world, but one thing is for sure; he will never **cheat on you**.

> 잭이 세상에서 가장 좋은 남자인지는 모르겠지만, 한 가지는 확실해. 그는 절대로 너를 속이고 바람을 피우지는 않을 거야.

It's extremely hard to forgive my fiancé after he **cheated on me**.

> 약혼자가 나를 속이고 다른 여자를 만난 후로, 그 사람을 용서하기가 나 너무 힘들어.

David has called off the wedding because Elizabeth **cheated on him**.

> 데이비드가 결혼식을 취소했는데, 엘리자베스가 그를 속이고 바람을 피웠거든.

Settle down

: To start to live a steady life
정착해서 안정된 삶을 살기 시작하다

If I get this job, I'll be able to get married to Jason and **settle down**.

> 이 직장을 다닐 수 있으면, 난 제이슨과 결혼해서 안정된 삶을 살 수 있을 거야.

I don't really know if **settling down** is a good thing when you're still in your 20s.

> 네가 아직 20대일 때 정착해서 안정된 삶을 사는 게 좋은 일인지, 난 정말 모르겠어.

You don't always have to have enough money to get married and **settle down**.

> 결혼하고 정착하기 위해서 꼭 돈이 충분히 있어야 하는 건 아니야.

Break up (with ~)

: To end a romantic relationship (with ~)

(〜와) 헤어지다

A: Sam's having a very hard time.

B: I can understand that. It's not easy to **break up with someone** who has been living with you for five years.

A: 샘이 아주 힘든 시간을 보내고 있어.
B: 이해할 수 있어. 5년 동안 함께 살아온 누군가와 헤어진다는 게 쉬운 일이 아니지.

A: How's your boyfriend doing? His name is Kyle, right?

B: I just **broke up with him**. He's my ex now.

A: 네 남자 친구는 어떻게 지내? 그 사람 이름이 카일이었지, 맞아?
B: 나 걔하고 막 헤어졌어. 이제는 내 전 남친이지.

A: Tom and Jerry **broke up**.

B: I never knew they went out with each other. Hold on, are they gay?

A: 톰이랑 제리 헤어졌어.
B: 걔네 둘이 사귀는 줄 전혀 몰랐네. 잠깐만, 걔네 둘이 동성애자였니?

Fall in love (with ~)

: To have a deep romantic feeling (with ~)

(〜와) 사랑에 빠지다

I don't understand how he **falls in love** so easily and quickly.

나는 그가 어떻게 그렇게 쉽고 빠르게 사랑에 빠지는지 이해가 안 돼.

Romeo and Juliet **fell in love with each other** at first sight.

로미오와 줄리엣은 서로 첫눈에 사랑에 빠졌다.

How long does it take for you to **fall in love**?

넌 사랑에 빠지는 데 보통 얼마나 걸리니?

Fall for ~

: To fall in love with ~

~에게 홀딱 반하다

Did you just say you **fell for Carl**? You met him 30 minutes ago.

너 방금 칼한테 홀딱 반했다고 했니? 너 칼을 30분 전에 만났잖아.

When I first saw Robert, I didn't really **fall for him**, but after spending some time with him, I realized he's a great guy.

로버트를 처음 만났을 때는 난 정말 그에게 반하지 않았어. 하지만 그와 시간을 조금 보낸 후에, 난 그가 참 괜찮은 사람이라는 걸 알게 됐어.

Leonardo is a very handsome guy. The moment I met him, I **fell for him**.

레오나르도는 아주 잘생긴 남자야. 그 사람을 만난 그 순간, 내가 홀딱 반했지.

Hit it off (with) ~

: To get along with ~

(~와) 사이좋게 지내다/죽이 잘 맞다

They didn't **hit it off with each other** from the get-go.

그들은 처음부터 서로 잘 맞지 않았어.

Bonnie and Graham met each other in high school. They quickly **hit it off** and got married as soon as they graduated.

보니와 그레이엄은 서로 고등학교 때 만났어. 그들은 재빨리 서로 잘 맞았고 졸업하자마자 결혼했지.

A: Did you guys fall in love at first sight?

B: No, not at all. We didn't really **hit it off** at first, but we fell in love slowly.

A: 너희 둘은 첫눈에 사랑에 빠졌니?
B: 아니, 전혀 아니야. 처음엔 정말 맞지 않았지만, 천천히 사랑에 빠졌어.

Drift apart

: To become less close
서서히 사이가 멀어지다

They fell in love with each other at first sight but **drifted apart** soon.

그들은 서로 첫눈에 사랑에 빠졌지만, 곧 서서히 사이가 멀어졌어.

Andy and Lauren **drifted apart**, and now they're seeing a marriage counselor and trying to work on their problem.

앤디와 로렌은 서서히 사이가 멀어졌고, 지금은 결혼 생활 상담자를 만나러 다니면서 자기네 문제를 해결하려고 하고 있어.

I feel like my husband and I **are drifting apart** these days. I think we should see a counselor to protect our marriage.

남편과 내가 요즘 서서히 사이가 멀어지고 있는 느낌이야. 우리 결혼 생활 유지를 위해서 상담을 받아야 할 것 같아.

Talk ~ out

: To talk about ~ in order to settle a disagreement or misunderstanding
(문제나 오해가 있을 때) 대화로 해결하려고 하다

If that bothers you so much, you should **talk it out** with your husband.

그게 너를 그토록 괴롭힌다면, 그걸 남편과 대화로 풀어야 해.

I think there's a misunderstanding between you and me. Can we **talk it out**?

너랑 나 사이에 오해가 있는 것 같아. 우리 대화로 풀 수 있을까?

A: I have a problem with my boyfriend, and it's been bothering me for a month.

B: Then, why don't you **talk it out** with him?

A: 남자 친구와 문제가 있는데, 그것 때문에 한 달 동안 괴롭게 지내고 있어.
B: 그렇다면 남자 친구랑 대화로 그 문제를 풀어 보면 어떻겠어?

Culture POINT

대화에서 몰리는 펠리샤에게 "You look blue."(너 우울해 보여.)라고 말합니다. 미국 문화에서 파란색(blue)은 우울하고 슬픈 느낌의 색깔이라서 이런 표현이 가능합니다. 그래서 이 단어에서 유래한 blues(블루스)는 비참한 노예 생활을 하던 미국 흑인들이 자신들의 우울하고 슬픈 심경을 담아 부르던 노래에서 시작된 음악 장르입니다. 이 단어가 들어간 이디엄인 sing the blues 또한 '우는소리를 하다', 또는 '불평하다'의 뜻이 있습니다. 영어에는 이렇게 색을 이용한 표현이 다양한데, 문제는 해당 색상이 함축하는 의미가 한국어와 같을 수도 있지만, 다를 수도 있다는 데 있습니다. 그래서 색과 관련된 영어 표현에서 해당 색상이 미국 문화권에서 어떤 의미인지를 하나하나 짚어 보면서 공부해야 합니다. 지금부터 일상 회화에서 자주 쓰이는 색이 들어간 표현을 몇 가지 공부하면서, 미국 문화에서 각 색깔이 함축하는 의미도 함께 살펴보세요. 해당 색이 한국어와 같은 의미면 이해하기 쉬우니 바로 외워서 사용하면 되고, 한국어와 다르다면 유념해서 기억해야 하겠죠?

 ▶ 신호등의 녹색불이 우리가 가도 좋다는 의미가 있는 것처럼, 영어에서 green light은 무언가를 해도 좋다는 허락(permission)이나 승인(approval)을 의미합니다. 이 표현은 문장에서 give the green light, get the green light, have the green light 등으로 쓰입니다.

My boss **gave me the green light** to work from home.
우리 사장님이 내가 재택근무를 해도 좋다고 허락하셨어.

▶ 그렇지만 영어권에서 녹색(green)은 질투나 시기를 함축하는 색깔이기도 합니다. 그래서 green-eyed monster는 '질투심에 눈먼 사람'이라는 뜻입니다. 한국 문화에서는 녹색에 이런 함의가 전혀 없기에 차이점에 유념하면서 예문을 보세요.

When Kimberly became successful as an author, Gina got **green-eyed**.
킴벌리가 작가로 성공했을 때, 지나는 질투심이 났다.

Kennedy is going to the BTS concert tonight, which makes me **green with envy**.
케네디가 오늘 밤에 BTS 콘서트에 가는데, 난 그게 부러워 죽겠어.

▶ 검은색(black)은 영어권에서도 뭔가 음흉하거나 음지의 느낌이 드는 색입니다. 그래서 black market은 '(불법적으로 거래되는) 암시장'을 뜻합니다.

Many criminals in the U.S. buy guns on the **black market**.
미국에서 많은 범죄자들은 암시장에서 총을 삽니다.

그런데 이건 한국어에서도 마찬가지인 것 같습니다. 우리말 '흑심'('검은 마음'을 뜻하는 한자어)을 국어사전에서는 '음흉하고 부정한 욕심이 많은 마음'이라고 합니다. 또는 이런 문장도 있지요?
"너의 시커먼 속내를 내가 모를 줄 알았니?"

이 문장에서 '시커먼'은 '시-커멓다'에서 활용된 표현인데, '매우 검다'라는 뜻입니다. 속이 시커멓다는 것은 '순수하지 않고 음흉하다'라는 말이죠? 이렇게 한국인도 미국인과 마찬가지로 검은색(black)을 부정적인 문맥에서 사용하기 때문에 이해하기 쉽습니다.

▶ black과 반대되는 white는 당연히 '선하고 순수하다'의 의미가 있습니다.

I'm not a liar, but I sometimes tell my girlfriend **a little white** lie about her appearance or fashion.
난 거짓말쟁이는 아니지만, 가끔 여자 친구에게 외모나 패션에 관해서는 선의의 거짓말을 하기도 해.

▶ black과 white가 들어가는 표현으로 black and white가 있는데, 이는 우리말의 '흑백 논리'(이분법적 사고)라는 표현과 똑같은 용례로 쓰입니다. 무엇이 옳은지 그른지가 선명하게 보인다는 뜻입니다.

Legalization of Marijuana is not a **black and white** issue.
대마초를 합법화하는 건 흑백 논리로 접근할 수 있는 문제가 아닙니다.

I don't want to talk about the abortion laws with my grandma because she only sees this issue in **black and white**.
낙태법에 관해서는 우리 할머니랑 이야기하고 싶지 않아요. 왜냐하면 할머니께서는 이 문제를 흑백 논리로만 보시기 때문이죠.

▶ 그렇지만 영어에서 black and white는 옳고 그름을 떠나서 그저 무언가가 확실하고 분명하게 보인다는 의미로도 쓰입니다.

If you don't understand the regulation, please read this document. Everything is spelled out in **black and white** here.
그 규정을 이해 못 하시겠으면, 이 문서를 읽어 보세요. 모든 것이 여기 분명하게 명시되어 있습니다.

▶ 앞의 black and white의 의미를 알면, 아주 쉽게 그 뜻을 유추할 수 있는 표현이 gray area입니다. 즉, 검은색도 아니고 흰색도 아닌 회색은 여기에도 저기에도 속하지 않는 불분명함을 나타냅니다. 때문에 회색(gray/grey)은 영어권에서도 무언가가 불분명하다는 의미를 함축하는 색깔입니다. 사실, 한국어에도 정치적으로 이쪽에도 저쪽에도 속하지 않으려는 사람을 부정적으로 일컫는 단어로 '회색분자'라는 말이 있으니, 쉽게 이해할 수 있습니다.

As a matter of fact, whether it's legal or illegal is in the **gray area**.

사실, 그게 합법적인지 불법적인지는 애매한 문제입니다.

→ 참고로, 회색의 스펠링은 gray와 grey 둘 다 맞지만, 미국 영어에서는 gray가 더 보편적이고, 영국 영어에서는 grey가 주로 쓰입니다.

▶ In the red 표현에서 red는 적자 상태라는 말로, '빚을 지고 있는'의 뜻입니다. 이는 우리말과도 같은 표현입니다. 한국어의 적자(赤字)라는 단어에서도 '적'은 한자의 붉을 '적'(赤) 자를 사용하기 때문입니다. 국어사전에 따르면 적자는 "지출이 수입보다 많아서 생기는 결손액을 장부에 기록할 때 붉은 글자로 기재한 데서 유래"했다고 합니다. [*]

We're currently **in the red**.

우리는 현재 적자 상태입니다.

반대로, 우리말의 '흑자'에서 검을 '흑'(黑)을 쓰는 것과 마찬가지로, 흑자 상태는 in the black이라고 표현합니다.

We're **in the black**.

우리는 흑자 상태입니다.

▶ 우리말에서 붉은색에 해당하는 '혈색'이 건강을 상징하는 것과 달리, 영미 문화권에서는 분홍색(pink)이 건강을 상징하기도 합니다.

Wishing you the **pink** of health!

네가 건강하기를 바라며!

I was very sick for the last couple of weeks, but now I'm in the **pink** of health.

난 지난 2주 정도 많이 아팠지만, 지금은 건강해.

Walking a mile a day is how I keep in the **pink**.

하루에 1마일씩 걷는 것이 제가 건강을 유지하는 비결이랍니다.

---

[*] 네이버 국어사전 참고.

Mia: David asked me to **move in with him**, but I don't really want to until we get married. As you know, I was brought up in a very religious household.

Linda: You know what? Whether you're religious or not, I think that's a smart decision.

Mia: Do you think so?

Linda: Oh, absolutely! My friend, Edith **split up with her boyfriend** a month after **he moved in**.

Mia: What?

Linda: He seemed to love Edith at first, but as soon as they started living together, the man lost interest in her, and he started to **pick up another girl**.

Mia: How did she find out?

Linda: My other friend saw him **hitting on a girl** at a party.

Mia: That's terrible!

Linda: They had a big fight because of that, but even after **making up with him**, Edith couldn't forget about that and let it go.

Mia: I don't blame her.

Linda: She couldn't trust him any longer, which often led to an argument. Edith realized their relationship **was wearing her down**, so she decided to break up with him. What's worse, Edith says she **got over him**, but something tells me **she's still hung up on him**. I know your David is a great guy, and I don't think he would do such things, but I would still be very cautious before making that kind of decision.

Mia: I know you mean well. Thanks for your advice! By the way, how's it going with your romance? All I know is you were super excited when Douglas **asked you out**.

Linda: We've met three times, and so far, so good.

Mia: And?

Linda: He's a wonderful guy, but I still find it a little hard to **open up**.

미아: 데이비드가 나한테 자기랑 동거하자고 했는데, 난 결혼할 때까지는 정말 그러기 싫거든. 너도 알다시피, 내가 신앙심이 매우 강한 집안에서 자랐잖아.

린다: 있잖아, 네가 신앙심이 있든 없든, 난 그게 똑똑한 결정이라고 생각해.

미아: 그렇게 생각해?

린다: 오, 완전히! 내 친구 에디스가 자기 남자 친구랑 동거 시작하고 한 달 후에 헤어졌어.

미아: 뭐?

린다: 처음에는 그가 에디스를 사랑하는 것 같았지만, 같이 살기 시작하자마자 에디스에 흥미를 잃더니, 다른 여자를 꼬시기 시작했어.

미아: 네 친구는 그걸 어떻게 알았대?

린다: 내 다른 친구가 그 남자가 어떤 파티에서 여자 꼬시는 걸 봤거든.

미아: 정말 끔찍하다!

린다: 그것 때문에 둘이 크게 싸웠는데, 그 남자랑 화해한 후에도 에디스가 그걸 잊을 수가 없었어.

미아: 난 네 친구가 심하다고 말 못 하겠다.

린다: 친구가 더는 자기 남자 친구를 신뢰할 수가 없었는데, 그게 또 자주 언쟁을 하게 되는 원인이 됐지. 에디스는 남자 친구와의 관계로 자기가 지치고 있다는 걸 깨달았고, 그래서 헤어지기로 했어. 더 나쁜 건, 에디스는 그를 잊었다고 말하지만, 난 어쩐지 에디스가 여전히 그 남자를 못 잊는 것 같아. 너의 데이비드가 좋은 남자라는 건 나도 알고, 그런 행동은 안 할 거라고 생각하지만, 그래도 나라면 그런 결정을 하기 전에 아주 신중하겠어.

미아: 네가 좋은 뜻으로 하는 말이라는 거 알아. 충고 고마워! 그건 그렇고, 네 연애사는 어떻게 돼 가고 있어? 내가 아는 건 더글러스가 너한테 데이트하자고 했을 때 네가 엄청 설레했다는 건데.

린다: 우리 세 번 만났는데, 지금까지는 좋아.

미아: 그리고?

린다: 좋은 사람이긴 한데, 내 마음을 열기가 아직은 조금 힘든 것 같아.

---

let it go 그쯤 해두다, 더 이상 말하지 않다
something tells me ~ 어쩐지 ~라는 생각이 들다

Move in with ~

: To start living in the same home with ~

~와 동거를 시작하다

I love him, but I don't think **moving in with him** is a good idea.

> 난 그를 사랑하지만, 그와 동거를 시작하는 건 좋은 생각이 아닌 것 같아.

My boyfriend asked me to **move in with him**, and I'm super excited!

> 남자 친구가 나한테 자기랑 동거하자고 했고, 난 너무도 설레어!

Are you really ready to **move in with your fiancé**?

> 너 정말 약혼자랑 동거 시작할 준비가 됐어?

Split up (with ~)

: To end a relationship (with ~)

(~와) 헤어지다

Katherine has decided to **split up with Daniel** because he has been cheating on her.

> 캐서린은 다니엘과 헤어지기로 했어. 다니엘이 캐서린 몰래 다른 여자를 만나고 다녔거든.

The two **split up**. They don't live together anymore.

> 그 두 사람 헤어졌어. 더 이상 같이 살지 않아.

His parents **split up** when he was very young.

> 그의 부모님은 그가 아주 어릴 때 헤어지셨어.

Pick up ~ /
Pick ~ up

: To start a romantic
relationship with ~

(이성을) 꼬시다

Although I like dancing, I never go
to that dance club because too
many guys go there just to **pick
up girls**.

난 춤추는 걸 좋아하긴 하지만, 그 댄스 클럽에는
절대 안 가. 왜냐하면 너무 많은 남자들이 거기
단지 여자 꼬시러 가거든.

How did I meet my husband? We
went to the same college, and he
was the most handsome guy on
campus, so I **picked him up**.

내가 남편을 어떻게 만났냐고? 우리가 같은 대학에
다녔는데, 남편이 캠퍼스에서 가장 잘생긴 사람
이었고, 그래서 내가 꼬셨지.

Although Jackson liked Katie so
much from Day 1, he never tried to
pick her up; he knew Katie had a
boyfriend.

잭슨은 처음부터 케이티를 굉장히 좋아했는데도,
그녀와 이성적인 관계를 가지려고 한 적은 단
한 번도 없었어. 케이티에게 남자 친구가 있다는
사실을 알고 있었거든.

Hit on ~

: To flirt with ~

〜를 꼬시다

A: Jennifer, why did you leave the party so early last night?

B: There was one guy who **was** really **hitting on me** to the point that I was feeling extremely uncomfortable, so I just left.

A: 제니퍼, 어젯밤에 왜 그렇게 일찍 파티를 떠난 거야?
B: 지나치게 들이대던 남자가 있었는데, 그것 때문에 정말 불편할 정도였거든. 그래서 그냥 떠났어.

I don't understand Jack. He's always talking about how to **hit on girls** and doesn't attend classes.

난 잭을 이해할 수가 없어. 항상 어떻게 여자들을 꼬시는지에 관한 이야기만 하고 수업에는 들어가지도 않아.

Hey, why are you doing this to me? I was not trying to **hit on you**.

저기요, 저한테 왜 이러시는 거예요? 저는 당신을 꼬시려고 한 게 아니었습니다.

Make up (with ~)

: To be reconciled (with ~)

(〜와) 화해하다

I know I have to **make up with her**, but I don't want to.

나도 그녀와 화해해야 한다는 건 아는데, 그러고 싶지가 않아.

How do you guys **make up with each other** after a heated argument?

격한 언쟁을 벌인 후에 너희들 어떻게 서로 화해해?

Hey, you guys are a couple. Just kiss and **make up**!

이봐, 너희들은 부부잖아. 그냥 키스하고 화해해!

Wear down ~ /
Wear ~ down

: To tire ~

～를 피곤하게 하다

My husband is complaining about everything I do, and **he's wearing me down**.

남편은 내가 하는 모든 일에 불평을 해서, 나를 엄청 피곤하게 해.

Cathy is stuck in a miserable marriage, which **wears her down**.

캐시는 불행한 결혼 생활에 갇혀 있는데, 그게 그녀를 지치게 해.

If you often feel like your spouse **wears you down**, it's a sign that you're in an unhealthy relationship.

배우자 때문에 피곤하다고 자주 느낀다면, 그건 당신이 건강하지 못한 관계에 있다는 징후입니다.

Get over ~

: To recover from a difficult and bad experience/To stop being bothered by ~

힘든 일을 극복하다/불행을 잊다/ 이별한 연인을 잊다

Sarah broke up with Greg, but she doesn't seem to **get over him**.

새라는 그레그와 헤어졌지만, 그를 잊지 못하는 것 같아.

It has been two years. You should really **get over her**!

2년이나 지났어. 너 정말 그녀를 잊어야 해!

I can't **get over Victor**. He was my dream boy.

난 빅터를 잊을 수가 없어. 그는 내가 꿈꾸던 남자였거든.

Be hung up on ~

: To be extremely interested in ~ and constantly thinking about ~

〜에 집착하다/매달리다

Lacey says **she's not hung up on Hunter** anymore, but I think she's lying.

레이시가 자기는 헌터에게 더 이상 집착 안 한다고 말하는데, 난 그 애가 거짓말하는 것 같아.

Greg **is hung up on his girlfriend**, which worries his mom.

그레그가 자기 여자 친구에게 집착해서, 걔네 엄마가 걱정하시잖아.

I don't know why **he's still hung up on that girl** who doesn't treat him well.

난 그가 왜 자기한테 잘 대해 주지도 않는 그 여자에게 아직도 매달리는지를 모르겠어.

Ask ~ out

: To invite ~ out on a date

〜에게 데이트 신청을 하다

He just **asked me out**, but I had to turn it down.

그가 나에게 데이트하자고 했지만, 난 그거 거절해야 했어.

A: Are you really going to **ask your coworker out** on a date?

B: Yes. As long as we keep our workplace relationship professional, I don't see any problem with that.

A: 너 정말 네 직장 동료에게 데이트 신청할 거야?
B: 응. 직장에서 관계만 프로처럼 유지하는 한, 난 그거 아무 문제 없다고 봐.

I'm not really sure if it's appropriate for you to **ask your professor out**.

난 네가 교수님께 데이트 신청하는 게 적절한 행동인지 정말 모르겠어.

Open up (to ~)

: To talk more about oneself
or one's feelings comfortably

마음의 문을 열고 편하게 대하다

I was surprised to see how Richard
interacted with Lucy because
he **has never opened up to
anyone** like that.

> 나는 리처드가 루시와 교류하는 거 보고 놀랐어.
> 왜냐하면 리처드는 누구에게도 그렇게 마음의 문을
> 열고 편하게 대한 적이 없었거든.

I feel like my husband never
opens up to discuss how he truly
feels about me.

> 내가 느끼기에 우리 남편은 절대로 자기가 나에
> 대해 어떻게 생각하는지를 솔직하게 이야기하지
> 않는 것 같아.

I don't want to **open up** about
my feelings at my workplace.

> 난 직장에서는 내 감정을 솔직하게 드러내기 싫어.

G RAMMAR POINT 1

앞에서 배운 break up과 지금 배우는 split up 모두 '헤어지다'는 의미의 구동사입니다. 이 두 구동사 모두 붙여서 split-up, breakup처럼 명사로 쓰이기도 하지요. 참고로 가산명사로 쓰이는데, 의미는 ending a relationship으로 똑같습니다.

A lot of women change their hair style when they are trying to get over **a bad breakup**.
많은 여성들이 상처투성이의 결별을 잊고자 할 때 헤어 스타일을 바꿉니다.

Their **split-up** affected their children negatively.
그들의 이혼은 아이들에게 부정적으로 영향을 끼쳤다.

People **break up** so easily these days, and nobody seems to know about the painful truth about **breakups**.
요즘엔 사람들이 너무 쉽게 헤어지고, 아무도 이별에 관한 고통스러운 진실을 모르는 것 같습니다.

It was **an inevitable split-up**. I believe that was the right decision.
그건 어쩔 수 없는 결별이었어. 난 그게 옳은 결정이었다고 믿어.

G RAMMAR POINT 2

Ask ~ out은 '~에게 데이트 신청하다'의 구동사입니다. 이때, 영화를 함께 보자거나, 저녁 식사를 함께하자거나, 커피를 같이 마시자거나 하는 등의 구체적인 데이트 방법을 제시하려면 전치사 for나 to를 사용해 다음과 같이 말할 수 있습니다.

Timothy **asked her out** to lunch.
티머시는 그녀에게 점심 같이 먹자며 데이트 신청을 했다.

Paul **asked the girl out** to a coffee shop.
폴은 그 여자에게 커피숍에서 만나자며 데이트 신청을 했다.

Samantha **asked John out** for a drink.
사만다는 존에게 술을 한잔하자며 데이트 신청을 했다.

Howard **asked her out** to the movies.
하워드는 그녀에게 영화 같이 보자며 데이트 신청을 했다.

구체적으로 date를 넣어서 말할 때는 다음과 같이 전치사 on을 씁니다.

I still remember when he **asked me out on a date** for the first time. He was so cute.
나는 그가 나에게 처음으로 데이트 신청했던 날을 아직도 기억해. 그는 정말 멋졌어.

ocabulary POINT

어떤 구동사는 굉장히 다양한 의미로 쓰입니다. 그런 구동사 중 대표적인 것으로 pick up이 있습니다. Pick up은 '전화를 받다'의 의미로, '뭔가를 사다'의 의미로, '방을 정리하다'의 의미로, '비나 바람의 속도나 세기가 증가하다'의 의미로, 또 이 과에서 배우는 것처럼 '이성을 꼬시다'의 의미로까지 쓰입니다.

The phone was ringing, so I **picked it up**. (Pick up = To lift the receiver)
전화가 울려서 내가 (전화를) 받았어.

I stopped at the electronics store and **picked up a new case** for my cell phone.
(Pick up = To buy something)
난 전자 제품 가게에 들러서 새 휴대폰 케이스를 하나 샀어.

This living room is a mess! There are empty soda cans and potato chip bags in here. I'm going to tell my daughter and her friends to **pick up the living room**.
(Pick up = To tidy or clean a room)
이 거실이 엉망이네! 빈 음료수 캔이랑 감자 칩 봉지까지 있네. 내 딸아이하고 걔 친구들한테 거실을 청소하라고 해야겠어.

At the coast, the winds always **pick up** for an hour or two in the afternoon.
(Pick up = To increase in wind speed)
해안가에서는 항상 오후에는 바람이 한두 시간 정도 강해집니다.

A: What's wrong with her? I just asked the time, and she completely ignored me.
B: Maybe she thought you were trying to **pick her up**.
(Pick up = To start a romantic relationship)
A: 그 여자는 대체 뭐가 문제인 거야? 난 그저 몇 시냐고 물었을 뿐인데, 나를 아주 무시하는 거야.
B: 아마도 그녀는 네가 자기를 꼬시려 한다고 생각한 것 같아.

LESSON 14
우정 (친구 관계/인간관계)

Barry: Hannah, how was your trip to Lake City?

Hannah: It was great. You know, it's my hometown, and my parents still live there. It was just awesome to **catch up with my family and friends**.

Barry: Do you still have lots of friends there?

Hannah: Not a lot, but some of my high school friends still live there, and I consider them as my best friends. I mean when I have a hard time, they try to **help me out**. Basically, none of them **has ever let me down**. What about you? Do you still **keep up with your high school friends**?

Barry: Not really. I actually had two close friends from high school. Long story short, one **turned against me** for his success, and the other had different opinions from mine in terms of politics. After having a very heated argument about politics, we **fell out with each other**. Now that I think about it, I was upset not because he had a different political stance, but because he **was putting me down** while we were arguing. I almost felt like he **was looking down on me**, and I **couldn't put up with that**.

Hannah: So, you've never seen him after high school?

Barry: We actually ran into each other at a restaurant in my hometown last year, but as soon as he saw me, he **turned his back on me**.

Hannah: He sounds like a very petty guy. I'm so sorry to hear that.

Barry: Well, I'm okay because I made so many wonderful friends in college. Besides, I believe friendship comes and goes. I don't think many people **keep up with their high school friends** in their thirties.

Hannah: Yeah, people say high school friends **grow apart** for a variety of reasons, and that's why I feel super lucky.

배리: 해나, 레이크 시티 여행은 어땠어?

해나: 좋았지. 있잖아, 거기가 내 고향이고, 우리 부모님도 여전히 그곳에 사시거든. 가족과 친구들이랑 서로 소식을 나누는 게 정말 좋았어.

배리: 넌 거기에 친구가 아직도 많이 있니?

해나: 많지는 않지만, 고등학교 때 친구들 몇 명이 아직도 거기 살고, 난 게네들을 내 가장 소중한 친구들이라고 생각해. 그러니까 내가 힘들면, 그 친구들이 날 도와주려고 하지. 한마디로, 그 애들 중 누구도 날 실망하게 한 적이 단한 번도 없어. 넌 어때? 아직도 고등학교 때 친구들이랑 연락하며 지내?

배리: 아니. 실은 고등학교 때 친한 친구 두 명이 있었거든. 간단히 말하면, 한명은 자신의 성공을 위해 내게 등을 돌렸고, 다른 한 명은 정치에 관해서는 나랑 견해가 달랐어. 정치에 관해 아주 열띤 논쟁을 하고 나서, 서로 사이가 틀어졌지. 지금 생각해 보면, 나는 그 친구가 나와 다른 정치적 견해를 갖고 있어서가 아니라, 우리가 논쟁할 때 나를 깔아뭉개서 화가 났던 것 같아. 난 거의 개가 나를 무시하는 것처럼 느껴졌는데, 그걸 참을 수가 없었거든.

해나: 그럼, 고등학교 졸업 후에는 한 번도 본 적이 없고?

배리: 실은 작년에 고향에 있는 어떤 식당에서 우리가 서로 마주쳤는데, 그 친구가 나를 보자마자 등을 돌리더라.

해나: 너무 옹졸한 사람 같다. 얘기 들으니 정말 안됐다.

배리: 뭐, 난 괜찮아. 대학에서 너무 괜찮은 친구들을 많이 만났거든. 게다가, 난 우정이란 게 왔다가 또 가기도 한다고 생각하고. 난 30대에는 고등학교 때 친구들과 자주 연락하는 사람들은 많지 않다고 생각해.

해나: 맞아, 고등학교 때 친구들은 다양한 이유로 서서히 멀어진다고들 하는데, 그래서 내가 엄청 운이 좋게 느껴져.

---

long story short: 간단히 말해
in terms of ~　~에 관해　　**stance**　입장, 자세　　**run into**　~와 우연히 만나다
petty　사소한, 옹졸한　　**come and go**　오가다, 있다 없다 하다

Catch up with ~

: To share recent news about each other

서로의 최근 소식을 나누다

Jenny and I drank tea together, **catching up with each other**.

> 제니와 나는 서로의 근황을 나누면서 차를 함께 마셨어.

Let's get together soon. We need to **catch up with each other**.

> 조만간 함께 만나자. 우리 서로 밀린 이야기 좀 해야지.

I try to visit my hometown at least twice a year because it feels so good to **catch up with my old friends**.

> 고향에 1년에 두 번은 방문하려고 해. 오랜 친구들과 회포를 푸는 게 난 너무 좋거든.

* LESSON 8의 학교/학업 관련 문맥에서는 catch up with ~가 '~를 따라잡다'의 의미로 쓰인다고 배운 것도 함께 기억하세요.

Help out ~/ Help ~ out

: To help ~ by doing something

도움이 필요한 ~를 도와주다

After losing that job, I was in financial difficulty, and my parents **helped me out**.

> 그 직장을 잃은 후, 나는 재정적으로 힘들었고 그래서 우리 부모님이 나를 도와주셨어.

Whenever I needed help, you were there for me, so let me **help you out** this time.

> 내가 도움이 필요할 때마다, 넌 날 위해 그 자리에 있어 줬어. 그러니 이번에는 내가 널 돕게 해 줘.

A: Excuse me. Sorry for bothering you. I have an appointment with Dr. Wollet, but I'm having a hard time finding his office.

B: I can **help you out**. Please follow me.

> A: 실례합니다. 귀찮게 해드려 죄송해요. 제가 월렛 박사님과 약속이 있는데, 그분 사무실을 찾는 데 애를 먹고 있어서요.
> B: 제가 도와드릴 수 있습니다. 저 따라오세요.

Samantha was always willing to **help out her coworkers**.

> 사만다는 기꺼이 동료들을 도와줄 마음이 늘 있었다.

Let down ~ / Let ~ down

: To disappoint ~

~를 실망시키다

By leaving us just like that, he **let all of us down**.

> 그냥 그렇게 우리를 떠나면서, 그는 우리 모두를 실망시켰지.

I've been supporting you for a long time. Please don't **let me down**.

> 저는 오랫동안 당신을 지지해 왔어요. 제발 저를 실망시키지 마세요.

My parents expect a lot from me and do everything for me. I don't want to **let them down**.

> 우리 부모님은 내게 많은 기대를 하시고 나를 위해 모든 것을 다 하셔. 부모님을 실망시켜 드리고 싶지 않아.

I believe in Jonah because he **has never let me down** before.

> 나는 조나 말을 믿어. 조나는 전에 날 실망시킨 적이 한 번도 없었거든.

Keep up with ~

: To remain in contact with

~와 계속 연락하며 지내다

After moving to this part of the town, I find it somewhat difficult to **keep up with my friends**.

> 이쪽 동네로 이사 온 후부터, 난 친구들과 계속 연락하며 지내는 것이 좀 힘드네.

My mom is in her 50s, but she still **keeps up with her high school friends**.

> 우리 엄마는 50대이지만, 여전히 고등학교 때 친구들과 연락하며 지내셔.

My brother still sees his high school buddies, but he doesn't **keep up with his college friends**.

> 우리 오빠는 고등학교 때 친구들은 아직도 만나지만, 대학 친구들과는 연락 안 하고 지내.

* LESSON 8의 학교/학업 관련 문맥에서 keep up with ~가 '~에 뒤지지 않다'(to make progress at the same speed as another person or other people)의 의미로 쓰인다고 배운 것도 함께 기억하세요.

Turn against ~

: To become hostile toward ~

~에게 등을 돌리다

After that incident, a lot of my classmates **turned against me**. I don't know how to cope with that.

그 사고 후에 많은 급우들이 내게 등을 돌렸어. 내가 그것에 어떻게 대처해야 할지 모르겠어.

Do you really think she **turned against you** for no reason?

넌 정말로 그녀가 아무 이유도 없이 너한테 등을 돌렸다고 생각하니?

Sometimes, even your closest friend could **turn against you**.

때로는, 너의 가장 친한 친구조차도 너에게 등을 돌릴 수가 있어.

Fall out (with ~)

: To stop having a good relationship over an argument

(~와) 싸워서 사이가 틀어지다

Andy **fell out with his girlfriend** after having a quarrel over nothing.

앤디는 여자 친구와 아무것도 아닌 일로 말다툼한 후에 사이가 틀어졌다.

After **falling out with my roommate**, I decided to move out of the dorm.

내 룸메이트와 사이가 틀어진 후, 나는 기숙사에서 이사 나오기로 했다.

I don't want to **fall out with my best friend** just because she has a different political standpoint from mine.

나와 다른 정치적 견해를 가졌다는 이유만으로, 내 가장 친한 친구와 사이가 틀어지기는 싫어.

Put down ~ /
Put ~ down

: To make someone look stupid

~를 깔아뭉개다/깎아내리다/
바보로 만들다

I'm so done with that guy. **He's always putting me down**.

나 그 자식하고는 정말 끝이야. 그 자식은 언제나 나를 깔아뭉개거든.

I don't know why my boss had to **put me down** in front of other people.

난 우리 상사가 왜 다른 사람들 앞에서 나를 깔아뭉개야 했는지 모르겠어.

Stop **putting me down**. What makes you think you're superior to me?

날 깎아내리는 짓은 그만해. 뭣 때문에 네가 나보다 잘났다고 생각하는 거니?

Look down on ~

: To treat ~ as an inferior person

~를 깔보다/얕보다

I can't believe Lisa **looks down on Jimmy** just because of his southern accent.

나는 리사가 단지 남부 악센트 때문에 지미를 얕잡아 본다는 사실이 믿기지 않아.

I don't think every rich person **looks down on the poor**.

나는 모든 부자가 가난한 사람들을 얕본다고 생각하지는 않아.

I feel like some classmates **look down on me**. What do I do?

몇몇 학급 친구들이 나를 얕보는 것 같은 느낌이야. 내가 어떻게 해야 하지?

Put up with ~

: To tolerate ~

~를 참아내다

In order to achieve our goal, we'll sometimes have to **put up with minor inconveniences**.

> 우리의 목표를 달성하기 위해, 때로는 작은 불편을 참아내야 할 겁니다.

I can't **put up with my roommate** anymore. She leaves dirty dishes in the sink to the point that mold grows in there.

> 난 내 룸메이트 더는 못 참겠어. 걔가 싱크대에 더러운 접시를 놔두는데, 거기서 곰팡이가 필 정도야.

A: My husband's aunt yelled at me for washing dishes with my husband. She said it's a woman's job and I should do it all by myself.

B: What? I wouldn't **put up with that**.

> A: 남편의 고모가 남편이랑 설거지를 같이 하고 있다고 나한테 소리를 질렀어. 그분은 설거지는 여자가 할 일이고, 내가 그걸 혼자 해야 한다고 하더라.
> B: 뭐? 나라면 그런 대우는 못 참을 거야.

My grandfather did not **put up with children** being disrespectful to adults.

> 우리 할아버지는 아이들이 어른에게 무례하게 구는 건 참지 않으셨어.

Your boss is unfair. Why do you **put up with her behavior**? Say something to her.

> 네 상사는 공정하지 않아. 왜 그 사람 행동을 참아 줘? 그 사람한테 한마디 해.

I can handle aggressive players when I play basketball, but I can't **put up with guys who break the rules to win**.

> 농구 경기를 할 때 공격적인 선수들은 다룰 수 있지만, 이기려고 규칙을 어기는 사람들은 난 못 참아.

Turn one's back on ~

: To ignore ~

~에게 등을 돌리다/~를 무시하다

A: Timon said, "When the world **turns its back on you**, you **turn your back on the world**."

B: Who's Timon?

A: A major character in the *Lion King*.

> A: 티몬은 "세상이 네게 등을 돌리면, 너도 세상에 등을 돌려 버려"라고 했지.
> B: 티몬이 누구야?
> A: 〈라이언 킹〉에 나오는 주요 캐릭터.

I can't believe that the school **has turned its back on the students**.

> 나는 그 학교가 그 학생들에게 등을 돌렸다는 사실을 믿을 수가 없어.

When people found out Tom had taken advantage of the poor woman for money, all his friends **turned their backs on him**.

> 톰이 돈 때문에 그 불쌍한 여자를 이용했다는 사실을 사람들이 알게 되자, 그의 친구들 모두 그에게 등을 돌렸지.

Grow apart (from ~)

: To become less close as time goes by

시간이 지나면서
(~와) 점점 사이가 멀어지다

Caleb and Patrick used to be very close friends in high school, but they **grew apart from each other** after they went to college.

> 케일럽과 패트릭은 고등학교 때 아주 친한 친구였지만, 대학에 간 후에는 서로 점점 사이가 멀어졌다.

Graham and Kyle **grew apart** because of their different political views.

> 그레이엄과 카일은 서로 다른 정치적 견해 때문에 사이가 점점 멀어졌다.

They did everything together in high school, but after Jake went to college in New York, they slowly **grew apart**.

> 그들은 고등학교 때 모든 것을 함께했지만, 제이크가 뉴욕에 있는 대학에 간 후로, 서서히 사이가 멀어졌다.

*V*ocabulary POINT 1

이 과에서는 catch up with ∼가 '∼와 서로의 최근 소식을 나누다'의 의미로 쓰인다고 배우고 있습니다. 비슷한 의미에서 "Catch you later!"는 "또 만나!", "또 봬!"의 뜻이어서 "See you later!"와 같은 의미로 쓰인다는 사실도 함께 알아두세요.

It was nice talking with you. **Catch you later**!
너랑 이야기해서 즐거웠어. 또 만나!

Lesson 8에서는 catch up with ∼가 학교/학업 관련 문맥에서는 '∼를 따라잡다'는 의미로 쓰인다고 공부했던 사실도 함께 기억하세요. Catch up with ∼는 이 밖에도 '어떤 나쁜 일을 했을 때 그 결과로 문제가 생기다'의 의미도 있습니다.

How can you do that to the poor lady? What you have done will **catch up with you** later.
그 불쌍한 여자분께 어떻게 그렇게 할 수가 있니? 네가 한 행동에 대해 반드시 나중에 대가를 치르게 될 거야.

말이 나온 김에 동사 catch가 들어간 재미있는 이디엄을 몇 가지 더 공부해 볼까요?

Catch fire: 불이 나다(= To start burning)

They were able to escape the car before it **caught fire**.
차에서 불이 나기 전에 그들은 차를 빠져나올 수 있었다.

Catch hell: 심하게 꾸중 듣다, 크게 혼나다(= To be criticized severely)

How dare you do such a thing! You will **catch hell** for what you did.
어떻게 감히 그런 짓을 할 수가 있지! 넌 네가 한 일로 아주 크게 혼날 거야.

Catch lightning in a bottle: 아주 운 좋게 성공하다(= To succeed very luckily)
아주 힘들고 불가능해 보이는 일을 해내다(= To accomplish an incredibly difficult task)

Lightning이 '번개'인데 병(bottle)으로 번개를 잡는다니, 이는 그만큼 '힘들거나 불가능해 보이는 일을 해내다'라는 의미의 이디엄입니다.

A: It's incredible that scientists developed this vaccine so quickly.
B: Yeah. Scientists sometimes **catch lightning in a bottle**.
A: 난 과학자들이 이 백신을 그렇게 빨리 개발했다는 게 믿기지 않아.
B: 맞아. 과학자들은 가끔 불가능해 보이는 일을 해내기도 하지.

$\mathcal{V}$ocabulary POINT 2

배리의 문장에서 long story short는 to make a long story short 또는 to cut a long story short의 줄임말입니다. 이는 '긴 이야기를 짧게 줄이면', '요약하자면', '한마디로 말하면' 등의 뜻을 지닌 표현입니다. 같은 의미의 다른 표현으로 to put it in a nutshell이 있습니다. Nutshell은 호두 같은 견과류의 껍질을 말합니다. 그 작은 견과류 껍질 속에 긴 이야기를 다 집어넣겠다는 것은 그만큼 간결하고 간단명료하게 말하겠다는 뜻이겠지요? 이 표현 또한 줄여서 그냥 in a nutshell이라고 쓰기도 합니다. 다 자주 쓰이는 말이니, 예문을 보면서 확실하게 익히고 넘어가세요.

Long story short, they fell in love with each other in July and got married in August.
요약하면, 그 사람들이 7월에 서로 사랑에 빠져서 8월에 결혼했다고.

To make a long story short, Ronaldo has injured his left leg and cannot participate in the next game.
요약하자면, 호날두가 왼쪽 다리를 다쳐서 다음 경기에 출전을 못 하게 됐어.

To cut a long story short, she cheated on me and went out with my friend.
간단히 말해서, 그녀가 날 두고 바람을 피웠고 내 친구와 데이트했어.

The situation seems pretty complicated. Can anyone **put it in a nutshell**?
상황이 매우 복잡한 것 같습니다. 누가 이것 좀 간결하게 요약해 줄래요?

Samantha explained the situation **in a nutshell**.
사만다는 그 상황을 요약해서 설명했다.

G RAMMAR POINT

Fall out은 '말다툼 등으로 사이가 틀어지다'(to stop being friends after having an argument)는 의미의 구동사입니다. 자동사로 기능하기 때문에 목적어 없이 사용합니다.

My roommate and I **fell out**, and I moved out of the apartment.
룸메이트와 나는 사이가 틀어졌고, 그래서 난 그 아파트에서 이사 나왔어.

이때 목적어를 사용하려면 다음과 같이 전치사 with와 함께 쓸 수 있습니다.

I **fell out with my roommate** and moved out of the apartment.
나는 룸메이트와 사이가 틀어져서 그 아파트에서 이사 나왔어.

그런데 fall out이 마치 하나의 단어처럼 쓰이면서 명사로 기능할 수도 있는데, 이때 뜻은 '사이가 틀어짐'이 됩니다. 이 단어가 명사로 쓰일 때는 다음과 같이 동사 have를 함께 쓰면 됩니다. 그 뒤에 '〜와'에 해당하는 목적어를 쓰려면 fall out이 동사일 때와 마찬가지로 전치사 with를 사용해야겠지요?

Jackie **had a fall out with her roommate** about cleaning the kitchen.
재키는 자기 룸메이트와 부엌 청소하는 일로 사이가 틀어졌어.

POP *Quiz!*

PHRASAL VERBS (구동사)에
얼마나 익숙해졌는지 체크하며
뜻이나 생각나는 영어 표현 등을 써 보세요.

Choke up ☐

Vent out ~ ☐

Take after ~ ☐

Go against ~ ☐

Settle down ☐

Hit it off with ~ ☐

Split up (with ~) ☐

Wear down ~ / Wear ~ down ☐

Catch up with ~ ☐

Put down ~ / Put ~ down ☐

LESSON 15
운동/건강

Greta: Hey, Brittany, would you like to go walking tomorrow?

Brittany: Sure, Greta! I really need to **get in shape**.

Greta: Me, too. I used to **work out** regularly, but my back **went out** last month, and I haven't done much recently. I've noticed that I **have put on a few extra pounds**.

Brittany: I'm sorry about your back! We can take it slow when we go walking, maybe we can do some stretching to **warm up** before we walk.

Greta: Thanks! My back is much better, and I think walking will strengthen it. Losing a little weight will help, too.

Brittany: **I've put on some extra weight**, too, but my main goal these days is to feel healthy and have more energy.

Greta: Same. I want to find a fun way to **keep the weight off**, but I don't want to **go on a strict diet**. I plan to eat more vegetables, walk every day, and I'd like to **take up yoga**. My doctor told me that I might want to try intermittent fasting, too.

Brittany: That sounds really healthy, and it sounds like a plan that you can **stick to**. My brother started fasting, and he's lost 30 pounds. It's worked very well for him, and he's been able to **stick to it** for months.

Greta: Well, that makes me even more motivated to try fasting! What time would you like to walk tomorrow?

Brittany: Let's meet tomorrow afternoon. We can do some stretching before we walk to **warm up**, and afterwards, we can stretch again to **cool down**, so we don't pull any muscles.

Greta: Great! I'm looking forward to it!

그레타: 얘, 브리타니, 내일 걸으러 갈래?

브리타니: 그래, 그레타! 나 정말 건강해져야 하거든.

그레타: 나도 그래. 예전에는 규칙적으로 운동했는데, 지난달에 내 허리가 삐끗해서 최근에는 많이 못 했거든. 보니까 내가 살이 몇 파운드 더 쪘더라고.

브리타니: 허리를 다쳐서 어쩌니! 우리 걸으러 갈 때 천천히 가도 돼. 걷기 전에 준비 운동으로 스트레칭을 좀 할 수도 있고.

그레타: 고마워! 허리는 많이 나아졌고, 걷는 게 허리를 튼튼하게 해 줄 것 같아. 살을 좀 빼는 것도 도움이 될 거고.

브리타니: 나도 체중이 좀 늘긴 했지만, 요즘 내 주요 목표는 건강해지고 좀 더 활력을 얻는 거야.

그레타: 나도 그래. 살을 빼는 좀 재미있는 방법을 찾고 싶지만, 엄격한 다이어트는 하기 싫어. 채소를 더 먹고, 매일 걸으려고 해. 요가도 시작하고 싶고. 내 주치의가 나한테 간헐적 단식을 해 보는 것도 좋을 거라고 했어.

브리타니: (그렇게 하면) 정말 건강해질 것 같아. 네가 계속해서 실행할 수 있는 계획인 것도 같고. 우리 오빠가 단식 시작하고 30파운드를 뺐거든. 오빠한테는 매우 효과적이었고, 그래서 몇 달 동안 계속해서 할 수 있었지.

그레타: 음, 그 이야기 들으니까 단식을 해 봐야겠다는 동기 부여가 좀 더 되는 걸! 내일 몇 시에 걷고 싶니?

브리타니: 내일 오후에 만나자. 걷기 전에 준비 운동으로 스트레칭을 좀 할 수 있을 거고, 걷고 난 후에 마무리 운동으로 스트레칭을 해도 좋을 거야. 근육이 걸리지 않도록 말이야.

그레타: 좋아! 기대된다!

---

you might want to + 동사원형 ~ 아주 부드럽게 제안할 때 쓰는 표현
intermittent fasting 간헐적 단식
pull muscles 근육이 걸리다, 당기다

Get in shape

: To become more physically fit

건강한 몸 상태가 되다/ 좋은 몸매를 유지하다

She used to smoke a pack of cigarettes a day, but she wanted to **get in shape**, so she quit smoking and started running.

그녀가 예전에는 하루에 담배를 한 갑씩 피웠지만, 건강해지고 싶어서 담배를 끊고 뛰기 시작했어.

If you exercise only 30 minutes a day, you will **get in shape** in a few weeks.

네가 하루에 30분씩만 운동하면, 몇 주 후에는 건강해질 거야.

Mike had a hard time **getting in shape** because it never seemed like fun. He had to find a physical activity that he enjoyed.

마이크는 좋은 몸을 만드는 게 힘들었어. 전혀 재미있어 보이지가 않았거든. 그는 자기가 즐길 수 있는 신체 활동을 찾아야 했지.

Work out

: To do exercise

운동하다

My grandmother is very fit. She walks every day and **works out** four times a week.

우리 할머니는 아주 건강하셔. 매일 걸으시고 일주일에 네 번 운동 하시거든.

A: Janice, where do you **work out**? I'd like to start lifting weights again.

B: I **work out** at Universal Gym. It's not too expensive and open on evenings and weekends.

A: 재니스, 넌 어디서 운동해? 나 근력 운동 다시 시작하고 싶거든.
B: 유니버설 체육관에서 운동해. 거기가 너무 비싸지도 않으면서 저녁이랑 주말에도 문을 열거든.

Usually when I **work out**, I feel rejuvenated. Yesterday I **worked out** so hard that all I could do was take a hot bath and watch TV all night.

보통 운동을 하면, 활기를 되찾는 느낌이 들어. 어제는 내가 너무 운동을 열심히 해서 내가 할 수 있는 거라곤 뜨거운 물에 목욕하고 밤새 TV를 보는 것밖에 없었어.

Go out

: (With the body or utilities) When something stops functioning or does not function properly

(신체의 한 부분이나 전기, 불 등이) 더 이상 기능하지 않을 때 사용하는 표현

He has an old knee injury from his years as a soccer player. Every once in a while, his knee **goes out**, and he can't walk well.

그에게는 축구 선수였던 시절에 입은 오래된 무릎 부상이 있거든. 가끔 그의 무릎이 나가는데, 그럼 잘 걷지를 못해.

All I did was bend over slightly, and my back **went out**. Now I'm in bed with an ice pack on my back.

한 거라고는 몸을 살짝 굽힌 것뿐인데, 허리를 삐끗했어. 지금 나 허리에 얼음주머니 대고 침대에 누워 있어.

Since I started doing yoga, my shoulder **hasn't gone out** once.

내가 요가를 시작한 후부터, 어깨가 아팠던 적이 한 번도 없어.

During the storm the lights **went out**.

폭풍이 칠 때, 불이 나갔어.

Put on (weight)

: To gain (weight)

살이 찌다

Around the holidays in December, I usually **put on a few pounds**. There are too many good things to eat!

12월 휴가철 즈음엔 난 보통 몇 파운드가 쪄. 맛있는 음식이 너무나 많거든!

I don't want to **put on any extra weight**. I have diabetes and need to be careful with my diet.

난 더 이상 살찌고 싶지 않아. 당뇨가 있어서 식단에 신경 써야 해.

My dad **put on a lot of weight** in his 50s, but when he turned 60, he started working out, and now he is in really good shape.

우리 아빠는 50대에 체중이 많이 늘었는데, 60이 되자 운동을 시작했고 그래서 지금은 몸이 정말 좋으셔.

Warm up (~)

: To do easy exercise or practice to prepare the body or mind for exercise or learning

준비 운동을 하다/
(공연이나 활동 전에) 몸을 풀다

I always do five minutes of yoga stretches to **warm up** before I go running.

난 뛰러 가기 전에, 언제나 준비 운동으로 5분 동안 요가 스트레칭을 해.

I don't **warm up** before I run, but I do cool down afterwards.

나는 뛰기 전에 준비 운동은 안 하지만, 뛰고 난 후에 마무리 운동은 해.

Professional singers often **warm up their voices** by singing some scales before they perform.

전문 가수들은 공연하기 전에 음계 연습을 하면서 자주 목을 풉니다.

Keep off (weight)/ Keep (weight) off

: To not increase one's weight/ To not add weight to something

(체중을) 유지하거나 감량하다/
무언가에 무게가 덜 실리도록 하다

If I eat vegetables and drink plenty of water, it helps me to **keep off extra pounds**.

난 채소를 먹고 물을 많이 마시면, 몇 파운드 더 빼는 데 도움이 되더라고.

After my back went out a few times, my doctor told me to **keep extra weight off** and to do back strengthening exercises.

내 허리가 몇 번 나가고 난 후에, 주치의가 나한테 살을 더 빼고 허리를 강화하는 운동을 하라고 했어.

Tim sprained his ankle. He's using crutches for two weeks to **keep the weight off** his hurt foot.

팀이 발목을 삐었어. 그는 다친 발에 무게를 덜 실리게 하려고 2주째 목발을 사용하고 있어.

Go on (a diet)

: To begin (a diet or nutritional plan)

**(다이어트를) 시작하다/
(어떤 특정한 식단을) 시작하다**

I don't digest milk very well, so I decided to **go on a dairy-free diet**.

난 우유를 잘 소화하지 못해서, 유제품 불포함 식단을 시작하기로 했어.

I refuse to **go on a diet**. I eat whatever I want.

난 다이어트하는 건 사양해. 내가 원하는 건 뭐든 먹거든.

He's always going on a diet. Last month it was the paleo diet; this month he's doing a keto diet.

그는 항상 무슨 다이어트를 해. 지난달에는 팔레오 다이어트(구석기인 식단)를 하더니, 이번 달에는 케토 다이어트(탄수화물 섭취 제한 다이어트)를 하고 있네.

Alicia **went on a vegetarian diet** six months ago. She feels much healthier.

알리샤가 6개월 전에 채식 다이어트를 시작했거든. 그녀는 훨씬 더 건강해진 느낌이야.

Take up ~ / Take ~ up

: To begin doing a hobby or sport

(취미나 운동을) 시작하다

Gene and Rose **took up ballroom dancing** to have a hobby they could do together.

진과 로즈는 함께할 수 있는 취미를 가지려고 볼룸 댄스를 시작했어.

My mom always wanted to do watercolor painting, but she never had any time. She plans to **take it up** when she retires.

우리 엄마는 항상 수채화 그리기를 하고 싶어 하셨지만, 시간이 전혀 없었거든. 은퇴하시면 그걸 시작할 계획이셔.

A: Jane, did you make all of these bowls? They're beautiful!

B: Yeah, I **took up pottery** a few years ago. I love working with clay.

A: 제인, 네가 이 그릇들 다 만든 거야? 아름답다!
B: 응, 몇 년 전에 도예를 시작했거든. 난 찰흙으로 뭘 하는 게 참 좋아.

I've gotten so lazy. I really need to **take up a sport like jogging or hiking**.

내가 너무 게을러졌어. 정말로 조깅이나 하이킹 같은 스포츠를 시작해야겠어.

Stick to ~

: To continue doing ~ even if it is difficult

힘들어도 계속 ~를 하다

I don't do diets because I can't **stick to them** for very long.

난 다이어트 안 해. 내가 그걸 오랫동안 계속하지를 못하거든.

Sue has a language app for learning French. She says it works well if you can **stick to it** every day for at least a few months.

수한테 프랑스어를 배우는 언어 앱이 있어. 수가 그러는데 최소한 몇 달 동안 매일 그걸 계속할 수 있으면, 앱을 쓰는 게 효과가 있다고 하네.

When I started playing the piano, I wasn't very good, but I **stuck to it** for a few years, and I'm getting better.

내가 피아노를 치기 시작했을 때는, 아주 잘하진 못했어. 하지만 몇 년 동안 계속해서 쳤더니 지금은 실력이 늘고 있어.

Cool down

: To do light stretching after strenuous exercise

격렬한 운동 후에 가벼운 스트레칭 같은 마무리 운동을 하다

I always **cool down** after a run by stretching my legs. If I do this, I don't have any muscle soreness.

나는 뛰고 난 후에는 늘 다리를 스트레칭해서 마무리 운동을 해. 이걸 하면, 근육통이 하나도 없어.

She told me about new research that says it's not necessary to warm up before exercise or **cool down** afterwards, but I don't believe it. Warming up and **cooling down** always make me feel better when I work out.

그녀는 운동하기 전에 준비 운동을 하거나 운동한 후에 마무리 운동을 할 필요가 없다고 하는 새로운 연구에 관해 나한테 말해 줬지만, 난 그거 안 믿어. 난 준비 운동과 마무리 운동을 해야 운동할 때 컨디션이 더 좋아지거든.

* **Cool down**은 다음과 같이 명사로도 쓰입니다. 이때는 가산명사로 '마무리 운동'이라는 뜻입니다.

We did a really strenuous high intensity interval training workout. Afterwards, we did a ten-minute **cool down** to bring our heart rates down.

우리는 실로 격렬한 고강도 인터벌 트레이닝 운동을 했어. 그 뒤에 심박수를 줄이려고 10분 정도 마무리 운동을 했어.

ocabulary POINT 1

운동과 관련해 warm up muscles 또는 cool down muscles는 준비 운동이나 마무리 운동으로 근육을 풀어주는 걸 말합니다. 그런데 warm up과 cool down 은 이외에도 정서나 감정과 관련된 문맥에서도 쓰입니다. 이런 문맥에서 warm up은 '무언가를 좋아하기 시작하다'(to begin to like an idea or a person)라 는 뜻입니다.

When I told my mom that I was planning to move across the country, she was not happy about it, but gradually she **warmed up** to the idea.
내가 엄마한테 우리나라 반대편 쪽으로 이사 갈 계획이라고 말씀드리자, 엄마는 마음에 들어 하지는 않으셨어. 하지만 점차 그 생각을 괜찮게 생각하기 시작하셨지.

Alex is not really a people-person. He's a little hard to **warm up** to.
알렉스는 정말 사람들과 막 잘 어울리는 타입은 아니야. (누군가가 그를) 좋아하기 시작하는 게 좀 힘들지.

I'm a little shy, and it takes me a while to **warm up** to new people.
난 좀 수줍어하는 편이라, 새로운 사람들을 좋아하기 시작하는 데 시간이 좀 걸려.

반면, 정서나 감정과 관련된 문맥에서 cool down은 누군가가 화가 나거나 흥분된 상태일 때, '(그런 감정이) 줄어들거나 가라앉다'의 뜻으로 쓰입니다.

Molly and her sister do not agree on anything. Whenever they get together, they always need a day to **cool down**.
몰리랑 걔 언니는 어떤 것에도 생각이 안 맞아. 둘이 모이기만 하면, 늘 하루쯤 화를 가라앉힐 시간이 필요해.

Brad: I can't believe that Michael just spoke so harshly to you. I'm going to go talk to him about that.
Danielle: No, don't worry about it. He shouldn't have been so harsh, but I think he's really angry about a meeting with our boss. Let's let him **cool down** for a few minutes before we speak to him.
브래드: 마이클이 너한테 그렇게 심하게 말했다는 게 안 믿겨. 내가 그에게 가서 그거 관련해 얘기할 거야.
다니엘: 아니, 걱정하지 마. 걔도 그렇게 심하게 하진 말았어야 했지만, 우리 사장님과의 회의 때문에 너무 화 나 있었던 것 같아. 이야기하기 전에, 몇 분 정도 마이클이 화를 가라앉히게 해 주자.

When I was a little kid and got angry about not getting something I wanted, I would throw a tantrum. My mom would always say, "Okay, that's enough. Go to your room and **cool down**."
어렸을 때, 난 내가 원하는데 갖지 못해서 화가 나면 막 떼를 쓰곤 했거든. 그럼 우리 엄마는 항상 "그래, 이제 그만해. 네 방으로 가서 화를 식혀."라고 하셨어.

이렇게 '흥분을 가라앉히다'의 의미인 cool down과 반대되는 개념으로도 warm up(흥을 돋우다)이 쓰입니다.

The first band **warmed up the audience**. By the time the second band was on the stage, people were already on the dance floor.
첫 번째 밴드가 청중들의 흥을 돋웠거든. 두 번째 밴드가 무대에 섰을 때쯤에는, 사람들이 이미 댄스 플로어에 올라가 있었지.

Vocabulary POINT 2

브리타니는 허리가 아픈 그레타에게 걸으러 가서 take it
slow 하자고 합니다. Take it slow는 '몸을 움직여 천천히
가다'(to go slowly in the physical sense)의 뜻이죠. 그
런데 이 표현은 또 무언가를 '조심스럽게 서서히 조금씩 하
다'(to do something carefully and gradually)라는 뜻도
있습니다.

My daughter was in college when the pandemic
started, and it really messed up her studies. She
was very depressed about being behind in some
of her classes, but we told her not to worry and to
take it slow. She might need an extra semester to
graduate, but so do most other college students.
팬데믹이 시작됐을 때 우리 딸은 대학에 있었고, 그것 때문에 딸의
학업이 정말 엉망이 되었지. 딸아이는 자기가 몇 과목에서 뒤처진 것에
아주 우울해했지만, 우리는 아이에게 걱정하지 말고 천천히 조금씩
하라고 했어. 졸업하려면 한 학기 더 공부해야 할 수도 있겠지만, 다른
대학생들 대부분이 다 그렇게 하잖아.

After his divorce, Jim's friends wanted him to start
dating immediately, but he wanted to **take it slow**,
so he waited a year before dating again.
짐이 이혼한 후에, 짐의 친구들은 그가 곧바로 데이트를 시작하기를
원했지만, 그는 조심스럽게 하고 싶었고, 그래서 데이트를 다시
시작하기 전까지 1년을 기다렸지.

Danielle had foot surgery and was eager to get
back to exercising a lot. Her doctor told her to **take
it slow** for six weeks to give her foot time to fully
heal.
다니엘은 발 수술을 했고 다시 운동을 많이 하고 싶은 생각이 간절했어.
의사는 그녀에게 6주 정도는 발이 완전히 낫도록 시간을 주게 조심해서
천천히 하라고 했어.

어떤 사람들은 미국인 하면 패스트푸드를 즐기고, 소파에 앉아 감자 칩과 콜라를 먹으면서 종일 TV를 보는 비만인을 떠올립니다. 실제로 미국에 이런 사람들이 많은 것도 사실이고요. 그렇지만 이와 아주 반대되는 문화 또한 공존합니다. 각종 다이어트로 체중 조절을 하고 다양한 운동을 통한 신체 단련에 집착하는 것 역시 미국인들의 문화입니다. 운동을 통한 신체 단련에 관련해서는, 고강도 인터벌 트레이닝(High Intensity Interval Training)이 지난 몇 년간 미국에서 선풍적인 인기를 끌고 있습니다. 줄여서 HIIT라고도 하는 이 신체 단련법은 에너지를 짧게 쏟아부어서 고강도 운동을 한 후, 다시 짧은 시간 동안 몸 상태를 회복시키는 것을 반복하는 방식입니다. 예를 들어, 30분 동안 HIIT를 한다고 할 때, 거수 도약 운동(jumping jacks)을 1분 동안 한 다음에, 1분 동안 스쿼(squats)을, 그 후 또 1분 동안 선 자세에서 손을 짚고 엎드리기를 반복하는 운동(burpees) 등을 하게 되는데, 각 운동을 한 다음에는 20~30초를 쉽니다. 꽤 강도 높은 운동을 하는 것이지만 다양한 동작을 시도해서 재미있기도 합니다. 그래서 HIIT는 운동하는 걸 지루해하는 사람들도 비교적 재미를 느끼는 운동 방법이라고 하네요. 재미를 느껴야 계속하고, 그래야 살도 빠지고 몸이 튼튼해지겠지요? 그래서 많은 미국인들이 유튜브 등에서 HIIT를 찾아서 함께 따라 해 보기도 합니다. 여러분도 좀 더 건강해지고 싶다면, 유튜브에서 미국인들이 하는 HIIT를 보고 따라 해 보세요. 체력과 영어 실력을 같이 향상시키는 것이죠.

운동과 더불어 다이어트 또한 미국인들에게 가장 인기 있는 대화 주제 중 하나입니다. 물론 다른 나라에 비해 미국인들이 패스트푸드를 많이 먹는 건 사실이지만 미국인들도 패스트푸드가 건강에 안 좋다는 사실은 잘 알고 있습니다. 그래서 요즘 미국에서는 치폴레(Chipotle)나 파네라 브레드(Panera Bread)처럼 신선한 채소와 통곡물을 주재료로 한 건강식을 파는 패스트푸드점이 햄버거 체인보다 더 인기가 좋은 것 같습니다. 최근 들어서는 이렇게 점점 더 많은 미국인들이 더 건강한 음식을 먹으려는 변화가 눈에 띕니다. 이와 더불어, 요즘 미국에서 가장 인기 있는 식이 요법 중에 간헐적 단식(intermittent fasting)도 있습니다. 미국인들이 간헐적 단식을 하는 방식은 다양한데, 어떤 미국인들은 일주일 대부분은 정상적으로 먹다가, 2~3일 정도는 단식을 하거나 극히 소량의 음식만 먹습니다. 또 어떤 미국인들은 매일매일 12시간 정도 단식하는 방식을 선택하기도 합니다. 미국인들이 이렇게 하는 이유는 굶기 위해서라기보다는 좀 더 계획적으로 음식을 섭취하기 위해서입니다. 그렇게 하지 않으면, 미국은 팝콘이나 도넛 등 간식을 종일 입에 달고 살게 되기 매우 쉬운 곳이거든요.

POP *Quiz!*

PHRASAL VERBS (구동사)에
얼마나 익숙해졌는지 체크하며
뜻이나 생각나는 영어 표현 등을 써 보세요.

Get in shape

Work out

Go out

Put on (weight)

Warm up (~)

Keep off (weight) / Keep (weight) off

Go on (a diet)

Take up ~ / Take ~ up

Stick to ~

Cool down

LESSON 16
질병

Brad: Hi, Tracie, how've you been?

Tracie: Oh, goodness, you don't want to know! I was so sick for a couple of weeks, but I'm much better now.

Brad: Well, that's good to hear! I was sick, too, a few weeks ago. I caught whatever **was going around** in my office—had a pounding headache, my sinuses **were all stuffed up**, had a bit of a fever. It was a classic cold.

Tracie: I'm still not sure what I **came down with**. I did a Covid test several times, and it always **came back negative**. First, I had a fever that seemed to start suddenly. I was at work when this happened. I didn't feel terrible, so I kept working.

Brad: That's always a mistake.

Tracie: Yes, I should've gone home right away. After a couple hours at work, I got really tired. I thought I was going to **pass out**.

Brad: Oh no, that sounds really bad.

Tracie: I made it home and proceeded to **throw up** a few times.

Brad: That's the worst! Oh, Tracie, I'm so sorry!

Tracie: I thought maybe it was just something I had eaten, but the next day I **broke out in a rash** all over my arms and legs.

Brad: Oh my gosh, it keeps getting worse!

Tracie: I couldn't believe it either, Brad! The fever continued, and my face **swelled up**. I could barely open my eyes. I was a mess!

Brad: Did you eventually see a doctor?

Tracie: Yes. Finally, I was able to visit my doctor. She prescribed some antibiotics, and I was able to **fight off this illness** after a couple of days. I'm still not sure what it was.

Brad: Good grief! I'm so glad that you are better.

Tracie: Me too!

영어로 말하고 싶은, 또는 못 알아들을 것 같은 예문에 체크해 보세요.

MP3 031

브래드: 안녕, 트레이시. 어떻게 지냈어?

트레이시: 오, 세상에. 알려고 하지 마! 지난 2주간 너무 아팠는데 지금은 많이 좋아졌어.

브래드: 아, 좋아졌다니 다행이다! 나도 몇 주 전에 아팠거든. 뭔지는 모르지만, 우리 사무실에서 돌던 거에 걸렸어. 머리가 깨질 것처럼 아프고, 코는 완전히 막혔고, 열도 좀 있었어. 전형적인 감기였지.

트레이시: 난 아직도 뭐에 걸려서 아팠는지 모르겠어. 코비드 테스트도 여러 번 했는데, 언제나 음성으로 나왔거든. 처음에는 갑작스럽게 시작되는 것 같은 열이 났어. 그때 직장에 있었는데 크게 아프지는 않아서 그냥 계속 일했지.

브래드: 그게 늘 하는 실수지.

트레이시: 맞아, 집에 바로 갔어야 했는데. 직장에서 두어 시간쯤 지나니까 정말 피곤해졌거든. 나 기절하는 줄 알았다니까.

브래드: 저런, 정말 심각하게 들리는걸.

트레이시: 집에 도착한 다음에 토를 몇 번 했지.

브래드: 최악인데! 오, 트레이시, 정말 안됐다!

트레이시: 난 그냥 뭘 잘못 먹은 건가 생각했지만, 그다음 날 팔이랑 다리에 다 두드러기가 생기면서 피부가 뒤집어졌어.

브래드: 아이고, 점입가경이네!

트레이시: 나도 안 믿기더라고, 브래드! 열은 계속 나지, 얼굴은 부어올랐지. 눈을 뜨기가 힘들 정도였으니. 정말 끔찍했어!

브래드: 그래서 결국 병원엔 간 거야?

트레이시: 응. 결국엔 내 주치의한테 갈 수 있었어. 의사가 항생제를 처방했고, 이틀 후에는 그 병을 이겨낼 수 있었어. 아직도 그게 뭐였는지 모르겠어.

브래드: 세상에! 괜찮아져서 정말 다행이다.

트레이시: 나도 그렇게 생각해!

You don't want to know! 알고 나면 괜히 물어봤다고 느낄 거라는 뉘앙스의 표현
pounding 쿵쿵 두드리는   **sinus** 부비강   **classic** 전형적인
proceed to + 동사원형 ~ ~에 이르게 되다
Good grief! 세상에!

Go around

: To spread or be contagious
(질병이) 퍼지다

* 이 구동사는 대부분 진행형으로 쓰인다는 점을 기억하세요.

When I was in third grade, chicken pox **was going around** in my class. Almost every kid got it.

> 나 초등학교 3학년 때, 우리 반에 수두가 돌았거든. 거의 모든 아이가 다 걸렸어.

A: Gosh, I feel really tired today.

B: You should go home and rest. There's a flu **going around** the office right now.

> A: 아유, 나 오늘 정말 피곤하네.
> B: 너 집에 가서 쉬어야 해. 지금 사무실에 독감이 돌고 있거든.

We all caught the cold that **was going around**.

> 우리 모두 그때 돌고 있던 감기에 걸렸어.

Be /Get stuffed up

: To be/get congested
(코 등이) 막히다

The part I hate about having a cold **is being all stuffed up**. You can't taste anything!

> 감기에 걸리면 제일 싫은 부분이 코가 꽉 막히는 거야. 아무것도 맛볼 수가 없어!

In the spring, when the flowers bloom, my allergies begin, and I **get stuffed up**.

> 봄에 꽃이 피면 내 알레르기도 시작돼서 코가 막혀.

I wanted to sing in the concert, but I **was stuffed up** with a cold, so I wasn't able to sing.

> 난 콘서트에서 노래를 부르고 싶었지만, 감기로 코가 막혀서 노래를 부를 수가 없었어.

Come down with ~

: To become sick with an illness

병으로 인해 아프게 되다

My uncle ate something bad and **came down with food poisoning**.

우리 삼촌이 뭘 잘못 드셨는지 식중독에 걸려 아프셨어.

I was hanging out with a friend who had a cold. Two days later, I **came down with a cold**, too.

내가 감기에 걸린 친구와 어울렸거든. 이틀 후에 나도 감기에 걸렸어.

There's a flu going around right now, and I cannot afford to **come down with anything**. I am so busy at work right now!

지금 독감이 돌고 있는데 난 뭐든 걸리면 안 돼. 지금 직장에서 너무 바쁘다고!

Come back

: To return

돌아오다/테스트 결과가 나오다

I did some blood tests last week, but the results **have not come back** yet.

내가 지난주에 피 검사를 했지만, 아직 결과가 나오지 않았어.

I tested for Covid three times. The first two times, the results **came back** negative, but on the third try, it **came back** positive.

내가 코비드 검사를 세 번 했거든. 처음 두 번은 결과가 음성으로 나왔지만, 세 번째 검사에서는 양성으로 나왔어.

My son has been sick with a sore throat, so the doctor tested him for strep throat. The results **come back** today.

우리 아들이 인후통으로 아파서 의사가 패혈성 인두염 검사를 했거든. 검사 결과가 오늘 나와.

Pass out

: To faint

기절하다/의식을 잃다

My husband and I were painting a room this weekend with some very strong-smelling paint. I almost **passed out** from the fumes!

남편하고 내가 이번 주말에 냄새가 아주 독한 페인트로 방을 칠하고 있었거든. 그 냄새 때문에 나 거의 기절할 뻔했지 뭐야!

My brother is a doctor, and he has no problem giving people injections, but if he has to receive an injection, he often **passes out**.

우리 오빠가 의사인데 사람들에게 주사 놓는 건 아무 문제 없이 잘해. 그런데 자기가 주사를 맞아야 할 때는 자주 기절해.

The air conditioning on our bus stopped working, and it was so hot that I thought I was going to **pass out**.

우리가 탄 버스 에어컨이 돌아가다 멈췄어. 너무 더워서 나 기절하는 줄 알았다니까.

Throw up

: To vomit
토하다

Sometimes when little kids eat too much, they **throw up**.

가끔 꼬마 아이들은 너무 많이 먹으면 토해.

I caught a terrible stomach virus and **threw up** all night, but in the morning, I felt much better.

난 심한 배탈이 나서 밤새 토했지만, 아침에는 훨씬 나아졌어.

Be careful with this medicine. If you take it on an empty stomach, it might cause you to **throw up**. Take it with some food, and you will be fine.

이 약은 조심해서 드셔야 합니다. 공복에 이 약을 드시면, 토하게 될 수도 있거든요. 음식과 함께 이 약을 드시면 괜찮을 거예요.

Break out in ~

: To show signs of a rash
두드러기나 발진 등이 생기다/나다

Maria is allergic to strawberries. If she eats them, she **breaks out in hives**.

마리아는 딸기 알레르기가 있어. 딸기를 먹으면 두드러기가 올라와.

I was in the woods and didn't realize that I had touched poison ivy. A few hours later, I **broke out in small red spots**.

난 숲에 있었는데 내가 덩굴옻나무를 만졌다는 사실을 몰랐거든. 몇 시간 후에 피부에 작은 붉은 반점들이 생기기 시작했어.

If I take penicillin, I **break out in a rash**, but fortunately, my doctor has other antibiotics that I can take.

난 페니실린을 먹으면 발진이 나지만, 다행히 우리 의사 선생님이 내가 먹어도 괜찮은 다른 항생제를 가지고 있어.

Swell up

: For a body part to swell as a result of infection or injury
감염, 상처로 인해 부어오르다/붓다

Alan accidentally hit his thumb with a hammer. His thumb **swelled up**, and he had to put ice on it.

앨런이 실수로 자기 엄지를 망치로 쳤어. 엄지가 부어올라서, 거기에 얼음을 대고 있어야 했지.

A: Wow! What happened? Your hand is huge!

B: I know. I got stung by a bee, and it **swelled up**. It should get better in a few minutes.

A: 우왜! 무슨 일 있었어? 손이 엄청나게 크네!
B: 맞아. 벌에 쏘여서 부은 거야. 몇 분 있으면 괜찮아질 거야.

After the eye surgery, my left eye **swelled up** a lot. The doctor said this was normal and that the swelling would go down in two days.

눈 수술 후에, 내 왼쪽 눈이 많이 부어올랐어. 의사가 이건 정상적인 거고, 부은 건 이틀 후면 가라앉을 거라고 했어.

Fight off ~ / Fight ~ off

: To resist illness or infection
병마, 감염 등과 싸워 물리치다

I feel a little tired, and my head hurts. I don't feel completely sick, but I think my body is trying to **fight off a cold**.

나 좀 피곤하고 머리가 아파. 아주 아픈 것 같지는 않지만, 내 몸이 감기를 물리치려고 하는 것 같아.

When you have a sore throat, drinking hot ginger tea can help you **fight off any infection**.

인후통이 있을 때는 뜨거운 생강차를 마시는 것이 감염을 물리치는 데 도움이 될 거야.

He had a serious infection and needed a lot of antibiotics to successfully **fight it off**.

그는 심각한 전염병에 걸렸고, 병을 완전히 이겨내기 위해서 많은 항생제가 필요했어.

ocabulary POINT 1

Go around는 '(전염병이) 돌다' 외에 '소문이 돌다'의 의미도 있어서 이때는 gossip, rumor 등의 단어와 함께 많이 쓰입니다.

There's **a rumor going around** that the company is planning to close three offices next month. Everyone is nervous about this.
다음 달에 회사가 사무실 세 개를 닫을 거라는 소문이 돌고 있네요. 그것 때문에 모두가 초조해해요.

Go around는 문자 그대로 '원(동그라미) 안에서 둥글게 돌다'라는 의미도 있습니다.

I was so bored waiting in the doctor's office; I watched the hands of the clock **go around** as I counted the minutes.
난 병원에서 기다리느라 너무 지루했어. 일 분 일 분 세면서 시곗바늘이 돌아가는 걸 쳐다봤지.

Go around는 또 '어떤 문제에 대한 해결책에 다다르지 못하고 계속 논의만 하다'의 뜻도 있습니다. 이때는 보통 go around and around about ~처럼 쓰입니다.

My mother is trying to decide if she should sell her house. I talked to her about it, but we just **went around and around** and couldn't make a decision.
우리 어머니는 집을 팔아야 할지 말지를 결정하려고 하셔. 나도 어머니께 그것에 대해 말씀드렸지만, 결론에 다다르지 못하고 이야기만 계속하면서 아무런 결정도 못 내렸어.

이와 똑같은 의미로 go around in circles라고 쓰기도 합니다.

We had a meeting today about an upcoming project. It was so unorganized. We just **went around in circles** and made no progress.
오늘 차기 프로젝트 관련 회의가 있었는데, 참 체계가 없었죠. 제자리만 맴돌고 진척이 없었어요.

끝으로 What goes around comes around.가 있는데, 다른 사람에게 한 대로 자신도 되돌려 받는다는 뜻입니다. 보통 부정적인 행동의 결과가 나타날 때 씁니다.

Simon: Did you see how rudely Mark was treating people in the office this week? He acts like he's the boss.
Ellen: Well, **what goes around comes around**. That behavior won't get him far in this business.
사이먼: 이번 주에 마크 씨가 사무실 사람들에게 얼마나 무례하게 대하는지 보셨어요? 그 사람은 자기가 사장인 것처럼 굴어요.
엘렌: 뭐, 보통 자신이 한 행동 그대로 돌려받죠. 이 업계에서 그런 행동을 하면 출세하지 못할 겁니다.

𝒱ocabulary POINT 2

대화에서 트레이시와 브래드는 몸이 아플 때 나타나는 여러 증상에 관해 이야기합니다. 이때 주로 쓰이는 동사가 have, feel, be임을 유념하면서 다음 예문을 보세요.

두통(headache)일 때

I have a headache.
나 머리 아파.

I feel headachy.
나 머리 아픈 것 같아.

I am headachy.
나 두통 있어.

My head hurts.
머리가 아파.

열(fever)이 있을 때

I feel hot.
나 열 있는 것 같아.

I feel feverish.
나 열나는 것 같아.

I have a fever.
나 열이 있네.

인후통(sore throat)일 때

I have a sore throat.
나 목이 아파.

My throat hurts.
나 목이 아파.

My throat feels sore.
나 목이 아파.

My throat feels scratchy.
나 목이 간질간질해.

기침(cough)할 때

I have a cough.
나 기침해.

복통(stomachache)일 때

I have a stomachache.
나 배 아파.

My stomach hurts.
배가 아파.

구토(nausea) 증세일 때

I feel nauseous.
속이 메스꺼워.

I feel like I'm going to throw up.
토할 것 같아.

콧물(runny nose) 증상이 있을 때

I have a runny nose.
나 콧물이 나와.

I have to blow my nose all the time.
나 계속 코를 풀어야 해.

막힘(congestion)이 있을 때

I'm all stuffed up. 나 코가 꽉 막혔어.
I feel stuffed up. 나 코 막힌 것 같아.
My head is stuffed up. 나 완전히 꽉 막혔어.
My chest is congested. 가슴이 답답해.

➜ 여기서 주의할 점은, 미국인들은 "My head/nose/sinuses is/are stuffed up."이라고 말하지만, "My chest is stuffed up."(X)이라고는 말하지 않는다는 사실입니다.

Culture POINT

한국과 마찬가지로, 미국에서도 아플 때 병을 이기기 위해 취하는 방법이 여러 가지가 있습니다. 우선 아픈 게 심하지 않으면, 미국인들은 보통 레몬차나 생강차 같은 뜨거운 차를 마시거나 치킨 수프를 먹으면서 집에서 쉽니다. 게다가 약국에 가면 의사에게 처방전을 받지 않아도 살 수 있는 약이 많아요. 이런 약을 over-the-counter medicine이라고 하지요. Counter가 '판매대'를 뜻하기 때문에 판매대 위에 놓여 있어서 처방전 없이 누구나 살 수 있는 약을 말합니다.

미국에서 판매되는 over-the-counter medicine에는 한국인도 잘 아는 타이레놀 (Tylenol)이나 아스피린(Aspirin) 같은 감기약이나 해열제 외에, 위염이나 장염을 치료하는 약까지 매우 다양합니다. 예를 들어, 위염 증세가 있을 때 먹는 오메프라졸 (Omeprazole)은 한국에서는 의사 처방을 받아야 살 수 있는 약이지만, 미국에서는 처방전 없이 누구나 살 수 있는 over-the-counter medicine입니다. 물론, 미국인들도 아주 아프면 의사한테 갑니다. 한국과 다른 점이라면, 미국은 주치의 제도가 있어서 각자 자기 주치의를 정해서 등록하고, 어디가 아프든 일단 주치의와 약속을 잡고 만나서 상의해야 합니다. 이런 주치의를 미국에서는 primary doctor 또는 primary care physician이라고 부르며, 보통 가정의학과 의사(family doctor/ family practice physician)가 맡습니다.

큰 병에 걸려서 좀 더 전문적인 치료를 받아야 할 때는 주치의가 소개하고 추천하는 전문의(specialist)에게 가야 합니다. 그런데 주치의가 있는 곳을 포함해서 대부분의 병원이 주말이나 밤에는 문을 닫습니다. 이뿐만 아니라, 미국에서는 평일이라도 예약을 안 하면 의사를 만나기가 힘듭니다. 그래서 갑작스럽게 아파서 의사한테 가야 할 때 미국인들이 갈 수 있는 병원이 walk-in clinic입니다. 대부분의 walk-in clinic은 언제든 밤늦게까지 열려 있으며, 주말에도 환자를 받습니다. 게다가 예약하지 않아도 바로 가서 진료받을 수 있습니다. 이런 walk-in clinic 외에도 Urgent Care Clinic이라고 하는 곳이 있는데, 여기도 주말과 밤늦게까지 환자를 받는 병원입니다.

제가 사는 북부 플로리다주의 Urgent Care는 모두 큰 종합병원 소속이라, 각종 의료 시설을 거의 다 갖추고 있습니다. 저희 동네 Urgent Care는 예약을 해야 하기는 하지만, 주말이든 저녁이든 언제 전화해도 당일에 바로 의사를 만날 수 있습니다. 그래서 성격이 급한 저는 며칠 전에 예약해야 만날 수 있는 주치의를 보는 대신 당일에 전화만 하면 바로 의사를 볼 수 있는 Urgent Care를 자주 이용합니다. 알아두어야 할 점은 Urgent Care와 Emergency Room (ER)은 다르다는 사실입니다. Urgent Care에서는 감기를 포함한 각종 잔병이나 피부가 조금 찢어져서 꿰매야 할 때 등의 간단한 치료를 해 주는 곳이라, 교통사고를 당해서 사경을 헤매는 사람이라면 당연히 응급실 (ER)로 데리고 가야 합니다.

LESSON 17
운전

Mom: Okay, Davis, are you ready to hit the road and do one more practice drive before you take your driver's license test tomorrow?

Davis: Yes! I can't wait to start driving.

Mom: Okay, here are the keys. When we get in the car, what's the first thing we do?

Davis: Mom, you don't have to quiz me. We **buckle up**.

Mom: Yes, good! Always **buckle up**. Also, before you **back up**, remember to check mirrors to make sure no one is there.

Davis: Mom. I know no one is there.

Mom: You never know. You don't want to accidentally **back into someone**. You're doing well, sweetie. Remember, drive slowly in the neighborhood. The speed limit is only 15 mph. Once you **pull out onto the main road**, you can **speed up**.

Davis: Mom, I know how to drive. Look, I'm driving slowly through the neighborhood. Now **I'm pulling out onto the road**, and I'm looking both ways, too.

Mom: You're doing great, Davis. Now, out here on the main road, watch the speed limit, and use your blinkers if you need to turn or change lanes.

Davis: Mom! This is not my first-time driving!

Mom: I know, sweetie.

Davis: Hey, Mom, it looks like we're low on gas.

Mom: Oh, yeah, you're right. Well, let's **pull into the next gas station** and **fill up**. There's one up the road. Look out, Davis! Goodness! You're driving fine, son, it was that other driver. Some drivers are so aggressive.

Davis: Wow, did you see how that guy just cut in front of me? That was crazy!

Mom: Yes, and it's bad driving. I'm glad you were paying attention, and you **slowed down** right away when that car **cut in**. What a relief! Well, I think you'll do well on your driving test tomorrow!

엄마: 오케이, 데이비스. 내일 운전면허 시험 보기 전에 나가서 운전 연습 한 번 더 할 준비됐어?

데이비스: 네! 빨리 운전 시작하고 싶어 죽겠어요.

엄마: 그래, 여기 열쇠 있다. 차에 타면 제일 먼저 해야 하는 일이 뭐지?

데이비스: 엄마, 저한테 퀴즈 안 내셔도 돼요. 안전벨트를 매죠.

엄마: 그래, 좋아! 항상 안전벨트를 매. 그리고 후진하기 전에는 백미러 보고 뒤에 아무도 없는지 확인하는 것 잊지 말고.

데이비스: 엄마. 거기 아무도 없어야 하는 건 나도 알아요.

엄마: 그건 모르는 일이야. 후진하다가 실수로 어떤 사람을 치면 안 돼. 그래도 잘하고 있네, 우리 아들! 기억해, 동네에서는 천천히 운전해. 제한 속도가 시속 15마일(24.14킬로미터)밖에 안 되니까. 일단 큰 도로로 빠져나가면, 속도 내도 돼.

데이비스: 엄마, 저도 운전할 줄 알아요. 보세요, 동네에서 천천히 운전하고 있잖아요. 이제 도로로 들어서고 양쪽 길도 다 보고 있다고요.

엄마: 잘하고 있네, 데이비스. 자, 이제 여기 큰 도로에서는 속도 제한을 조심해. 그리고 우회전이나 좌회전해야 하거나 차선을 바꾸려면 깜빡이를 켜고.

데이비스: 엄마! 지금 제가 처음 운전하는 게 아니잖아요!

엄마: 엄마도 알지, 아들.

데이비스: 저기 엄마, 우리 기름이 별로 없는 것 같아요.

엄마: 오, 그래. 맞네. 자, 다음에 나오는 주유소에 들어가서 기름 넣자. 저 위에 주유소가 하나 있거든. 조심해, 데이비스! 맙소사! 아들, 넌 운전 잘했는데 저쪽 운전자 잘못이야. 어떤 운전자들은 너무 난폭하게 운전하거든.

데이비스: 우와, 엄마는 저 사람이 금방 제 앞에 어떻게 끼어드는지 보셨어요? 정말 미쳤어요!

엄마: 그래, 운전도 형편없고. 네가 집중하고 있다가 저 차가 끼어들었을 때 곧바로 속도를 줄여서 다행이야. 십 년 감수했네! 아무튼, 내일 네가 운전면허 시험을 잘 볼 것 같다!

---

hit the road 길을 나서다
What a relief! 천만다행이다!

Buckle up

: To fasten a seatbelt when getting in a car

안전벨트를 매다

Okay, kids, get in the car and **buckle up**. I'm not starting the car until everyone has their seat belts fastened.

자, 얘들아. 차에 타서 안전벨트 매라. 모두 다 안전벨트 매기 전까지 차 시동 안 걸 거야.

I was in the back seat, and I couldn't **buckle up**. Then, I realized that I was using the wrong seat belt.

난 뒷자리에 타고 있었고 안전벨트를 못 매겠더라고. 그러다가 내가 다른 벨트를 매려고 하고 있었다는 걸 알게 됐지 뭐야.

* 참고로, 이 구동사는 '어떤 힘든 상황이 닥쳤을 때 정신적으로 준비를 단단히 하다'(to prepare oneself mentally for a difficult situation) 라는 의미의 이디엄으로도 자주 쓰입니다.

A: Don, did you hear about the new CEO?

B: Yes, it sounds like the company is getting ready to do a massive reorganization. I'm afraid a lot of us might lose our jobs. All I can say is: **Buckle up!** I think we're in for a wild ride these next few weeks.

A: 단, 새로 오는 CEO에 관한 이야기 들었어?
B: 응, 회사가 대대적인 구조조정에 대비하는 것 같더라고. 난 우리 중 많은 이들이 직장을 잃을까 봐 두려워. 내가 말할 수 있는 건 마음 단단히 먹고 준비하라는 거야. 이다음 몇 주간은 우리가 당장 어떻게 될지 모르는 힘든 상황에 놓인 것 같아.

MP3 034

Back up

: To go in reverse while driving

차를 후진하다

Mary **backed up** to get out of the parking space and leave the parking lot.

> 메리는 주차한 곳에서 나와 주차장을 떠나려고 차를 후진했다.

Susan: (Driving a truck) Tony, tell me how far I can go.

Tony: (Standing in the driveway) You still have room. **Back up, back up**; okay, you can go a little bit more.

Susan: Am I good?

Tony: Okay, that's good. Don't **back up** anymore.

> 수잔: (트럭을 몰면서) 토니, 내가 얼마나 더 갈 수 있는지 알려 줘.
> 토니: (집에서 도로로 빠져나오는 길에 서서) 아직 공간 있어. 후진해, 후진해. 됐어. 아주 조금만 더 갈 수 있어.
> 수잔: 괜찮아?
> 토니: 응, 좋아. 더 이상 후진하지 마.

* Buckle up과 마찬가지로, 이 구동사도 이디엄으로 쓰이는데, 의미는 '상대가 잘못 들은 것을 다시 말하다'(to repeat something that is unclear)입니다.

A: It's a long story, but after they get married, Tom and Karen plan to sell their houses and move to New Hampshire.

B: Wait, **back up**, did you say Tom and Karen are getting married? I thought they just started dating a few weeks ago!

> A: 얘기가 긴데, 톰과 캐런은 결혼한 후에 각자 자기 집을 팔고 뉴햄프셔주로 이사 갈 계획이거든.
> B: 잠깐만, 다시 말해 봐. 톰이랑 캐런이 결혼한다고? 그 두 사람 고작 몇 주 전에 만나기 시작했다고 알고 있는데!

Back into ~

: To drive in reverse into ~

차를 후진해서 ~로 들어가다

It'll be easier to leave this parking space if you **back into it**. Then, when you leave, you can simply drive forward.

> 여기로 차 후진해서 들어가면 이 주차 공간을 빠져나가기가 더 쉬울 거야. 그럼 떠날 때는 그냥 앞으로 차를 몰고 갈 수 있잖아.

When I was learning to drive, I found it difficult to **back into parking spaces**. I never felt confident driving in reverse.

> 운전을 배울 때, 난 후진해서 주차 공간에 들어가는 게 어렵더라고. 후진하면서 자신 있었던 적이 단 한 번도 없었어.

We have a small garage. It's better if you **back into it**, then it will be easier to get out of the car.

> 우리는 차고가 작아. 네가 후진해서 거기 들어가는 게 더 나아. 그러면 차에서 내리기가 더 쉬울 거야.

Pull (out) onto ~

: (When driving) To drive onto another roadway

운전하던 길에서 빠져나와
다른 길로 들어서다

The truck left the gas station and **pulled (out) onto the main highway**.

그 트럭은 주유소를 떠나서 주요 고속도로로
들어섰다.

The traffic is really heavy on this road. **Pull (out) onto this side street**. Good! I think there is less traffic here.

이 길은 교통이 너무 혼잡해. 이 옆길로 빠져나가.
좋았어! 여기가 차가 더 적은 것 같아.

When you **pull (out) onto a major highway**, you have to be prepared to speed up quickly.

주요 고속도로로 들어설 때는 재빨리 속도를 높일
준비를 하고 있어야 해.

Our engine light was flashing, so we **pulled (out) onto the shoulder of the road** to check under the hood.

우리 차 엔진 점검 등에 불이 들어와서, 엔진을
점검하려고 갓길로 빠져나왔어.

Speed up

: To go or drive faster

더 빨리 가다/운전하다

At this rate, it'll be hours before we reach our destination. You need to **speed up**.

이 속도로는 우리가 목적지에 도착하는 데 몇 시간
걸릴 거야. 좀 더 속력을 내야 해.

He **sped up** to get around the semi-truck as he drove down the highway.

그는 고속도로를 운전해 가면서 그 세미 트럭(작은
트럭)을 추월하려고 속력을 냈다.

My sister is a really aggressive driver. She **is always speeding up** to get around other cars.

우리 언니는 정말 운전 난폭하게 해. 항상 다른
차들을 추월하려고 속력을 내거든.

I've been training to improve my running time. My goal is to **speed up** by about five minutes.

내가 달리는 시간을 향상하려고 훈련하고 있거든.
내 목표는 5분 정도까지 더 빨리 달리는 거야.

Pull (out) into

: To arrive at a particular place or drive a vehicle to a particular place

(어떤 특정 장소나 길로) 차를 몰고 (들어)가다

We could see that, up ahead, the traffic in the left lane was coming to a stop, so we **pulled (out) into the right lane** while it was easy to do so.

우리는 앞쪽에서 왼쪽 차선의 차량이 정체되는 것을 볼 수 있었어. 그래서 그렇게 하기 쉬울 때 오른쪽 차선으로 들어갔어.

(While driving on the highway) Hey, I'm kind of hungry. Would you mind **pulling (out) into that Burger King** up ahead?

(고속도로 운전 중에) 얘, 나 좀 배고프거든. 좀 더 가면 나오는 버거킹으로 들어가 줄 수 있어?

Oh, look! There's a great parking spot! **Pull into this spot** before someone else gets it!

와, 여기 봐! 주차하기 좋은 곳이 있어! 다른 사람이 차지하기 전에 여기 빨리 들어가!

My mom carefully **pulled into the garage** when she got home.

엄마는 집에 도착하셨을 때 조심스럽게 차고로 차를 몰고 들어가셨어.

The train **pulled into the station** two minutes late.

그 기차는 역에 2분 늦게 들어왔다.

Fill up (tires with air / a tank with gas)

: To fill (tires with air) / To fill (a car with gas)

타이어에 공기를 채우다 / 차에 기름을 채우다

My left, rear tire looks a little flat. I need to **fill up my tires with air**.

내 차 왼쪽 뒷바퀴가 바람이 좀 빠진 것 같아. 타이어에 공기를 채워 넣어야겠어.

We're going on a road trip today, so I **filled up the tank** last night so that we would be ready to hit the road first thing in the morning.

우리가 오늘 자동차 여행을 떠날 거라서, 아침에 바로 떠날 수 있게 내가 어젯밤에 차에 기름을 채웠지.

* 이 구동사는 앞의 예문처럼 목적어와 함께 타동사로도 쓰이고 또 자동사로도 쓰입니다. 목적어 없이 자동사로 쓰이면 '차에 기름을 채우다'의 뜻입니다.

Adam: Gas is so expensive right now; I don't think I can afford to **fill up**.

Cathy: You're right, but it might be even more expensive next week, so you might as well **fill up** now.

애덤: 기름값이 지금 너무 비싸. 나 차에 기름 채울 여력이 없는 것 같은데.
캐시: 네 말이 맞기는 한데, 다음 주에는 더 비싸질 지도 모르니까, 그냥 지금 채우는 게 나을 것 같아.

Slow down (~)

: To drive or go slower
더 천천히 운전하다/가다

My sister has recently started driving, and she is a speed demon. Whenever she drives the family, my parents constantly yell at her to **slow down**.

> 우리 언니가 최근에 운전을 시작했는데, 완전 스피드광이야. 언니가 우리 가족들을 태우고 운전할 때마다, 부모님이 계속해서 속도 줄이라고 언니한테 소리치신다니까.

Hey, **slow down**! That car ahead of us is stopping!

> 얘, 속도 좀 줄여! 우리 앞에 있는 저 차가 멈추고 있잖아!

We realized that the speed limit had changed and was now only 25 mph, so we **slowed down** accordingly.

> 우리는 속도 제한이 바뀌어서 지금은 시속 25마일 밖에 안 된다는 걸 알게 됐어. 그래서 그에 따라 속도를 줄였지.

My brother was eating all the potato chips. My dad told him to **slow down** and save some for the rest of us.

> 우리 오빠가 그 감자 칩을 전부 다 먹고 있었거든. 아빠가 오빠한테 천천히 먹고, 나머지 가족들도 좀 먹게 남겨두라고 하셨어.

You can **slow down** your pace on this project. The deadline is not for another three months.

> 너 이 프로젝트 천천히 해도 돼. 마감 시간이 3개월이나 남았거든.

Cut in

: (When driving) To drive into a parallel lane and get in front of another car

(운전하면서) 다른 차 앞으로 끼어들다

I could see that the lanes were merging ahead, so I sped up and **cut in** right in front of another car. I hate waiting in lines of traffic.

난 차선들이 앞에서 합쳐지는 걸 볼 수 있었고,
그래서 속도를 내 다른 차 바로 앞으로 끼어들었어.
난 차량 정체 행렬에서 기다리는 게 정말 싫거든.

A: There's a ton of traffic today!

B: Well, it's rush hour, so it's no surprise. Hey, this guy next to us is blinking. He wants to **cut in**.

A: Okay, I'll slow down to let him in.

A: 오늘 차가 엄청 많네!
B: 뭐, 러시아워니까 놀랄 것도 없지. 야, 우리 옆에
있는 이 남자가 깜빡이를 켰네. 끼어들고 싶나 봐.
A: 알았어. 속도 줄여서 그 사람이 들어올 수 있게
해줄게.

* 흥미롭게도 이 구동사는 춤을 추는 상황에서도
똑같은 의미로 쓰입니다.

My parents met at a dance. My mom was dancing with another guy, and my dad asked to **cut in**. The rest, as they say, is history.

우리 부모님은 댄스파티에서 만나셨어. 우리
엄마가 다른 남자하고 춤추고 있었는데.
우리 아빠가 끼어들어도 되냐고 물어봤대. 나머지
이야기는, 우리 부모님도 말씀하시듯, 모두가 아는
사실이고.

𝒱ocabulary POINT 1

운전 관련 문맥에서 동사 pull은 '차를 움직이다'라는 의미로 to drive나 to move와 동의어로 볼 수 있습니다. 따라서, 운전 관련 문맥에서 pull onto, pull into, pull over, pull up, pull out 같은 구동사를 종종 보게 될 거예요. 예문과 함께 하나하나 익혀 봅시다.

Pull onto ~: 운전하던 길에서 빠져나와 다른 길로 들어서다

(= To drive onto another roadway)

The country road was too slow for me, so I **pulled onto the highway** as soon as I could. (= I left the country road and drove onto the highway.)

그 시골길이 나한테는 속도가 너무 느려서, 가능한 한 빨리 고속도로로 들어섰지.

Pull into ~: 차를 몰고 어떤 특정 장소나 길로 (들어)가다

(= To arrive at a particular place or drive a vehicle to a particular place)

We had been driving for four hours and needed to stretch our legs, so we **pulled into a rest stop**. (= We arrived and parked at a rest stop.)

우리는 4시간 동안 운전하고 있던 터라 다리 스트레칭이 필요해서 휴게소로 갔어.

Pull over: (운전 중) 차를 길 한쪽으로 가서 세우다

(= To drive a vehicle to the side of the road)

I think we have a flat tire. Let's **pull over** and check the tires.

타이어 바람이 빠진 것 같아. 도롯가로 가서 차 세우고 타이어 확인해 보자.

****참고로, 이 구동사가 타동사로 쓰일 때는 '~를 세우다'라는 뜻이 됩니다.

She was driving 20 miles over the speed limit, so the police officer **pulled her over**.

그녀는 제한 속도보다 20마일(32킬로미터 정도) 빨리 차를 몰고 있었기 때문에, 경찰관이 그녀를 세웠다.

<u>Pull up</u>: 차를 세우다

(= For a vehicle to come to a stop at its destination)

He **pulled up** at the house, got out of the car, and walked up to the door.

그는 그 집에 차를 세웠고, 차에서 내린 다음 문으로 걸어갔다.

My dogs were barking like crazy. I looked out the window and saw that a delivery truck **had pulled up**.

우리 집 개들이 미친 듯이 짖어댔어. 내가 창문 밖을 봤더니 배달 트럭이 와서 차를 세웠더라고.

<u>Pull out</u>: 차가 떠나다

(= For a vehicle to leave)

Andy: Is Marcy still here?
Susan: She's in her car and **pulling out** now, but if you run outside, you might be able to catch her before she leaves.

앤디: 마시가 아직 여기 있니?
수잔: 차 타서 지금 차 빼고 있어. 밖으로 뛰어나가면 그녀가 떠나기 전에 잡을 수 있을 거야.

Before you **pull out** of a parking space, make sure that you look all around to see if people are walking in your path.

주차 공간에서 빠져나가기 전에, 반드시 주위를 둘러보고 네가 갈 방향에 사람들이 걷고 있지는 않은지 확인해.

$\mathscr{V}ocabulary$ POINT 2

데이비스의 엄마는 데이비스에게 hit the road할 준비가 됐냐고 묻습니다. Hit the road는 이디엄으로 '어떤 곳을 떠나다'(to leave a place usually in a vehicle)라는 뜻입니다. 레이 찰스(Ray Charles)의 노래 "Hit the road, Jack!"(떠나 버려, 잭!)이란 노래 제목도 있지요. 이 이디엄은 우리가 어떤 곳을 떠날 때의 움직임을 그대로 묘사한 표현입니다. 어떤 곳을 떠나려면 발이나 자동차 바퀴가 자연스럽게 길을 치게(hit) 되니까요. 자주 쓰이는 이디엄이니 몇 가지 예문을 보면서 완전히 익히고 넘어가세요.

(Looking at the clock) Wow, it's already 11 p.m.! I didn't realize it was so late. I need to **hit the road** and get home. I have an early day tomorrow.
(시계를 보면서) 우와, 벌써 밤 11시네! 이렇게 시간이 늦은 줄도 모르고 있었어. 나 빨리 떠나서 집으로 가야겠어. 내일 아침 일찍 일어나야 하거든.

It's a nine-hour drive, but if we **hit the road** early in the morning, we should be able to stop and take a long break for lunch, and still arrive before it gets dark.
9시간 운전해야 하지만, 우리가 아침 일찍 떠나면, 차 세우고 점심 먹게 충분히 쉴 수 있을 거야. 그러고도 어두워지기 전에 도착할 수 있을 거고.

Come on everyone, get your stuff, and get into the car. We need to **hit the road** now, or we're going to be late.
제발 얘들아, 모두 자기 물건들 챙겨서 차에 타. 우리 지금 떠나야 해. 안 그러면 늦을 거야.

Culture POINT

미국에서 운전을 할 수 있는 나이는 주마다 다르지만, 보통 10대에 운전을 배우기 시작합니다. 예를 들어, 앨라배마주와 플로리다주를 포함한 몇 개 주는 15세면 임시 운전 면허증(learner's license)을 딸 수 있습니다. 다시 말해, 이런 주에서는 15세면 성인 운전자를 동반하면 운전을 할 수가 있다는 말입니다. 이 법 때문에 10대 아이들은 정식 면허증을 따기 전에 운전 연습을 할 수 있는 기회를 충분히 받을 수 있습니다. 그래서 미국의 많은 고등학생이 운전 교육 과정 수업을 듣습니다. 수업을 들으면서 여러 가지 도로법에 관해서도 배우고, 또 도로에서 실전 운전 연습을 하면서 운전면허 시험을 준비하지요. 플로리다주를 포함한 몇 개 주에는 10대 아이들에게 운전면허 시험을 보기 전에 일정 시간 운전 교육과 연습을 하라고 규정하는 법이 있습니다.

이 모든 과정을 마치고 운전면허 시험을 보러 가면, 먼저 도로법과 규정에 관한 필기시험부터 보고, 필기시험에 통과하면 운전 실기시험을 봅니다. 이렇게 10대 때부터 운전면허를 따는 이유는 미국의 많은 주들이 인구 밀도가 높지 않아서 우리나라처럼 대중교통 수단이 잘 되어 있지 않기 때문입니다. 바꾸어 말하면, 미국인들에게 자동차는 유일한 교통수단이라서 보통 10대에 운전을 배우기 시작합니다. 대부분의 미국 10대 아이들은 운전하는 걸 배우면서 자립심을 기른다는 생각에, 이 모든 것을 흥미진진한 과정으로 받아들이는 것 같습니다. 그렇지만 미성년 운전자들의 경우, 이 모든 시험을 통과해서 면허증을 딴 후에도, 운전할 때 몇 가지 규제가 따릅니다. 이를테면, 미국 몇몇 주에서는 10대 운전자들이 저녁 몇 시 이후에는 운전하는 것이 금지되어 있습니다. 이 아이들이 운전을 할 줄 알아서 어디든 갈 수 있지만, 여전히 부모의 보호를 받아야 하는 미성년자라는 사실에는 변함이 없으니까요.

LESSON 18
기기 작동 관련

Sebastian: How long does it take to the conference center?

Fred: About an hour?

Sebastian: Then why don't we both go there in my car?

Fred: Actually, that's the only option I have because my car **broke down** yesterday.

Sebastian: Then, get in!

Fred: Before we leave, can I get something to drink out of the vending machine?

Sebastian: It **has been out of order** since yesterday. If you're thirsty, we can stop by a convenience store.

Fred: I'll be alright. No worries!

Sebastian: I'll **roll down all the windows** to ventilate.

Fred: Okay. Oh, no, my phone's about to die. What if our boss calls me?

Sebastian: Here's the phone charger. Why don't you **hook it up** here? You also have iPhone 12, right?

Fred: I do. Thanks! This is perfect! Uh oh, why does your phone charger keep going on and off?

Sebastian: **It's acting up** again? Gosh, I'll order a new charger today.

Fred: You know what? If our boss cannot get a hold of me, he'll call you, so let me just **turn off my phone** before it dies.

Sebastian: Good idea! I **turned on the AC**, so let's **roll up the windows**.

Fred: Sure!

Sebastian: Want some music?

Fred: Yes, please. (After Sebastian turns on the music) Wow, I love this song! Let's **turn it up**!

Sebastian: Yes, sir! (Sebastian turns up the music.) Whoa, that's a bit much. Let me **turn it down** a little before the cops pull me over.

시배스천: 회의장까지 얼마나 걸립니까?

프레드: 한 시간 정도?

시배스천: 그럼, 저희 둘 다 제 차로 거기 같이 갈까요?

프레드: 실은, 제게는 그게 유일한 선택지입니다. 어제 제 차가 고장 났거든요.

시배스천: 그럼 타세요!

프레드: 떠나기 전에, 자판기에서 마실 것 좀 사 와도 될까요?

시배스천: 자판기가 어제부터 고장 나 있던데요. 목이 마르시면, 편의점에 들러도 괜찮아요.

프레드: 괜찮습니다. 걱정하지 마세요!

시배스천: 환기하게 창문을 모두 열겠습니다.

프레드: 네. 아, 이런. 제 휴대폰 배터리가 다 됐네요. 사장님이 저한테 전화하시면 어쩌죠?

시배스천: 여기 휴대폰 충전기 있습니다. 여기에 연결하시죠. 프레드 씨도 아이폰 12 가지고 계신 것 맞죠?

프레드: 네, 맞아요. 감사합니다! 진짜 잘됐네요! 어, 시배스천 씨 휴대폰 충전기가 왜 됐다가 안 됐다가 할까요?

시배스천: 그게 또 말썽인가요? 에이, 오늘 새 충전기 주문해야겠어요.

프레드: 저기, 사장님이 저한테 연락이 안 되면, 시배스천 씨한테 전화하실 테니까, 배터리 완전 방전되기 전에 제 휴대폰은 그냥 끌게요.

시배스천: 좋은 생각이에요! 에어컨 켰으니까 창문은 다 닫읍시다.

프레드: 네!

시배스천: 음악 좀 들으실래요?

프레드: 네. (시배스천이 음악을 켠 후) 우와, 이 노래 정말 좋네요! 볼륨 좀 높이죠!

시배스천: 그러지요! (시배스천이 음악 소리를 크게 한다.) 오, 이건 좀 너무 크네요. 경찰이 차 세우라고 하기 전에 볼륨 좀 줄여야겠어요.

---

get a hold of ~   ~와 연락하다

Break down

: To suddenly stop functioning
고장 나다

Your phone **broke down** again?
You really need a new phone.

네 전화기 또 고장 났니? 너 정말 전화기 새로
사야겠다.

My car **keeps breaking down**,
and I keep pouring money into it
for repairs.

내 차가 계속 고장이 나서, 그거 수리하는 데 돈을
쏟아붓고 있어.

What should we do if the AC
breaks down in this weather?

이런 날씨에 에어컨이 고장 나면 우린 어떻게
해야 하지?

Be out of order

: To stop working properly
고장 나다

I'm craving soda, but the vending
machine **is out of order**.

나 탄산음료가 너무 마시고 싶은데, 자판기가
고장 났어.

The toilet in the lady's bathroom **is
out of order**. You'll have to use
the bathroom downstairs.

여자 화장실에 있는 변기가 고장 났어. 아래층
화장실을 사용해야 할 거야.

The escalator **is out of order**.
We're sorry for the inconvenience.

에스컬레이터가 고장 났습니다. 불편을 끼쳐
죄송합니다.

Roll down (the window)

: To open a car window
자동차 창문을 열다

Somebody must have farted. Let's **roll down all the windows**.
누가 방귀 뀌었나 봐. 창문 좀 다 열자.

Son: Dad, Jackie's walking there.

Dad: Why don't you **roll down the window** and say hi to her?
아들: 아빠, 저기 재키가 걸어가요.
아빠: 창문 열고 걔한테 인사해.

If you want to save gas while driving, don't **roll down all the windows**.
운전하면서 휘발유를 아끼고 싶다면, 창문을 다 열지는 마세요.

Hook ~ up (to ~)

: To connect ~ to a power source or the Internet
~를 전원에 연결하다/
~를 인터넷에 연결하다

A: When are you moving into the new house?

B: Tomorrow. We're trying to **hook it up to the power grid**.
A: 새집에는 언제 이사 들어갈 거니?
B: 내일. 우리가 전력망을 연결하는 중이야.

A: This web browser doesn't seem to work.

B: You need to **hook the computer up to the Internet first**.
A: 이 웹 브라우저가 작동이 안 되는 것 같네.
B: 먼저 컴퓨터를 인터넷에 연결해야지.

A: My phone battery died, but I can't find any electrical outlets here.

B: Why don't you **hook it up to my laptop usb**?
A: 내 전화 배터리가 다 됐는데, 여기서는 전기 콘센트를 찾을 수가 없네.
B: 그럼 내 노트북 usb에 연결하지 그러니?

Act up

: To not function properly

(기계 등이)
말을 안 듣다/제대로 작동 안 하다

I don't know why my car **is still acting up** because the mechanic repaired it a week ago.

> 내 차가 왜 아직도 말을 안 듣는지 모르겠어.
> 정비사가 일주일 전에 차를 고쳤는데도 말이야.

There you go again! Our copy machine **is acting up**!

> 또 시작이네! 복사기가 말을 안 들어!

Somehow, the fax machine **acts up** at this time of the day.

> 어쩐 일인지, 하루 중 이 시간이면 팩스가 제대로 작동을 안 하네.

Turn off ~ / Turn ~ off

: To power off ~ /To unplug ~

(전자 제품이나 기계 등을) 끄다

A: Is Ethan still sleeping? I thought he set the alarm clock for 7:30.

B: He **turned off the alarm** and went back to bed.

> A: 에단은 아직도 자고 있니? 걔가 알람 시계를 7시 30분으로 맞춰 놓은 줄 알았어.
> B: 걔가 알람을 끄고 다시 자러 갔어요.

Please don't **turn the lights off**.

> 제발 불을 끄지 마세요.

A: The outside weather is not really hot. Do we have to leave the AC on?

B: You can **turn it off**.

> A: 바깥 날씨가 그리 덥지 않아요. 에어컨 계속 켜 놔야 하나요?
> B: 꺼도 됩니다.

Turn on ~ /
Turn ~ on

: To power up/on ~

(전자 제품이나 기계 등을) 켜다

It's party time! **Turn on the music!**

> 파티할 시간이야! 음악 좀 켜!

It's getting dark. Let's **turn on the light**.

> 어두워지기 시작하네. 불을 켜자.

It's too hot and humid in here. Can I **turn on the AC**?

> 여기는 너무 덥고 습하네. 에어컨을 켜도 될까?

Roll up
(the window)

: To close a car window

자동차 창문을 닫다

Please **roll up the window**. Dad always says the car burns more gas with the windows down.

> 제발 창문 좀 닫아. 아빠가 창문 열고 달리면 차가 휘발유를 더 많이 쓴다고 항상 말씀하시잖아.

Please make sure to **roll up all the windows** before getting out of the car.

> 차에서 내리기 전에 반드시 창문을 다 닫도록 하세요.

A: I just turned on the AC.

B: Okay, I'll **roll up the window**.

> A: 나 방금 에어컨 켰어.
> B: 알았어. 창문 닫을게.

Turn up ~ /
Turn ~ up

: To increase/raise (the volume of the radio/TV/music)

(라디오, TV, 음악 소리를) 크게 하다

I can't hear the news. Could you please **turn up the volume**?

뉴스가 안 들려요. 볼륨 좀 크게 해 주실래요?

Everyone, **turn up the music** and dance with me!

여러분, 음악 소리를 크게 하고 저랑 춤춰요!

You don't have to **turn up the radio** because I can hear it well.

라디오 소리 크게 하실 필요 없습니다. 저는 잘 들리거든요.

HIGH VOLUME

LOW VOLUME

MUTE

Turn down ~ /
Turn ~ down

: To lower (the volume of the radio/TV/music)

(라디오, TV, 음악 소리를) 줄이다

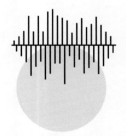

The baby's falling asleep. Could you please **turn down the TV**?

아기가 잠들고 있어요. TV 소리 좀 줄여 주실래요?

The music is too loud. Please **turn it down** before our neighbor calls the police on us.

음악이 너무 커요. 이웃 사람이 우리 때문에 경찰 부르기 전에 소리 좀 줄여요.

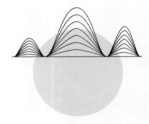

Please **turn down the music**, or we'll go deaf!

제발 음악 소리 좀 줄여. 안 그럼 우리 고막이 터질 거야!

G RAMMAR POINT

우리는 교통수단을 이야기할 때 다음과 같이 전치사 by를 쓴다고 배웠습니다.

These days people usually travel by plane.
요즘은 사람들이 보통 비행기로 여행하죠.

My parents like traveling by train.
우리 부모님은 기차로 여행하는 걸 좋아하세요.

The public transportation system is not that good in this town, so most people commute by car.
이 도시는 대중교통 시스템이 별로 좋지 않아서, 대부분 사람들이 차로 출퇴근해.

그런데 대화에서 시배스천은 "Then why don't we both go there in my car?"라고 하면서 전치사 in을 사용합니다. 그 이유는 그냥 아무 '차로' 가자는 것이 아니라, 시배스천이 '자신의 차'로 가자고 이야기하기 때문이죠. 다시 말해, by car(차로), by plane(비행기로), by train(기차로)처럼 일반적인 교통수단을 말할 때는 전치사 by를 사용하지만, '시배스천의 차'와 같이 구체적으로 특정한 어떤 차(a specific car)를 이야기할 때는 전치사 in을 사용합니다. 참고로, by car에서 car는 일반적인 교통수단, 즉 큰 의미에서 '자동차'라는 수단을 말하기 때문에 관사를 사용하지 않지만, 전치사 in과 car 사이에는 관사 또는 소유격을 반드시 써야 한다는 점에 주의하세요. (예: in a car, in his car)

I'd rather travel in my car.
난 그냥 내 차로 이동하는 편이 낫겠어.

My mom's car is a six-seater SUV, so we can all go there together in her car.
우리 엄마 차가 6인승 SUV라서 우리 엄마 차로 다 같이 거기 갈 수 있어.

지금까지는 교통수단의 의미로 쓰이는 전치사 by와 in의 차이점을 공부했습니다. 그런데 차나 기차, 비행기 등이 교통수단이 아니라 '무언가를 하는 장소'로의 의미를 가진 문맥도 있습니다. 그럴 때는 다음과 같이 in 또는 on을 사용합니다.

You shouldn't eat or drink **on the school bus**.
스쿨버스에서는 뭘 먹거나 마시면 안 됩니다.

People usually look at their phones **on the subway**.
사람들은 보통 지하철에서 휴대폰을 봅니다.

Paul: (On the phone) Honey, are you busy now?
Paul's wife: No, I'm just sitting **in my car** waiting for PJ (Paul Junior). What's up?
폴: (전화로) 여보, 지금 바빠요?
폴의 아내: 아뇨, 그냥 차에 앉아서 PJ(아들) 기다리고 있어요. 무슨 일이에요?

이때 in과 on의 차이점은 다음과 같습니다. 사람들이 그 안에서 걸어서 왔다 갔다 할 수 있는 정도의 공간이 있는 버스, 기차, 비행기, 지하철 등에는 on을(이를 걸을 수 있는 on the street 과 비슷한 개념으로 보면 어떨까요?), 반면 승용차같이 작아서 그 안에서 걸어 다닐 정도의 공간이 없는 경우는 in을 사용합니다.

$\mathcal{V}$ocabulary POINT 1

Act up은 '(기계가) 말을 안 듣고 제대로 작동을 안 하다'라는 뜻입니다. 그런데 재밌게도 이 구동사는 사람이 주어일 때도 비슷한 의미를 지녀서 '(사람이) 말을 안 듣고 제멋대로 행동하다'라는 뜻이 됩니다.

If your child suddenly starts **acting up**, there must be a reason for that.
아이가 갑자기 말을 안 듣기 시작하면, 그러는 이유가 분명히 있을 겁니다.

I don't know how to deal with a child **who's acting up**.
난 제멋대로 구는 아이를 어떻게 다루는지 모르겠어.

더 흥미롭게도, 우리 신체의 일부가 주어가 되었을 때도 '말을 안 듣고, 제 기능을 못 하다'라는 의미로 쓰인다는 사실!

My knee **has been acting up** for the last couple of weeks.
지난 2주간 내 무릎이 말을 안 듣네.

My ankle **is acting up** again.
내 발목이 또 말을 안 들어.

Vocabulary POINT 2

Lesson 24(옷/패션 관련 문맥)에서 배우겠지만, roll up ~은 원래 '(옷소매를) 돌돌 말아서 걷어 올리다'의 뜻을 지닌 구동사입니다. 그것은 roll이 '무언가를 돌돌 말거나 빙글빙글 돌리다'의 뜻이 있는 동사이기 때문입니다. 그런데 자동차 창문을 여닫는다는 말을 왜 roll up the window, roll down the window라고 할까요? 그것은 원래 자동차 창문을 열거나 닫을 때 아래 사진 속에 나오는 손잡이(handle)를 문자 그대로 돌돌 돌려서(roll) 창문을 올리거나 내렸기 때문입니다. 지금은 대부분 차가 간단하게 버튼 하나로 창문을 여닫을 수 있는 자동 시스템이지만, 현재 40대인 제가 자랄 때만 해도 사진 속의 손잡이를 사용했습니다.

참고로, '전화를 끊다'라는 의미의 구동사 hang up 역시 이와 마찬가지입니다. 오래전의 전화는 사진 속 모습과 같았습니다. 이런 전화기가 벽 위쪽에 달려 있었기 때문에, 전화를 끊을 때는 수화기를 말 그대로 위에 매달아 걸었습니다(hang up). 스마트폰을 사용하는 현대인들은 전화를 끊을 때 이런 동작을 전혀 하지 않는데도 불구하고, 여전히 hang up이라는 표현을 사용합니다.

물론 어떤 사람들은 창문을 열거나 닫으라고 할 때 그냥 "Open the window." "Close the window."라고도 말하지만, 여전히 많은 미국인이 이런 문맥에서 구동사 roll up/down을 사용합니다. 말이 나온 김에, '자동차 창문을 아주 조금만 열다'라는 의미의 crack the window (open)도 함께 외워 두세요. 이는 '문을 아주 조금만 열다'라는 의미의 이디엄 crack the door (open)을 이용한 표현입니다.

Waiting for you in the car, I felt a little hot, and I **cracked the window (open)**.
차 안에서 너 기다리면서 조금 더워서 내가 창문을 좀 열었어.

David: Oh, Ray! I'm so glad you're here. I just moved into this office, and now I need to set up some new computers, so that we can **hook up to the server**. I'm not totally sure how to install some of the new software I'm supposed to use.

Ray: No problem, David! Okay, first, **have you backed up your old files**?

David: Yes, I've got everything I need **backed up**.

Ray: Okay, good. Let's **shut down all of these computers** first before we **boot up** again. Can you **power everything down**? I don't mean sleep mode; they need to be completely off.

David: Yeah, **I'm shutting them all down** now.

Ray: Okay, good. Now we can **boot them up**.

David: Oh, and I wanted to ask you about some of the anti-virus software. A couple months ago, someone **hacked into one of our systems**. We have some new security software, but it sends notifications constantly. Is there a way that I can **opt out of some of those notifications**?

Ray: Well, first things first. Let's get the computers set up and make sure that everything is running properly. There is usually a way that we can **filter out some of those notifications**.

David: Good. There are so many moving parts to the computer system for our office! I've been losing sleep over all of this!

Ray: No worries. We'll **sort it all out**, and you'll be up and running in no time.

David: Thanks, Ray! That makes me feel a lot better!

데이비드: 오, 레이! 너 여기 있어서 정말 다행이야. 내가 이 사무실에 방금 이사 들어와서 이제 새 컴퓨터를 설치해야 하거든. 서버에 연결될 수 있도록 말이지. 그런데 내가 쓰려는 이 새 소프트웨어 중 몇 가지는 어떻게 설치하는지 확실히 잘 모르겠어.

레이: 문제없어, 데이비드! 자 먼저, 예전 파일들은 모두 백업해 뒀니?

데이비드: 응, 내가 필요한 파일은 모두 백업해 뒀어.

레이: 잘했어. 다시 부팅하기 전에 먼저 이 컴퓨터 전원을 모두 *끄자*. 네가 전원 좀 다 꺼 줄래? 절전 모드 말하는 게 아니고, 컴퓨터가 완전히 꺼져야 해.

데이비드: 응, 지금 내가 다 *끄고* 있어.

레이: 오케이, 좋았어. 이제 컴퓨터를 부팅하면 돼.

데이비드: 아, 나 너한테 안티바이러스 소프트웨어 관련해 몇 가지 물어보고 싶었어. 두 달쯤 전에, 누군가가 우리 시스템 중 하나를 해킹했거든. 새로운 보안 소프트웨어를 깔아서 있긴 한데, 그게 계속해서 알림을 보내. 그 알림 중 몇 개는 내가 안 받게 할 수 있는 방법이 있을까?

레이: 글쎄, 일단 제일 중요한 것부터 먼저 하자. 컴퓨터 다 설치하고, 모든 게 제대로 작동하는지부터 확실히 하자고. 대게 그런 알림 중 몇 개는 우리가 걸러낼 방법이 있어.

데이비드: 좋아. 우리 사무실 컴퓨터 시스템은 너무 복잡한 게 많아. 내가 이런 것들 때문에 잠까지 설쳤다니까!

레이: 걱정하지 마. 우리가 그 문제 모두 잘 해결할 거고, 너도 곧 정상적으로 일할 수 있게 될 거야.

데이비드: 고마워, 레이! 이제 훨씬 안심된다!

---

set up 설치하다
be supposed to + 동사원형 ~하기로 되어 있다
sleep mode 절전 모드
first things first 제일 중요한 걸 먼저 해야 하다
moving part 작동 부품

Hook up to ~

: To connect to ~

~에 연결되다/연결하다

* LESSON 18(기기 작동 관련)에서는 이 구동사가 타동사로 쓰여서 Hook ~ up to ~ (to connect ~ to a power source or the Internet ~를 전원이나 인터넷에 연결하다)와 같이 hook up에 목적어를 함께 사용했죠? 이 과에서는 hook up이 목적어 없이 자동사로 쓰이는 점에 주목하세요.

It's a smart washing machine; it **hooks up to the Internet**.

그건 스마트 세탁기야. 인터넷에도 연결이 되거든.

Before the school year started, the teachers were busy in the classrooms **hooking up to the Internet**.

새 학년이 시작되기 전, 교사들은 (교실 컴퓨터를) 인터넷에 연결하느라 바빴습니다.

When we moved into the new apartment, someone from the cable company came to help us **hook up to the Internet**.

우리가 새 아파트로 이사 들어왔을 때, 케이블 회사에서 누가 와서 우리가 인터넷 연결하는 것을 도와줬어.

Back up ~

: To make extra copies of digital files

파일을 복사해서 여분의 복사본을 만들다/백업하다

I can't believe you didn't **back up those spreadsheet files**. If you can't retrieve them, we're in a lot of trouble!

네가 그 엑셀 파일을 백업하지 않았다는 게 믿기지가 않아. 그 파일들을 불러오지 못하면, 우리가 엄청난 곤경에 처하게 된다고!

Sally **backed up the file for the paper she was working on** by emailing it to herself.

샐리는 자기가 작업하던 그 문서 파일을 자기 이메일로 보내서 백업을 했어.

James **backed up everything that was on his flash drive** by copying the files and saving them on another drive.

제임스는 파일을 복사하고 다른 드라이브에 저장하는 것으로 자기 플래시 드라이브에 있던 모든 파일을 백업했어.

Always **back up important files**, or you will be very sorry!

중요한 파일들은 항상 백업해 둬. 안 그럼 정말 후회할 거야!

Shut down ~ /
Shut ~ down

: To turn off the power supply to a machine or system completely

(기계의 전원 등을) 완전히 끄다

* power down과 동의어입니다.

John always **shuts his workstation down** before he leaves the office.

존은 사무실을 떠나기 전에 항상 자기 단말기를 끕니다.

The guys from the IT office are going to install some new software on our computers this weekend. They need us to **shut down all of the computers** before they arrive.

IT 부서 사람들이 이번 주말에 우리 컴퓨터에 새로운 소프트웨어를 설치할 계획입니다. 그분들이 자기네가 도착하기 전에 우리가 모든 컴퓨터를 꺼야 한다고 합니다.

There was an emergency at the nuclear power plant, so the entire plant **was shut down** for several days.

원자력 발전소에 비상 상황이 발생해서, 며칠 동안 발전소 전체 시스템이 완전히 꺼졌습니다.

They **shut down the power** to our building today in order to do some electrical repairs.

그들은 전기 수리를 하기 위해 오늘 우리 건물의 전력망을 다 껐습니다.

Power down ~ / Power ~ down

: To turn off the power supply to a machine completely

(기계 등의 전원을) 완전히 끄다

---

* 바로 전에 공부한 shut down과 동의어입니다.

My phone was acting strangely, so I **powered it down** and restarted it.

> 내 전화가 이상하게 작동해서, 완전히 끄고 다시 시작했어.

We have to update our passwords at work this week. After we choose new passwords, they suggest that we **power down our computers** before we try to log in again.

> 우리는 이번 주에 직장 내 비밀번호를 다 바꿔야 합니다. 새로운 비밀번호를 결정한 후에는, 다시 로그인하기 전에 컴퓨터를 완전히 끄라고 합니다.

There was a lightning storm coming, so we **powered down all of the computers in the lab** to protect them from a possible power surge.

> 번개를 동반한 폭풍우가 오고 있어서, 발생 가능한 전류 급증에서 컴퓨터를 보호하기 위해서, 우리는 실험실에 있는 모든 컴퓨터를 다 껐습니다.

Boot up ~ / Boot ~ up

: To turn on the power supply to a computer

(컴퓨터를) 부팅하다/켜다

I **boot up my laptop** every day when I start work.

> 나는 매일 일을 시작할 때 내 노트북을 부팅해.

After the tech person runs a diagnostic on your computer, you can **boot it up** again.

> 그 기술자분이 네 컴퓨터에 진단 프로그램을 시행한 후에, 네가 다시 컴퓨터를 부팅할 수 있어.

Don't **boot up your computer** yet; we are still waiting for a software update to complete.

> 아직 컴퓨터 부팅하지 마. 아직 소프트웨어 업데이트가 끝날 때까지 기다리고 있거든.

I waited for five minutes, and then **booted up my computer**.

> 나는 5분 동안 기다렸고, 그런 다음 컴퓨터를 부팅했어.

Hack into ~

: To use a computer to gain access to private data without permission

～를 해킹하다

Someone **hacked into my neighbor's computer** and stole their credit card information.

> 누군가가 우리 이웃의 컴퓨터를 해킹해서 신용카드 정보를 훔쳤어.

She's a cybersecurity expert. She actually **hacks into computer systems** on purpose in order to test their firewalls.

> 그녀는 사이버 보안 전문가야. 그녀는 파이어 월 (컴퓨터 보안 시스템)을 테스트해 보기 위해 실제로 컴퓨터 시스템을 일부러 해킹하기도 해.

It's important to choose strong passwords for all of your online accounts; otherwise, someone might **hack into your accounts**.

> 모든 인터넷 계정에 풀기 어려운 강력한 비밀번호를 만드는 게 중요해. 안 그러면, 누군가가 네 계정을 해킹할 수도 있거든.

Some very clever people were able to **hack into the testing files** and steal test questions.

> 몇몇 아주 영리한 사람들이 시험지 파일을 해킹해서 시험 문제를 훔칠 수 있었어.

Opt out of ~

: To choose not to participate in ~

～를 안 하기로 하다/～에서 탈퇴하다

I got this app for a store that I like, but I had to **opt out of their notifications**. They were sending ads all day long!

> 내가 좋아하는 가게의 앱을 깔았는데, 그들의 알림 문자는 안 받는 걸로 해야 했어. 그 사람들이 종일 광고를 보내더라니까!

A: I want to create an account with this company, but I don't want to receive emails from them.

B: No problem. Just click the option that lets you **opt out of receiving emails**.

> A: 이 회사 (인터넷) 계정을 하나 만들고 싶은데, 거기서 오는 이메일은 받고 싶지 않거든.
> B: 문제없어. 그냥 네가 이메일을 안 받기로 하는 옵션을 클릭하면 돼.

Opt in

: To choose to participate

(무언가에) 참여하기로 하다

A: I want to create an account with this company, but I don't want to receive emails from them.

B: No problem. Just click the option that lets you opt out of receiving emails.

A: But I do want to get their coupons and sale information.

B: Well, then you might have to **opt in** to the emails. Sometimes they send discount codes via email.

A: 이 회사 (인터넷) 계정을 하나 만들고 싶은데, 거기서 오는 이메일은 받고 싶지 않거든.
B: 문제없어. 그냥 네가 이메일을 안 받기로 하는 옵션을 클릭하면 돼.
A: 하지만 난 거기서 보내는 쿠폰과 세일 정보는 얻고 싶어.
B: 그렇다면, 이메일을 받겠다는 옵션으로 해야 할 거야. 가끔 할인 코드를 이메일로 보내거든.

Our local supermarket gives you free ice cream on your birthday if you **opt in** for weekly updates sent by text message.

우리 지역 슈퍼마켓은, 문자 메시지로 주간 정보 받는 것에 참여하면 생일에 무료로 아이스크림을 줘.

Filter out ~ / Filter ~ out

: To remove something that is not wanted usually by using some kind of barrier to catch what is unwanted

(원하지 않는 무언가를) 걸러내다

Marty was getting tons of spam in his email inbox, but now he's set up his email to **filter out the mail he does not want**.

마티는 엄청난 양의 스팸을 이메일 받은 편지함으로 받고 있었어. 그런데 이제는 그가 원하지 않는 메일은 걸러내기로 메일을 세팅했어.

We put a water filter on our kitchen sink. It **filters chlorine out** so that the water tastes better.

우리는 부엌 싱크대에 급수 필터를 달았어. 그게 물맛이 더 좋아지도록 염소를 걸러주거든.

Our air conditioning system uses a charcoal filter to **filter out dust and mold that might be in the air**.

우리 에어컨 시스템은 숯 필터를 사용해 공기 중에 있을 수 있는 먼지와 곰팡이를 걸러내.

We made delicious blackberry jam, and we **filtered out all of the tiny seeds** so that the jam would be super smooth.

우리가 맛있는 블랙베리 잼을 만들었어. 잼이 엄청 부드러워지게 작은 씨를 다 걸러냈어.

Sort out ~/
Sort ~ out

: To resolve a problem or challenge

문제를 해결하다

Markus couldn't access his bank account, but the manager at the bank **sorted everything out** , and Markus was able to access his money.

마커스는 자기 은행 계좌에 접속이 안 됐지만, 은행 과장이 모든 문제를 해결해서 마커스는 돈을 찾을 수 있었어.

Student: Can you help me? I have to take this course this semester, but it says that the course is full.

Registration Assistant: Don't worry. More seats will be added to this course later today. I'll **sort this out** for you, and you can take the course.

학생: 저 좀 도와주실래요? 이번 학기에 이 과목 수강해야 하는데, 꽉 찼다고 하네요.
등록 도와주는 사람: 걱정하지 마세요. 오늘 오후에 (학생들이 이 과목을 좀 더 들을 수 있도록) 수강 좌석이 추가될 겁니다. 제가 해결해 드릴 테니, 그 과목을 들으실 수 있습니다.

After our flights were cancelled, we had to book new flights; it took a while to **sort out where our luggage was**.

비행 편이 취소된 후에, 우리는 새 비행 편을 예약해야 했어. 우리 짐들이 어디에 있는지 알아보는 데는 시간이 좀 걸렸어.

Vocabulary POINT 1

데이비드가 말한 moving parts에 주목해 주세요. 원래 moving parts는 복잡한 기계 장치 (complicated mechanisms) 같은 걸 설명할 때 주로 쓰이는 표현입니다. 예를 들어, 손목시계 같은 기계 내부를 살펴보면, 하나하나 모두 정확하게 측정해서 들어간 작동 부품(moving part)들이 많이 있지요? 그래서 미국인들은 moving part를 '무언가가 복잡하다'라는 의미로 사용합니다. 또 '원활하게 작동하기 위해 많은 요인이 영향을 미치고 있는 상황'을 묘사하면서 비유적으로 쓰는 표현이기도 합니다. 다음 예문에서 확인해 보세요.

I wouldn't want to be the campaign manager for someone who's running for president. There are way too many **moving parts**!
난 대통령 선거에 나가는 사람을 위해 일하는 선거 사무장이 되기는 싫어. 지나치게 많은 요인 때문에 너무 복잡하거든!

My cousin is a wedding planner. She organizes every aspect from the food to the music to the hotel for the guests. There are a lot of **moving parts** to wedding planning.
사촌이 웨딩 플래너(결혼식 기획/대행업자)거든. 음식부터 음악, 하객이 묵을 호텔까지 모든 측면을 다 준비해. 결혼식을 기획하는 건 너무나도 복잡한 일이야.

Vocabulary POINT 2

무언가가 up and running이라는 건 '작동하고 제대로 기능하는(in operation and functioning properly)'의 뜻입니다. 이 표현은 과학기술 관련해서도 쓸 수 있지만, 사업이나 업무와 관련해서도 많이 쓰입니다.

A: Wow! Facebook was offline today for several hours. I wonder what happened?
B: Who knows! But it's back **up and running** again.
A: 우왜 페이스북이 오늘 몇 시간 동안 안 되더라. 무슨 일이 있었는지 궁금하네.
B: 누가 알겠니! 그렇지만 지금은 다시 잘 돼.

My school is installing two new technology classrooms. I can't wait until they are both **up and running**. There are so many cool things that I'll be able to do with my students.
우리 학교가 컴퓨터 시스템을 이용한 신기술 교실 두 개를 설치하고 있어. 하루빨리 다 작동되기 시작하면 좋겠어. 내가 우리 학생들과 함께할 수 있는 멋진 것들이 아주 많거든.

A: There were some strong winter storms today. I heard that they shut down the entire Atlanta airport because of the weather.
B: Yeah, it was really bad, but now the airport is **up and running** again. I'm glad I didn't have to fly today!
A: 오늘 겨울 폭풍이 좀 심하게 있었어. 날씨 때문에 애틀랜타 공항 전체를 폐쇄했다는데.
B: 그래. 정말 끔찍했지만 공항이 다시 정상적으로 운영되고 있어. 내가 오늘 비행을 안 해도 돼서 얼마나 다행인지!

Vocabulary POINT 3

Lose sleep over ~는 '스트레스로 잠을 잘 자지 못하다'의 의미입니다. 이건 미국인 한국인 가리지 않는 현상이죠. 흥미로운 건, 미국인들은 실제로 잠을 잘 잤어도 이 표현을 쓴다는 사실입니다. 즉, 이 표현은 꼭 잠을 못 잤다는 것보다 '무언가를 지나치게 걱정하거나 스트레스를 받고 있다'라는 의미로 쓰인다고 이해하면 됩니다.

Jesse: Are you ready for your recital, Amanda?
Amanda: I hope so! I've been preparing my music for hours every day. **I'm losing sleep over it**.
제시: 아만다, 연주회 준비는 다 됐니?
아만다: 그랬기를 바라지! 매일 몇 시간씩 연습했거든. 그것 때문에 잠도 설칠 지경이야.

Lose sleep over it의 이런 의미 때문에, 누군가가 스트레스를 받는 상황에 있을 때 미국인들은 종종 "Don't lose sleep over it." 이라고도 말합니다. "Don't worry about it too much."와 같은 의미로 예문으로 확인하세요.

Alan: Are you still worrying about your upcoming performance review?
Jane: Yes! I'm so nervous!
Alan: Seriously, this review is no big deal. You'll do fine. I wouldn't **lose any sleep over it**.
앨런: 너 아직도 곧 있을 업무 평가 때문에 걱정하는 거야?
제인: 응! 나 너무 불안해!
앨런: 진심으로 하는 말인데, 이 평가 정말 별거 아니야. 넌 괜찮을 거고. 나라면 그것 때문에 그렇게 걱정하고 그러지 않겠다.

LESSON 20
돈 I

Greg: Henry, congratulations! I heard that you just got a new job.

Henry: Yes, I'm so excited about it. It's exactly the kind of work that I want to do, and the salary is excellent.

Greg: Awesome! When I started earning a good income, I could finally **pay off my credit cards**. Well, I still need to **pay down my student loan** every month, but other than that, I'm out of debt.

Henry: I'm looking forward to doing the same thing. The last company I worked for **went under**, and for a few months, I **was barely getting by**.

Greg: I hear you. I've been in a similar situation myself. Of course, it takes time to **pay off debt**, but you'll soon be able to **set some money aside** every month for things like retirement.

Henry: First, I need to **pay back my parents**. They **were bailing me out**. I **was going to dip into my retirement savings**, but my parents loaned me some money to help me **get by**.

Greg: **Dipping into retirement savings** is never a good idea. That money needs time to grow. Having more financial freedom is the best feeling.

Henry: I agree! I know it will take several months, but once I **have paid back my parents**, I plan to start **saving up for a house**.

Greg: Sounds like a plan, Henry. A house is a good investment. Congratulations again on your new job!

그레그: 헨리, 축하해! 네가 일자리 새로 잡았다고 들었어.

헨리: 응, 나 정말 신나고 기대돼. 내가 하고 싶은 바로 그런 종류의 일이고, 급여도 아주 좋아.

그레그: 잘됐네! 수입을 괜찮게 벌기 시작했을 때, 나도 비로소 신용카드 빚을 다 갚을 수 있었거든. 뭐, 여전히 매달 학자금 융자는 갚아 나가야 하지만, 그것 빼고는 빚은 없어.

헨리: 나도 그렇게 똑같이 하고 싶어. 내가 지난번에 일했던 회사는 파산했고, 그래서 몇 달 동안 나 힘들게 살았거든.

그레그: 이해하지. 나도 비슷한 상황에 있어 봤잖아. 물론, 빚 갚는 데 시간이 걸리지만, 곧 매달 조금씩 돈을 따로 저축할 수 있을 거야. 은퇴 자금 같은 것들 말이지.

헨리: 우선, 난 부모님께 돈을 갚아야 해. 부모님이 나를 도와주고 계셨거든. 내가 은퇴 자금에 손대려고 했지만, 부모님이 내가 그럭저럭 지내게 돈을 좀 빌려주셨어.

그레그: 은퇴 자금을 축내는 건 절대로 좋은 생각이 아니야. 그 돈은 불리려면 시간이 필요하잖아. 재정적으로 더 자유로워지는 건 최고로 기분 좋은 거지.

헨리: 맞아! 나도 몇 달 걸릴 거라는 건 알지만, 일단 우리 부모님께 빌린 돈을 다 갚고 나면, 집을 사게 저축할 계획이야.

그레그: 좋은 생각이야, 헨리. 집은 좋은 투자처지. 새 직장 구한 것 다시 한번 축하해!

---

out of debt 빚이 없는
I hear you. 네 심정 이해해.
Sounds like a plan. 좋은 생각이야.

Pay off ~ / Pay ~ off

: To finish paying a debt

빚진 돈을 다 갚다

It took me 15 years to **pay off my student loan debt**.

학자금 융자 다 갚는 데 나 15년 걸렸어.

We have a 30-year mortgage on our house, but we plan to **pay it off** as soon as possible.

우리 집이 30년 주택 담보 대출이 있는데, 가능한 한 빨리 그걸 갚을 계획이야.

If you don't **pay off your credit card bill** every month, you can easily accumulate a lot of debt.

카드빚을 매달 갚지 않으면, 빚은 쉽게 쌓일 수 있습니다.

Pay down ~ / Pay ~ down

: To make payments so that the amount that is owed becomes smaller

대출금 등을 갚아 나가다

Every month I **pay down my mortgage**. It will take me another 15 years to pay it off completely.

매달 주택 담보 대출을 갚아 가고 있어. 완전히 다 갚으려면 15년이 더 걸릴 거야.

In the US, it takes many people over 10 years of **paying down their student loans** before the loan is paid off.

미국에서는, 많은 사람이 학자금 융자를 다 갚기 전까지 갚아 나가는 데 10년이 넘게 걸립니다.

I got a very good deal on my car. I took out a small loan and should be able to **pay it down** completely within a year.

내 차를 아주 좋은 가격에 샀어. 대출을 조금 받았고, 1년 안에 다 갚아 나갈 수 있을 거야.

Pay back ~ /
Pay ~ back

: To pay money that is owed
빌린 돈을 갚다

My co-worker lent me $10 for lunch yesterday. I'm going to **pay back the money** right away.

> 직장 동료가 어제 점심값으로 나한테 10달러 빌려줬거든. 바로 그 돈 갚을 거야.

If you give money to Peggy, don't expect her to **pay you back** anytime soon.

> 페기에게 돈을 주면, 페기가 곧 그 돈을 갚을 거라는 기대는 하지 마.

My uncle gave me $500 to help buy a car. He told me I didn't have to **pay him back**; instead, he said that one day, when I have enough money, I should lend $500 to someone who needs it.

> 우리 삼촌이 내가 차 살 때 도와주신다고 500달러를 주셨거든. 삼촌은 내가 그 돈 안 갚아도 된다고 하셨어. 대신 언젠가 내가 돈이 충분히 있을 때, 누군가 필요한 사람에게 500달러를 빌려줘야 한다고는 하셨지.

Go under

: (For a business) to fail
(사업 등이) 망하다/파산하다

The company needs to make more money quickly, or it will **go under**.

> 그 회사는 빨리 더 많은 돈을 벌어야 해요. 안 그러면 파산할 겁니다.

The organization lost a lot of funding from the government, and then the pandemic hit. Within a few months, the organization **went under**.

> 그 단체는 정부로부터 받는 자금을 많이 놓쳤어. 그리고 나서 팬데믹이 몰아쳤지. 몇 달 안에 그 단체는 파산했어.

My parents have owned several businesses. Two of them **went under**, and two have been successful.

> 우리 부모님은 사업체를 여러 개 갖고 계셨죠. 그중 두 개는 파산했고, 두 개는 성공했습니다.

I love this restaurant, and I hope they stay in business, but with the problems in the economy, it's possible that they might **go under**.

> 나는 이 식당이 아주 좋아서 계속 영업하기를 바라지만, 이 경제난으로 인해 거기도 파산할 가능성이 있어.

Get by (on ~)

: To manage to survive with some difficulty

(~로) 그럭저럭 살아가다/해 나가다

When she was a student, she didn't have much money, so she worked in a coffee shop to **get by**.

그녀는 학생이었을 때 돈이 별로 없어서 커피숍에서 일하면서 그럭저럭 살아갔어.

When my friend lost his job, he learned to **get by on a lot less money**.

내 친구는 직장을 잃었을 때, 훨씬 더 적은 돈으로 살아가는 법을 배웠어.

When my grandmother was young, she had to **get by on $30 a week**.

우리 할머니가 젊으셨을 때는, 30달러로 일주일을 사셔야 했어.

I'm so used to my comfortable life. If I lost my job, I don't know how I'd **get by**.

난 편안한 삶에 너무나 익숙해져 있어. 직장을 잃으면, 난 어떻게 살아가야 할지 모르겠어.

Set aside ~ / Set ~ aside

: To save something, often money, for a special purpose

(특정 목적에 쓸)
돈이나 시간을 따로 떼어 두다

When I was born, my grandparents **set aside some money** every year for my education.

내가 태어났을 때, 조부모님이 내 교육을 위해서 매년 따로 저축을 하셨어.

When you budget for your trip, don't forget to **set a little money aside** for treats like fancy coffee or a glass of wine.

여행 예산을 짤 때는 잊지 말고 고급스러운 커피나 와인 한 잔 같은 자신을 위한 특별한 선물에 쓸 돈을 따로 조금 떼어 놔.

My mother **sets aside 30 minutes** each day for meditation and another 30 minutes for exercise.

우리 어머니는 매일 명상에 30분, 운동에 30분씩 따로 시간을 내셔.

When my grandfather was born, his father **set aside an acre of land** for him. That is the land that my grandparents have lived on for 50 years.

우리 할아버지가 태어나셨을 때, 증조할아버지가 할아버지를 위해 땅을 한 에이커 따로 떼어 두셨어. 그곳이 바로 우리 조부모님이 50년 동안 살고 계신 곳이야.

Bail out ~/ Bail ~ out

: To help someone who is in a difficult situation, often by lending them money

(힘든 상황인 사람을) 구하다/돕다
(주로 경제적으로 힘든 사람에게 돈을 빌려줌으로써)

When the economy crashed, the airlines lost so much money that they could have gone under, so the government **bailed them out** with millions of dollars.

경제가 붕괴됐을 때, 항공사들이 돈을 너무 잃어서 망할 수도 있었기에 정부가 수백만 달러를 들여서 항공사들을 구제했습니다.

My father told me to manage my finances. He said he was not going to **bail me out** if I ran out of money.

우리 아버지는 나한테 재정 관리는 직접 하라고 하셨어. 아버지는 내가 돈이 다 떨어지면 도와주지 않을 거라고 하셨지.

The parents **bailed out their child** every time she got into trouble.

부모님은 그녀가 곤경에 처할 때마다 도와주었다.

Dip into ~

: To spend some of the money
you have saved

(저축했던 돈을) 축내다/쓰다

Ariella and Alan needed a new roof
on their house, so they **dipped
into their personal savings** to
help pay for it.

아리엘라와 앨런은 자기네 집 지붕을 새로해야
했어. 그래서 그 돈을 내려고 저축해 놓은 돈을
축냈지.

She lost her job and could not
find another one for over a year.
She was forced to **dip into her
retirement fund** to pay her bills.

그녀는 직장을 잃고 1년 넘게 다른 직장을 못
구했어. 그래서 공과금 등을 내려고 은퇴 자금을
축낼 수밖에 없었지.

We need a new car, and I don't
want to **dip into our savings** to
pay for it. I've decided to save more
money and do some extra work.

우리는 새 차가 필요하고, 난 그것에 쓰느라 저축한
돈을 쓰기는 싫거든. 난 돈을 더 모으고 일을 더
하기로 했어.

Save up (for ~)

: To save money for a particular purpose or purchase

(어떤 목적을 위해) 돈을 저축하다

My brother-in-law **saved up** money for a few years to buy a Tesla.

우리 매형은 테슬라 자동차를 사려고 몇 년 동안 돈을 모았어.

Jodi and Ryan wanted the wedding of their dreams, so they each worked an extra job for a year and **saved up for their big day**.

조디와 라이언은 그들이 꿈꾸던 결혼식을 하고 싶어서, 둘 다 1년 동안 일자리를 하나 더 얻어서 일하고 그들의 결혼식을 위한 돈을 모았어.

Billy: Joel, that watch is gorgeous!

Joel: Thanks! I **saved up for this** and bought it as a birthday present to myself.

빌리: 조엘, 그 시계 정말 근사하다!
조엘: 고마워! 이것 때문에 돈을 모아서 나에게 주는 생일 선물로 샀어.

Right now, I'm living paycheck to paycheck, but once I get a better job, I'm going to **save up for a new TV**.

지금 당장은 내가 빠듯하게 살고 있지만, 일단 더 좋은 직장을 얻으면, 새 TV를 사게 저축할 거야.

If you want to buy something big, like a house or a car, you have to create a plan and then **save up for these things**.

네가 집이나 차 같은 뭔가 큰 걸 사고 싶다면, 계획을 세워서 그걸 위해 저축을 해야 해.

G RAMMAR POINT

Pay off ~와 pay back ~은 어떤 문맥에서는 의미가 같습니다. 예를 들어, 어떤 액수의 돈(an amount of money), 이를테면 대출금(loan)이 목적어라면 우리는 똑같은 의미로 두 가지 구동사를 모두 쓸 수 있습니다.

I **paid off my car loan** in two years.
나는 자동차 대출을 2년 만에 다 갚았어.

I **paid back my car loan** in two years.
나는 자동차 대출을 2년 만에 갚았어.

➜ 두 예문에서 주목할 점은 목적어가 '대출금', 즉 돈이라는 사실입니다.

그렇지만 목적어가 사람이 되면, 이 두 구동사는 서로 다른 의미로 쓰이게 됩니다. Pay off someone은 '~에게 불법적인 일을 하게끔 뇌물을 주다'(to bribe someone for the purpose of doing something illegal or immoral)의 뜻이기 때문입니다.

She **paid off the accountant** so that he would stay quiet about the money she was hiding in a secret bank account.
그녀는 그 회계사에게 뇌물을 줘서, 그녀가 비밀 계좌에 숨기고 있는 돈에 대해 그가 입 다물게 했다.

그렇다면 pay back의 목적어로 사람이 오면 어떤 뜻이 될까요? 그것은 '~에게 빌린 돈을 갚다'(to return money to someone who lent it to you)의 뜻입니다.

I need to **pay my brother back**; he lent me money for gas last week.
나 우리 오빠에게 빌린 돈 갚아야 해. 오빠가 지난주에 자동차 기름값을 빌려줬거든.

흥미롭게도 pay someone back은 '누군가에게 복수하다'(to seek revenge on someone)의 뜻으로도 쓰입니다. 우리도 누군가 자신에게 나쁜 짓을 했을 때, "너한테 다 갚아줄 거야!"(I'll pay you back!)라고 말하죠? 같은 뜻입니다.

If someone hurts me or my family, I will definitely **pay them back**.
누군가 나나 내 가족을 다치게 하면, 난 반드시 되갚아 줄 거야. (복수할 거야.)

이렇게 하나의 구동사가 여러 개의 의미가 있을 때는 무슨 뜻인지 어떻게 알 수 있을까요? 문맥을 보면 됩니다. 보통 대화 속에서 문맥을 이용하면 그 뜻을 쉽게 알 수 있으니까요.

ocabulary POINT

Bail은 명사로 '보석금'의 뜻입니다. 즉, 누군가 체포되어 구속되었을 때 감옥에서 나오려면 내야 하는 돈을 말합니다. 이 돈은 체포된 그 사람이 법정으로 출석해서 재판을 받겠다는 일종의 약속과도 같은 기능을 합니다. 만약 법정에 출석하지 않으면, 그 보석금은 돌려받을 수가 없지요. 그래서 구동사 bail out은 다음과 같이 누군가가 체포됐을 때 자주 쓰이는 표현입니다.

He was caught drunk driving, and his friends paid $1,000 to **bail him out**.
그는 음주 운전을 하다가 잡혔는데, 친구들이 보석금 1,000달러를 내고 그를 빼냈어.

그렇지만 앞의 대화문에서처럼 bail out은 누군가를 '재정적인 어려움으로부터 구해 주다'라는 의미로도 쓰입니다.

My rent was due, and I had no money, so my parents **bailed me out** (= my parents paid the rent for me).
집세 낼 때가 됐는데 내가 돈이 하나도 없어서, 우리 부모님이 나를 도와주셨어.

Culture POINT

돈 문제와 관련해서 절대다수의 미국인이 가지고 있는 가장 큰 꿈은 자기 집을 갖는 것입니다. 그런데 사실 미국에서는 이 꿈이 달성하기 그리 힘들지가 않습니다. 미국인들이 다른 나라 사람들보다 돈이 많아서가 아니고요, 미국인들은 빚을 지닌 채 살아가는 것에 거부감이 없기 때문입니다. 즉, 미국에서 집을 가진 사람들 대부분이 모기지(mortgage: 주택 담보 대출)로 집을 사서 은행에 빚을 진 상태입니다.

이 모기지에는 종류가 여러 가지인데, 가장 많은 사람이 들고 있는 게 30년짜리 모기지입니다. 즉, 집의 가격과 은행 이자를 더해 30년간 갚을 수 있게 나눈 가격을 한 달에 한 번씩 다달이 내야 합니다. 이때 빌린 사람의 일생 동안 이자율이 변하지 않기 때문에 이를 고정 이율(fixed interest rate)이라고 합니다. 물론, 이율이 낮을 때 모기지로 집을 사면 더 이득이겠지요? 30년 동안 빚을 갚으며 사는 것이 불편하게 느껴질 수도 있겠지만, 그렇게 하면 다달이 내는 돈이 적어서 수입이 많지 않은 사람들도 집을 사는 것이 가능해집니다.

그 밖에도 10년, 15년, 20년짜리 모기지나 변동 금리 모기지(variable rate mortgage)도 있습니다. 변동 금리 모기지는 말 그대로 이율이 고정적이지 않고 변할 수 있다는 뜻입니다. 그래서 집을 살 때 이율이 너무 높으면, 몇 년 이내에 이율이 낮아질 거라는 기대로 변동 금리 모기지를 이용할 수도 있습니다. 그렇지만 기대와 달리 이율이 더 높아진다면 더 큰 돈을 잃을 수도 있겠지요? 어떤 문화권에서는 집이 있다는 것에 큰 의미를 두지 않지만, 대부분의 미국인에게는 자기 집을 갖는 것이 생의 중요한 꿈이자 목표입니다.

LESSON 21
돈 II

Rusty: I was just reading something about investing, and I think we need to **set up some accounts** so that we are prepared for the future.

Brenda: That sounds reasonable. What kinds of accounts?

Rusty: Well, you know Sammy is six years old now, so some kind of college tuition account would be good for him. We can start **putting money in** every month. When he's 18, we can start **taking it out** gradually to pay for school.

Brenda: We have some extra savings. Maybe it would be good for us to do something like buy some land. Real estate can be a good investment.

Rusty: I thought about that, too, but then the money **is tied up in something**, and you might not be able to get to it when you need it.

Brenda: True. If **we've run up some kind of debt**, or if there's an emergency, you can't **cash in a piece of land** very quickly.

Rusty: Right. Maybe in the future, if we have more money, it would be good to invest in some land, but right now I think it might be smarter to **put our money in an investment account** so that we can earn more interest.

Brenda: Isn't that risky? We don't want to lose our shirts over investing mistakes.

Rusty: It can be, but we can make sure to invest in stocks and bonds that are less risky. I don't want to be living on the edge with our money. I wouldn't be able to sleep at night!

Brenda: Is it expensive to **set up an account**?

Rusty: I've found some personal investment companies that are very inexpensive. To **set up an account**, you need to **put down an initial investment**, and after that, you can add to it in small amounts.

Brenda: That sounds like a good way to start. You know, my parents told me that instead of gifts for our birthdays and holidays, they could give us each a larger sum of money to help us financially.

Rusty: That sounds great! I think we should **take them up on that offer**. We can use that money to **set things up**.

러스티: 내가 방금 투자에 관한 글을 읽고 있었는데, 우리가 미래를 대비할 수 있게 계좌를 몇 개 만들어야 할 것 같아요.

브렌다: 합리적인 생각이에요. 어떤 종류의 계좌를 말하는 거예요?

러스티: 새미가 이제 여섯 살이잖아요. 그래서 새미에게는 대학 학자금 모으기용 계좌가 좋을 것 같아요. 우리가 매달 돈을 붓기 시작할 수 있고요. 걔가 18살이 되면, 우리가 그 돈을 조금씩 인출해서 학교 등록금으로 낼 수 있죠.

브렌다: 우리가 저축해 둔 여윳돈이 조금 있잖아요. 땅을 좀 산다든가 하는 것도 좋을 것 같아요. 부동산이 좋은 투자처일 수 있잖아요.

러스티: 나도 그걸 생각해 봤는데, 그렇게 되면 돈이 뭔가에 묶여 있어서 정작 필요할 때는 돈을 못 쓸 수도 있어요.

브렌다: 그렇네요. 우리가 어떤 빚이 늘었거나 비상 상황이 생겼을 때, 땅을 재빠르게 현금화할 수가 없으니까요.

러스티: 맞아요. 아마 나중에 우리가 돈이 좀 더 있으면 땅에 투자하는 것도 좋을 거지만, 지금 당장은 내 생각에 이자를 좀 더 벌 수 있게 우리 돈을 투자 계좌에 넣는 게 더 현명한 선택인 것 같아요.

브렌다: 그건 위험하지 않아요? 투자 실수 때문에 돈을 전부 잃어버리고 싶지는 않잖아요.

러스티: 그럴 수도 있지만, 확실히 확인해서 위험이 덜한 주식과 채권에 투자할 수도 있어요. 나도 돈 때문에 위태로운 상황에서 사는 건 원치 않으니까요. (그렇게 되면) 난 밤에 잠도 못 잘 거예요!

브렌다: 계좌를 개설하는 데 돈이 많이 들어요?

러스티: 내가 비용이 매우 적게 드는 개인 투자 회사를 몇 군데 찾았어요. 계좌를 개설하려면 초기 투자 비용을 내야 하고, 그 후에는 소액으로 조금씩 더 넣을 수 있어요.

브렌다: 그게 시작하기에 좋은 방법 같네요. 저기, 우리 부모님이 나한테 우리 생일이랑 명절에 선물 대신 재정적으로 도울 수 있게, 우리 각자에게 많은 돈을 주실 수 있다고 하셨어요.

러스티: 정말 좋죠! 부모님께서 하신 그 제안을 받아들여야 할 것 같아요. 우리가 그 돈을 계좌 개설하는 데 사용할 수 있겠어요.

---

lose one's shirt 무일푼이 되다, 큰 손해를 입다
bond 채권   **on the edge** 조바심이 나 마음을 둘 곳 없는

Set up ~

: To establish (something) for a particular purpose ~ /
To start a business

(계좌를) 개설하다/사업을 시작하다/ 가게를 열다

When I was ten years old, my dad **set up a savings account** for me at the local bank.

내가 10살 때, 아빠가 우리 사는 지역의 은행에 내 예금 계좌를 개설해 주셨어.

The two brothers **set up their own law firm** after they graduated from law school.

그 두 형제는 로스쿨을 졸업한 후에 자신들의 법률 사무소를 열었어.

Mary **set up her business** with a small loan from her parents.

메리는 부모님께 돈을 조금 빌려서 자기 사업을 시작했어.

Put (money) in(to) ~

: To invest money in(to) ~

~에 돈을 투자하다

My brother **put a lot of money into cryptocurrency** hoping to earn a lot of money on it.

내 남동생은 가상화폐로 많은 돈을 벌기를 바라면서, 거기에 돈을 많이 투자했어.

In my retirement account, I **put 50% of my money in stocks** and 50% in bonds.

퇴직금 계좌에 난 가진 돈의 50%는 주식에, 나머지 50%는 채권에 투자했어.

When my grandchildren were born, I **put $200 into government bonds** for each of them.

손자들이 태어났을 때, 난 애들 앞으로 각각 정부 채권에 200달러를 투자했어.

MP3 042

Take out ~ / Take ~ out

: To withdraw ~

(계좌에서 돈을) 인출하다

I need to go to the ATM and **take out some cash** before we go to the movies.

> 우리 영화관에 가기 전에, 내가 현금 인출기에 가서 현금을 좀 뽑아야 해.

Once you have saved some money for retirement, try not to **take it out** until you retire. There is usually a penalty if you **take it out** early.

> 일단 은퇴에 쓸 돈을 저축한 후에는 은퇴할 때까지 그 돈을 인출하지 않도록 하세요. 조기에 그 돈을 인출하면 보통 불이익이 있거든요.

> * 이 구동사는 이렇게 '계좌에서 돈을 뽑다'라는 의미 외에 '(무언가를 어딘가에서) 빼내다'(to remove something from somewhere)라는 뜻으로도 자주 쓰입니다.

He **took his cell phone out** of his shirt pocket.

> 그는 자기 셔츠 주머니에서 휴대폰을 꺼냈다.

Be /Get tied up (in) ~

: To not be available for another purpose

(돈 또는 시간과 관련해서) ~에 묶어 둬서 다른 용도로는 쓰일 수 없다

Most of his money **is tied up in property**, so he doesn't have enough cash to generate fifty thousand dollars right now.

> 그의 돈이 대부분 부동산에 묶여 있어서, 지금 당장 그에게 5만 달러를 만들 수 있는 충분한 현금이 없습니다.

I can't come to the meeting later today. **I'm all tied up in a project** right now, and I can't leave until I'm finished.

> 제가 오늘 오후에 있는 회의에 참석할 수 없습니다. 지금 어떤 프로젝트에 꽁꽁 묶여 있어서 그걸 끝낼 때까지는 자리를 비울 수가 없거든요.

Dr. Stone **is tied up in** appointments for the next week, but he can see you the week after.

> 스톤 박사님이 다음 주에는 약속이 꽉 차 있어서 시간이 전혀 없지만, 그다음 주에는 널 만나실 수 있으셔.

Michelle sent the package to Jay in Italy. It took six weeks for the package to arrive because it **got tied up in customs** for a while.

> 미셸이 이탈리아에 있는 제이에게 소포를 보냈거든. 그 소포가 도착하는 데 6주가 걸렸는데, 그 이유가 그게 한동안 세관에 묶여 있었대.

LESSON 21 돈 Ⅱ 231

Run up ~

: To allow a debt or bill to accumulate

(빚 등을) 늘리다

The family stayed at a luxurious hotel, and the children **ran up a huge bill** ordering room service every day.

그 가족은 호화로운 호텔에 머물렀고, 아이들이 룸서비스를 매일 시키면서 엄청난 요금이 쌓였어.

Sheila always pays her credit cards in full every month. She doesn't want to **run up a lot of credit card debt**.

실라는 항상 자기 신용카드 요금을 매달 다 지불해. 신용카드 빚을 많이 늘리고 싶어 하지 않거든.

When he lost his job, he **ran up quite a bit of debt**, but now that he is working again, he is able to pay it all off.

직장을 잃었을 때 그는 빚을 많이 늘렸지만, 이제 다시 일하니까 그 빚을 전부 다 갚을 수가 있어.

Cash in ~ / Cash ~ in

: To convert an investment into money

~을 현금화하다

My parents bought some waterfront property years ago. They plan to **cash it in** to have some extra income when they are older.

우리 부모님이 몇 년 전에 해안가의 집을 한 채 사셨어. 더 나이 드셨을 때 그걸 현금화해서 부수입으로 갖고 계실 계획이야.

My grandmother put some money in a government bond for me when I was a baby. Now that I'm 25, I'm going to **cash it in** and use the money.

우리 할머니는 내가 아기였을 때, 나를 위해서 국채에 돈을 조금 넣어두셨어. 내가 25살이니까 현금화해서 그 돈을 쓸 거야.

We need to do some expensive repairs on our house. We're going to **cash in some stocks** and use the money for the repairs.

우린 비싼 돈을 들여 집을 고쳐야 해요. 주식을 팔아 현금화해서 그 돈을 집수리하는 데 쓸 거예요.

Put down
(a deposit) /
Put ~ down
(a deposit)

: To make an initial, and usually required, payment or investment

보증금을 걸다

The couple saved as much money as they could so that they could **put down 30%** on their new home.

그 부부는 자기네 새집 가격의 30%를 보증금으로 걸 수 있도록, 그들이 할 수 있는 최대한의 돈을 저축했어.

To reserve this vacation package, you will need to **put down a deposit of $500**.

이 휴가 패키지여행을 예약하시려면, 500달러 보증금을 내셔야 할 거예요.

My daughter is buying her first car, but doesn't have enough money, so she is getting a loan. I **put a $2,000 deposit down** for her so that she could get a better loan with lower interest rates.

우리 딸이 첫 번째 차를 살 건데, 돈이 충분치가 않아서 대출받거든. 내가 딸아이를 위해 2,000달러 보증금을 내줬어. 딸아이가 더 낮은 이율로 더 괜찮은 대출을 받을 수 있도록 말이야.

Take someone
up on ~

: To accept someone's offer

누군가의 제안을 받아들이다

Melissa: If you are in town, please come and stay at our house.

Alan: That's so kind! I think I will **take you up on that**.

멜리사: 너 이 도시에 있으면, 우리 집에 와서 지내.
앨런: 친절하기도 하지! 네 그 제안을 받아들여야 할 것 같아.

Jack told me that he could give me his extra tickets for the concert. I'm going to **take him up on that**.

잭이 나한테 그 콘서트 표가 몇 장 더 있어서 나한테 줄 수 있다고 했거든. 난 잭이 한 제안 받아들일 거야.

When your new baby arrives, please **take me up on my offer** to bring you dinner.

네 아기가 태어나면, 너한테 저녁을 가져다주겠다는 내 제안, 받아들여 줘.

ocabulary POINT 1

러스티는 "I don't want to be living on the edge with our money."라고 합니다. 이디엄 live on the edge는 '너무 많은 위험 요소를 안고 위태롭게 살아가다'(to live dangerously or take on a lot of risk)라는 뜻입니다. 이 이디엄은 주어가 그 상황을 초래하지 않았을 때나 주어가 그렇게 살기를 선택했을 때, 둘 다 사용할 수 있지요. 다음 예문을 보면서 두 가지 의미를 모두 살펴보세요.

My brother is a professional mountain climber. He knows he could lose his life if he makes a small mistake while climbing, but he finds this exciting. He loves **living on the edge**.
우리 오빠는 전문 산악인이야. 오빠는 등반하다 작은 실수 하나만 해도 목숨을 잃을 수도 있다는 걸 알지만, 그게 스릴 있다고 생각해. 오빠는 위태로운 상황에서 살아가는 걸 정말 좋아해.

To start her company, she sold her house, and put all of her savings into developing the perfect granola bar. She **was living on the edge** for a year, and her family and friends were not sure if she would succeed.
자기 회사를 시작하려고 그녀는 집을 팔았고, 저축해 둔 돈을 완벽한 그래놀라 바를 개발하는 데 다 투자했어. 그녀는 위태위태한 상황에서 1년을 살았고, 가족과 친구들은 그녀가 성공할지 확신이 없었지.

When I was in my twenties, I used to **live on the edge**, but now that I'm older and have a family, I prefer not to take risks.
20대였을 때 난 위태로운 삶을 살았지만, 지금은 나이도 더 들고 가족도 있어서 위험을 감수하지 않는 쪽이 더 좋아.

He seems very conservative and reserved, but secretly, he likes to **live on the edge**. He races motorcycles for fun.
그는 아주 보수적이고 내성적으로 보이지만, 은밀하게, 위험을 감수하는 걸 좋아해. 취미로 오토바이 경주를 하거든.

ocabulary POINT 2

구동사 get to는 여러 가지 의미가 있습니다. 대화에서 러스티는 브렌다에게 부동산에 돈을 투자하면, "…you might not be able to get to it when you need it."이라고 합니다. 이 문장에서 get to ~는 '~를 손에 넣다/이용하다'(to be able to access ~)의 뜻입니다. 이런 의미를 가진 또 다른 예문도 볼까요?

She says that the photos are on this laptop, but I can't **get to them** because they are password protected.
그녀가 이 노트북 컴퓨터에 사진들이 있다고 하는데 난 그걸 볼 수가 없어. 비밀번호로 보호가 돼 있어서 말이야.

그런데 get to는 이렇게 '~를 이용하다'의 뜻 외에, 문자 그대로 '~에 손을 갖다 대다'(to physically access ~)의 의미로도 쓰입니다.

There are a lot of thorns on these blackberry bushes, but if you wear gloves, you can **get to them**.
이 블랙베리 나무에는 가시가 많지만, 장갑을 끼면 블랙베리를 만질 수 있을 거야(= 블랙베리에 손을 갖다 댈 수 있을 거야).

Hey, can you help me? I'm trying to **get to the file on the top shelf**, but I'm too short.
저기, 나 좀 도와줄 수 있어? 꼭대기 선반 위에 있는 파일을 꺼내려고 하는데, 내가 키가 너무 작아서 (손이 안 닿네).

재밌게도 get to 뒤에 사람 목적어가 오면, '그 사람을 괴롭히다'(to bother or disturb someone)라는 전혀 다른 의미가 됩니다.

I like cleaning the house, but I'm allergic to dust; it really **gets to me**, and I can't stop sneezing.
나는 집 청소하는 걸 좋아하지만, 먼지 알레르기가 있어. 그것 때문에 정말 괴로워. 계속 재채기하게 돼.

We watched a new crime series. The acting was good, but the violence **got to me**.
우리가 새로운 범죄 시리즈물을 봤어. 연기는 좋았는데, 거기 나오는 폭력이 보고 있으려니까 내가 좀 힘들었어.

You need to improve your attitude about work. I think it's starting to **get to your boss**.
넌 일을 대하는 네 태도를 고쳐야겠다. 네 상사가 그것 때문에 짜증스러워하기 시작한 것 같아.

하지만 get to는 다음과 같이 '어딘가에 도착하다'(to arrive at a place or destination) 라는 의미도 있습니다.

We drove from Florida to Washington D.C. We started in the morning and did not **get to D.C.** until very late at night.
우리가 플로리다에서 워싱턴 D.C.까지 운전했거든. 아침에 출발했는데, 밤 아주 늦은 시간까지도 D.C.에 도착을 못 했어.

If we leave the house at 7:30 a.m., we can **get to the office** before the parking lot is full.
우리가 오전 7시 30분에 집에서 나오면, 주차장이 꽉 차기 전에 사무실에 도착할 수 있을 거야.

His flight doesn't **get to Los Angeles** until midnight.
그가 탄 비행기는 자정이 되어서야 로스앤젤레스에 도착해.

마지막으로 구동사 get to가 아니라, get 뒤에 to부정사가 오는 경우도 보겠습니다. 이건 비슷해 보이지만, 전혀 다른 문법 구조이니까 함께 공부해서 헷갈리지 않도록 하세요. Get to do ~는 '~를 해 볼 기회를 얻다'(to have the opportunity to do ~)라는 뜻입니다.

We **got to visit** Oslo last year.
우리는 작년에 오슬로를 방문할 기회가 있었습니다.

I was thrilled about **getting to see** Elton John in concert.
나는 콘서트에서 엘튼 존을 볼 기회를 얻게 돼서 정말 신났어.

Sam has lived in Paris for over a year, but he **has not gotten to go** to the Louvre yet.
샘은 파리에서 1년 넘게 살았지만, 루브르 박물관에 가 볼 기회가 아직 없었어.

Vocabulary POINT 3

브렌다는 "We don't want to lose our shirts over investing mistakes."라고 합니다. Lose one's shirt는 '아주 많은 돈을 잃다'(to lose a lot of money), 또는 '가진 것을 전부 다 잃다'(to lose all one's possessions)라는 의미의 이디엄입니다. 이 말은 보통 다음과 같이 돈 관리와 관계된 의사 결정 시의 치명적인 실수로 인해 벌어지는 상황을 나타냅니다.

When the stock market crashed in the 1920s, many people **lost their shirts**.
1920년대에 주식 시장이 붕괴했을 때, 많은 사람이 아주 큰돈을 잃었습니다.

If this business deal does not succeed, I could **lose my shirt**.
이번 사업 거래(계약)가 성사되지 않으면, 난 모든 것을 잃을 수도 있어.

그렇지만 미국인들은 이 이디엄을 꼭 이렇게 심각한 상황에만 쓰지 않고, 농담하면서 유머로 사용하기도 합니다. 예를 들어, 다음 예문처럼 아주 적은 돈을 잃어 놓고도 이 이디엄을 쓰면서 너스레를 떨기도 한답니다.

I played poker with my friends last night and **lost my shirt**; I had to pay those guys $15!
어젯밤에 친구들이랑 포커 게임을 했는데, 내가 가진 걸 다 잃었지 뭐야. 녀석들에게 15달러나 줘야 했거든!

참고로, lose one's shirt와 정반대의 뜻을 가진 이디엄은 make a killing (on ~) (~로 갑작스럽게 큰돈을 벌다)입니다.

We invested in the stock market at just the right time. We invested five thousand and made another ten in six months; we **made a killing**.
우리는 그야말로 적기에 주식 시장에 투자를 했어. 오천 달러를 투자했는데, 6개월 만에 만 달러를 벌었거든. 크게 한몫 잡았지.

They put their money in oil years ago and **made a killing on** it.
그들은 몇 년 전 석유 산업에 돈을 투자했는데, 그걸로 완전히 큰돈을 벌었어.

You could make some money on that investment over time, but I don't think you'll **make a killing on** it.
시간이 좀 지나면 네가 그 투자로 돈을 벌 수 있을 거야. 그렇지만 네가 그걸로 큰돈을 벌 수 있을 것 같지는 않다.

LESSON 22
문제와 해결

Dan: Hey, Jaden, have you heard that Dwight finally **stood up to his boss**? They say it kind of caused a storm in his department.

Jaden: The storm will **blow over** soon because I know they can **work it out**. It looks like **we've come across a real problem** in our department.

Dan: What's going on?

Jaden: We're supposed to finish the construction project by the end of the month, but due to the weather, we should stop the project right away and prepare the construction sites for the hurricane.

Dan: This is not good because it's a deadline-sensitive project. Do you know why this project has taken so long?

Jaden: It was almost cancelled at first because we **ran up against some environmental regulation**. We were able to **cope with that**, but because of that, it took a long time to finally **knuckle down to it**.

Dan: Now that you mention it, I remember that. Maybe Mr. Jackson will have to **step in** this time.

Jaden: Again? I don't know about that. I don't want to bother him whenever we **run into a snag**. Besides, **isn't he busy wrestling with the claim** that JJ has filed?

Dan: I know, but he's known as "the fixer" in our company. Plus, I'm under the impression that he kind of enjoys **dealing with challenging situations**.

Jaden: Dan, no one enjoys **dealing with challenging situations**.

Dan: Obviously, Mr. Jackson does. Hey, listen, I know where you're coming from, but anyone in our department would do the same thing. If you don't believe me, just **ask around**.

Jaden: Alright, if you insist.

댄: 이봐, 제이든. 드와이트 씨가 드디어 자기 상사한테 대들었다는 말 들었어? 사람들 말로는 그게 거기 부서에 일종의 폭풍을 몰고 왔다고 하더군.

제이든: 그 폭풍, 곧 잠잠해질 거야. 그 사람들이 그걸 해결할 거라는 걸 난 아니까. 우리 부서가 진짜 문제에 봉착한 것 같은데.

댄: 무슨 일인데?

제이든: 우리가 이 공사 프로젝트를 이달 말까지는 끝내기로 돼 있는데, 날씨 때문에 프로젝트를 지금 당장 중단하고 공사 현장을 허리케인에 대비시켜야 하거든.

댄: 이거 좋지 않은데. 왜냐면 그건 마감일을 지키는 게 아주 중요한 프로젝트 잖아. 왜 이 프로젝트가 그렇게 오래 걸렸는지 알아?

제이든: 이게 처음에는 거의 취소될 뻔했거든. 우리가 어떤 환경 규제 때문에 장애에 부딪혀서 말이야. 그 문제는 해결할 수 있었는데, 그것 때문에 그 공사를 마침내 본격적으로 착수하기 시작하는 데 시간이 오래 걸렸어.

댄: 자네가 지금 이야기하니까 나도 기억이 나네. 이번에 아마도 잭슨 씨가 개입해야 할 거야.

제이든: 또? 난 잘 모르겠어. 우리가 문제가 생길 때마다 잭슨 씨를 괴롭히는 게 난 싫어. 게다가, 잭슨 씨는 지금 JJ 사가 제출한 이의 제기랑 씨름하느라 바쁘지 않아?

댄: 나도 그 마음 알지만, 그분이 우리 회사에서 "해결사"로 알려져 있잖아. 게다가, 그분은 힘든 상황을 처리하는 걸 즐기시는 것 같다는 인상을 난 받거든.

제이든: 댄, 아무도 힘든 상황을 처리하는 걸 즐기는 사람은 없어.

댄: 잭슨 씨는 확실히 그래. 이봐, 잘 들어. 나도 네가 왜 그렇게 생각하는지는 알지만, 우리 부서 누구라도 (그 상황이면) 똑같이 그렇게 할 거야. 내 말 못 믿겠으면, 여기저기 물어봐.

제이든: 알았어. 정 그렇다면 뭐.

---

kind of 좀, 약간
bother 귀찮게 하다   **file** 소송을 걸다   **fixer** 해결사
be under the impression that ~ ~라는 인상을 받다
I know where you're coming from. 네가 무슨 말 하는지 잘 알아.

Stand up to ~

: To refuse to accept unfair treatment from ~

〜에게 저항하다/맞서다

Let me tell you the best way to **stand up to bullies**.

내가 너를 괴롭히는 놈들에게 맞서는 가장 좋은 방법을 알려 줄게.

I don't know how to **stand up to my boss**.

난 내 상사에게 어떻게 맞서야 하는지를 모르겠어.

A: Do you know how James lost his job?

B: All I know is he **stood up to his rude boss**.

A: 너 제임스가 직장을 어떻게 잃었는지 아니?
B: 그가 무례한 자기 상사에게 대들었다는 게 내가 아는 전부야.

Blow over

: To pass away without serious consequences

**(문제 등이)
큰 피해 없이 지나가다/사그라들다**

* LESSON 5에서 공부했듯이, 날씨와 관련된 문맥에서는 blow over가 '(폭풍이나 험한 날씨가) 사그라들다/지나가다'라는 의미로 쓰입니다.

Don't worry about it. This kind of rumor usually **blows over** soon.

걱정하지 마. 이런 종류의 루머는 보통 곧 잠잠해져.

Unlike what she was worried about, the scandal **blew over** in no time.

그녀가 걱정했던 바와는 달리, 그 스캔들은 곧 잠잠해졌다.

Unfortunately, I don't think this crisis will **blow over** anytime soon.

불행히도, 저는 이 위기가 곧 지나갈 거로 생각하지 않습니다.

Work out ~ /
Work ~ out

: To find the answer/solution to ~

~의 해결책을 찾다

A: It seems like nobody knows how to convince Mr. Wilson.

B: Actually, Paul is trying to **work out a way to do it**.

> A: 윌슨 씨를 어떻게 설득해야 하는지 아무도 모르는 눈치예요.
> B: 실은, 폴 씨가 그렇게 할 방법을 찾는 중입니다.

A: If we don't finish this today, we're going to be in big trouble.

B: No worries! I'm sure we can **work it out** somehow.

> A: 우리가 오늘 이걸 끝내지 않으면, 큰 곤경에 처하게 될 겁니다.
> B: 걱정하지 마세요! 저는 우리가 어떻게든 이걸 해결할 수 있을 거라고 확신합니다.

After her husband died, she had a very difficult time, but she was able to **work it out**.

> 남편이 죽고서, 그녀는 매우 힘든 시간을 보냈지만, 그 힘든 시간을 이겨낼 수 있었다.

* LESSON 15에서 work out이 '운동하다'(to do exercise)의 의미로도 쓰인다고 배웠는데, 그런 문맥에서는 목적어 없이 자동사로 쓰인다는 점을 기억하세요.

Come across
(a problem /
situation)

: To encounter a problem/situation

(문제가) 생기다/(힘든 상황에) 부딪히다

Our company **has come across an extremely difficult problem**, and I don't think the CEO knows how to deal with it.

> 우리 회사는 몹시 어려운 문제에 부딪혔는데, 난 우리 CEO가 그 문제를 어떻게 해결해야 하는지를 모르는 것 같아.

I really don't know what to do because **I've never come across this kind of situation**.

> 난 뭘 해야 할지 정말 모르겠어. 이런 종류의 상황은 단 한 번도 부딪혀 본 적이 없거든.

He **came across a small problem**, but he fixed it easily.

> 그에게 작은 문제가 생겼지만, 그가 그것을 쉽게 해결했다.

Run up against ~

: To encounter a problem
(곤란이나 문제에) 부딪히다

Since I started teaching online classes, **I've run up against a lot of technical problems**.

> 온라인 수업을 가르치기 시작한 후로, 나는 많은 기술적인 문제에 부딪혔어.

She gave up going to France to study French because she **ran up against a snag**.

> 그녀는 프랑스에 가서 불어 공부하겠다는 걸 포기했어. 어떤 장애에 부딪혔기 때문이야.

Zack and Zoe wanted to get married and settle down as soon as possible, but they **ran up against her parents' opposition**.

> 잭과 조이는 가능한 한 빨리 결혼해서 정착하고 싶었지만, 조이 부모님의 반대에 부딪혔어.

Cope with ~

: To deal successfully with a difficult situation
(곤란이나 문제에)
잘 대처하다/대응하다

Mentally healthy people tend to **cope with work stress** better.

> 정신적으로 건강한 사람들이 업무 스트레스에 더 잘 대처하는 경향이 있습니다.

I hope Remy becomes our new manager because he's better able to **cope with a difficult situation** than the other guy.

> 나는 레미가 우리의 새 매니저가 되면 좋겠어. 그가 다른 사람보다 어려운 상황에 더 잘 대처할 수 있기 때문이야.

The Pakistan government is struggling to **cope with the aftermath of the floods**.

> 파키스탄 정부는 그 홍수로 인한 여파에 대응하느라 분투하고 있습니다.

Knuckle down (to ~)

: To begin to work hard at ~/
To focus on ~

**~에 본격적으로 착수하다/
본격적으로 일하기 시작하다**

We have no time to waste. We should get started and **knuckle down**.

우리 여유 부릴 시간 없어. 지금 시작해서 본격적으로 달려들어야 한다고.

We really need to **knuckle down** and finish the work by Friday.

우리는 정말로 본격적으로 시작해서 금요일까지 그 일을 끝내야 합니다.

Let's drop the chitchat. It's time to **knuckle down**.

잡담 그만합시다. 일 시작할 시간입니다.

Step in

: To get involved in a difficult situation in order to help

**(문제 해결을 위해)
개입해서 도와주다**

We all thought my father's company would go bankrupt, but my grandfather **stepped in** and saved his company from bankruptcy.

우리 모두 아버지 회사가 부도날 거로 생각했지만, 우리 할아버지가 개입해 도와주셔서 아버지 회사가 부도나는 것을 막아 주셨어.

It seems like my neighbor is abusing his wife, and I feel like I should **step in** to help her.

이웃집 남자가 자기 부인을 학대하는 것 같아. 그래서 아주머니를 도와드리게 내가 개입해야겠다는 생각이 들어.

It's sometimes hard to know when to **step in**.

가끔은 언제 개입해야 하는지를 안다는 게 어려워.

Run into
(a problem)

: To encounter a problem
난관에 부딪히다/차질이 생기다

As soon as she opened that store, she immediately **ran into a huge problem**.

그 가게를 개업하자마자, 그녀는 곧바로 아주 큰 난관에 부딪혔다.

I knew he would **run into many problems** when he jumped into that business without preparation.

그가 준비도 없이 사업에 뛰어들었을 때, 나는 그가 많은 문제에 부딪힐 거라는 걸 알았어.

After she eloped with Tim, she **ran into problem after problem**.

그녀가 팀과 눈이 맞아 함께 도망간 후, 그녀는 계속해서 문제에 부딪혔다.

Wrestle with ~

: To try very hard to deal with a problem
(어떤 문제나 힘든 상황과) 씨름하다

I've spent almost two months **wrestling with this problem**.

난 이 문제와 씨름하느라 거의 두 달을 보냈어.

Japan **has been wrestling with a recession** for a long time.

일본은 오랫동안 불황과 씨름하고 있습니다.

The whole world **is wrestling with how to solve the climate crisis** now.

전 세계가 기후 위기를 어떻게 해결해야 하는가의 문제로 지금 씨름 중입니다.

Deal with ~

: To take an action in order to solve a problem

(문제를) 처리하다/다루다

The CEO has failed to **deal with the financial problem**.

> CEO는 재정 문제를 결국 해결하지 못했습니다.

I sometimes feel like he enjoys **dealing with a difficult situation**.

> 난 가끔 그가 힘든 상황을 처리하는 걸 즐긴다는 느낌이 들어.

I had a nasty customer who was extremely difficult to **deal with** today.

> 오늘 다루기 극도로 어려운 진상 고객이 있었어.

Ask around

: To talk to different people in order to find something out

(사람들에게 물어서) 이리저리 알아보다

I think I left my math textbook in the classroom, but I can't find it there. Could you please **ask around**?

> 제가 수학 교과서를 교실에 둔 것 같은데, 거기서 찾지를 못하겠어요. 사람들한테 좀 물어봐 줄래요?

A: I'm looking for an English tutor. Do you know anyone who wants to tutor as a part-time job?

B: I know many English majors, so I'll **ask around**.

> A: 난 영어 과외 교사를 찾고 있어. 너 아르바이트로 과외할 사람 누구 아니?
> B: 내가 영어 전공자들을 많이 아니까, 여기저기 물어볼게.

I've been asking around, but nobody seems to know why Jason disappeared.

> 내가 여기저기 물어보고 있지만, 왜 제이슨이 사라졌는지 아무도 모르는 것 같아.

G RAMMAR POINT

조동사 will과 be going to는 모두 단순 미래시제를 나타낼 때 쓰입니다. 대부분의 문법책에서 이 둘은 의미상 별 차이 없이 쓰인다고 가르치지만, 이 둘은 서로 뉘앙스가 다릅니다. 그래서 will을 써야 할 상황과 be going to를 써야 할 상황이 따로 있는 경우도 존재합니다. 예문과 함께 공부하면서 서로 다른 뉘앙스를 알아보세요.

1.
Will과 be going to 모두 곧 일어날 일을 예측할 때 쓰이지만, 그저 개인적인 추측(personal opinion)으로 인한 예측이라면 will을, 현재의 확실한 증거(present evidence)를 바탕으로 하는 추측이라면 be going to를 사용합니다.

I think Croatia **will** win the World Cup this year.
금년에는 크로아티아가 월드컵에서 우승할 것 같아. (순전히 개인적인 추측)

Something tells me Robert **will** lose the game this time.
왠지 이번에는 로버트가 경기에 질 것 같아. (순전히 개인적인 추측)

The sky is covered with dark clouds. I think **it's going to** rain soon.
하늘이 먹구름으로 뒤덮여 있네. 곧 비 올 것 같아.
(먹구름이 낀 하늘이라는 확실한 증거를 바탕으로 하는 추측)

I feel so nauseous. I think **I'm going to** puke.
나 속이 너무 메스꺼워. 토할 것 같아. (현재의 확실한 증거를 바탕으로 하는 추측)

2.
둘 다 미래의 계획을 말하지만, 그 자리에서 바로 결정(immediate decision)해서 말할 때는 will을, 그 전에 결정된 사항(prior plan)을 이야기할 때는 be going to를 사용합니다.

A: What would you like to drink?
B: Hmm…**I'll** have a coffee, please. (immediate decision)
A: 뭐 마실래요?
B: 음, 저는 커피 마실게요. (그 자리에서 바로 한 결정)

A: Are you coming to Riley's BBQ party this weekend?
B: I can't because **I'm going to** go to the beach with my family. (prior plan)
A: 이번 주말에 라일리 바비큐 파티에 올 거니?
B: 난 못 가. 가족이랑 바닷가에 갈 거거든. (그 전에 이미 결정된 계획)

A: (At a store) So red or blue?
B: Let me see. **I'll** take blue. (immediate decision)
A: (가게에서) 그래서 붉은색으로 할 거니, 파란색으로 할 거니?
B: 글쎄. 난 파란색으로 할게. **(그 자리에서 바로 한 결정)**

I need to buy a tennis racket because **I'm going to** learn how to play tennis. (prior plan)
나 테니스 라켓 사야 해. 테니스 치는 것 배울 거거든. **(그 전에 이미 결정된 계획)**

3.

Will이 그 자리에서 바로 결정(immediate decision)해서 말할 때 쓰는 조동사이기 때문에 도움이 필요한 상황에서 누군가가 그 자리에서 자진해서 돕겠다고 말할 때(voluntary action)도 반드시 will을 사용합니다. 특히 이런 상황에서는 be going to를 사용하면 상당히 어색하게 들립니다.

A: Oh, this is too heavy for me. Is there anybody who can help me?
B: **I'll** help you! (voluntary action)
A: 오, 이거 나한테 너무 무겁네. 누가 저 좀 도와주실래요?
B: 제가 도와드릴게요! **(그 자리에서 자진해서 하는 행동)**

(While everyone's busy working, the phone is ringing.)
One of the workers: **I'll** get it! (voluntary action)
(모두가 일하느라 바쁜 와중에 전화가 울린다.)
직원 중 한 사람: 제가 받겠습니다! **(그 자리에서 자진해서 하는 행동)**

A: It's already 9:20. Where's John? Is everything okay with him?
B: **I'll** call him now. (voluntary action)
A: 벌써 9시 20분이네. 존은 어디 있지? 존 괜찮은 거야?
B: 제가 지금 전화해 보겠습니다. **(그 자리에서 자진해서 하는 행동)**

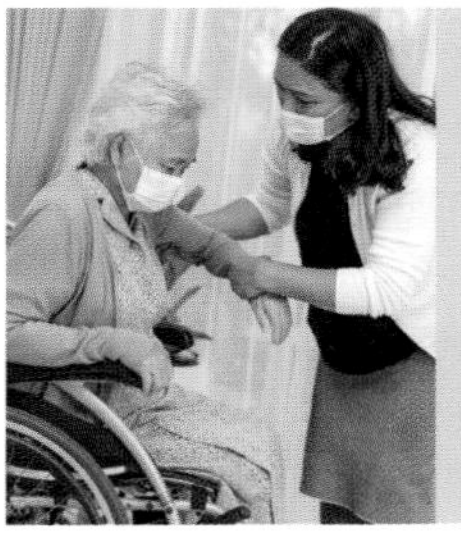

Vocabulary POINT

Intense와 Intensive는 서로 다른 의미의 단어이지만, 학습자들이 많이들 헷갈려서 마구 섞어 쓰는 경향이 있습니다. 이번 기회에 이 둘의 차이점을 확실하게 이해하고 넘어가세요. 우선 두 단어의 뜻을 살펴볼까요?

Intense: extreme/very great in degree
(형용사) 극심한/강렬한/치열한

Intensive: involving a lot of effort/work/activities
(형용사) 집중적인/집약적인

여기서 주목할 부분은 intense는 그저 '극심한/강렬한' 같이 그 강도를 뜻하지만, intensive는 많은 일, 노력, 활동을 수반한다는 점입니다. 이런 특징을 기억하면서, intense와 intensive가 각각 수식어로 들어가는 다음 예를 모두 살펴보세요.

Intense	Intensive
Intense heat (극심한 더위)	Intensive training (집중 훈련)
Intense pressure (매우 강한 압력)	Intensive research (철저한 연구)
Intense hatred (강렬한 증오심)	Intensive care (중환자실/집중 치료실)
Intense anxiety (극심한 불안감)	Intensive farming (집약적 농업)
Intense pain (극심한 고통)	Intensive work (집중적인 작업)
Intense anger (극도의 분노)	Intensive investigation (집중 조사)
Intense emotion (격렬한 감정)	Intensive therapy (집중 치료)
Intense itching (극심한 가려움증)	Intensive English course (집중 영어 코스)

왼쪽 칼럼에 있는 모든 예에 intense 대신 intensive를 사용하면 틀린 표현이 됩니다. 더위, 고통, 압력, 분노, 증오심, 감정, 불안감, 가려움 등이 극심하다는 것은 어떤 일이나 활동과는 아무 관계가 없고, 그저 그 정도가 매우 강하다(심하다)는 것을 나타낼 뿐이기 때문입니다. 반면, 오른쪽 줄에 있는 intensive가 들어간 표현을 보세요. 훈련, 작업, 연구, 조사, 치료 등에는 큰 노력, 활동이 수반됩니다. 앞으로는 이런 차이점을 기억하면서 intense와 intensive를 문맥에 맞게 정확히 사용하세요.

POP *Quiz!*

PHRASAL VERBS(구동사)에
얼마나 익숙해졌는지 체크하며
뜻이나 생각나는 영어 표현 등을 써 보세요.

Break out in ~

Fight off ~ / Fight ~ off

Back into ~

Cut in

Hook ~ up (to ~)

Roll up (the window)

Opt out of ~

Wrestle with ~

Get by (on ~)

Blow over

LESSON 23
결정하기

Chuck: So, Edith, how have you been?

Edith: Honestly, I'm pretty stressed out.

Chuck: What's going on?

Edith: Well, this past year I **have been really fed up with my job**.

Chuck: I'm sorry to hear that. The past couple years have been tough ones.

Edith: Yeah, and **I've gone through difficult times** at work before, but this time it's different, and I'm simply not willing to put up with the situation anymore.

Chuck: What's going on that's so difficult?

Edith: What's not going on, is the better question! My boss is incompetent, the workload has become impossible, and the expectation to do more and more **is not letting up**. I've tried talking to my boss, but I think he's hoping that upper management continues to ignore him so he can **hang on to his job** until he retires.

Chuck: I can't say that things are much better at my job.

Edith: Well, yesterday was the straw that broke the camel's back. My boss accused me of not working hard enough, and he said it in front of my colleagues. It was so insulting.

Chuck: Are you thinking about quitting?

Edith: Yes, **I've thought it through** very carefully. Obviously, I don't want to **rush into anything**. I mean, I have a job with benefits, and I want to **hang on to it** until I have found something better.

Chuck: That sounds wise. Whatever you do, I would suggest **weighing up your options** before you make the final decision.

Edith: Yes, absolutely. Mainly, I've come to the conclusion that I need a new job. Now, the next step is to **look at all the options** I have and **figure out what that next job will be**.

척: 그래, 이디스, 어떻게 지냈어?

이디스: 솔직히, 나 너무 스트레스 받고 있어.

척: 무슨 일 있니?

이디스: 그게, 지난 1년간 내가 직장에 정말 질려 버렸거든.

척: 그런 말 들으니까 안 좋다. 지난 2년이 힘든 해긴 했지.

이디스: 그래. 내가 그전에도 직장에서 힘든 시간을 보낸 적이 있긴 하잖아. 그런데 이번에는 달라. 내가 이제는 정말 더 이상 이 상황을 참지 않을 생각이야.

척: 도대체 그렇게 힘든 일이 뭐가 일어나고 있는 건데?

이디스: "뭐가 안 일어나고 있는 거니?"가 더 적합한 질문이야! 우리 상사는 무능하고, 업무량은 내가 처리 불가능할 정도가 됐고, 내가 점점 더 많은 일을 할 거라는 기대는 줄어들 기미가 없어. 상사에게 한 번 이야기해 봤는데, 그 사람은 윗선에서 자기한테 신경 안 쓰기를 바라는 것 같아. 자기 은퇴할 때까지 직장 안 잃고 붙어 있게 말이지.

척: 나 있는 곳도 훨씬 더 낫다고는 못 하겠다.

이디스: 글쎄, 어제가 내 인내심의 한계를 넘어버린 날이었어. 상사가 내가 일을 열심히 안 한다면서 날 비난했거든. 그것도 내 동료들 앞에서 그렇게 말했어. 너무나 모욕감이 들더라.

척: 그만둘 생각이야?

이디스: 응, 그 문제를 아주 충분히 생각해 봤어. 물론, 나도 성급하게 결정하고 싶지는 않아. 그러니까 내 말은, 지금 직장은 여러 가지 복지 혜택을 받을 수 있는 곳이니 내가 더 좋은 일자리를 찾을 때까지는 계속 다니고 싶거든.

척: 그게 현명한 거지. 네가 뭘 하든, 최종 결정하기 전에 너한테 주어진 선택지를 다 신중하게 따져 보라고 하고 싶다.

이디스: 그럼, 당연히 그렇게 해야지. 중요한 건, 내게 새 일자리가 필요하다는 결론을 내렸다는 거야. 이제 다음 스텝은 나한테 있는 선택지를 모두 검토하고, 내 다음 직장이 무엇이 될지 알아내는 거지.

---

stressed out 스트레스를 받는
put up with ~을 참고 견디다
The straw broke the camel's back. 인내심의 한계를 넘어섰다.
benefits 사내 복지

Be fed up with ~

: To find a situation intolerable

~가 지긋지긋하다/~를 더는 못 참다

Everything I tell my brother turns into a political debate. **I'm fed up with this**! Why can't we have a friendly conversation?

> 내가 우리 오빠에게 말하는 건 다 정치적 논쟁이 돼. 난 더는 이거 못 참겠어! 도대체 우리는 왜 다정한 대화가 안 되는 걸까?

I **was so fed up with the service at that restaurant**. The server ignored us, then forgot to bring our drinks, and then spilled a bowl of soup on me!

> 난 그 식당 서비스를 더는 참을 수가 없었어. 웨이터는 우리를 못 본 척하더니, 우리한테 마실 것 갖다주는 것도 잊었어. 그러더니 나한테 수프 한 그릇을 쏟았지 뭐야!

Our Internet connection at home is so slow. It takes five minutes to download a couple of photographs. We **are very fed up with this situation** and plan to find a new Wi-Fi provider.

> 우리 집 인터넷 연결이 너무 느려. 사진 두어 장 내려받는 데 5분이나 걸린다니까. 우린 이런 상황이 지긋지긋해서 와이파이 서비스 업체를 새로 찾을 계획이야.

Go through ~

: To experience ~

~를 겪다/경험하다

* LESSON 9의 학교/학업과 관련된 문맥에서는 이 구동사가 '~를 자세히 조사하다'(to examine or search ~ carefully)라는 의미로 쓰인다고 공부했습니다.

I **went through three pregnancies** myself, so I understand how each one can be totally different.

> 나 자신이 임신을 세 번 경험했잖아. 그래서 각각의 임신이 어떻게 완전히 다를 수 있는지를 알고 있어.

The whole world **went through a pandemic**.

> 전 세계가 팬데믹을 겪었습니다.

Mike lost his job and **is going through a stressful time** right now.

> 마이크는 직장을 잃었고, 그래서 지금 스트레스가 많은 시기를 보내고 있지.

I**'ve gone through the same medical procedure** that you will **go through**, and it was painless and quick.

> 나도 네가 받게 될 똑같은 치료를 받은 적이 있는데, 전혀 아프지 않고 (회복도) 빨랐어.

Let up

: To subside/To relax and to make less effort

**(강도가) 약해지다/
(최선을 다하지 않고) 해이해지다**

I wish this rain would **let up**; then we can go out for our bike ride.

이 비가 약해지면 좋겠어. 그러면 우리가 자전거 타러 밖에 나갈 수 있을 테니까.

The holidays are one of those times when the activities don't **let up** for weeks; we have so many parties, plus all the shopping and baking.

그 휴가철은 행사나 활동이 몇 주 동안 줄어들지 않는 기간 중 하나지. 파티도 아주 많고, 게다가 쇼핑도 많이 하고, 쿠키나 케이크도 많이 굽거든.

The pressure does not **let up** for students until finals week is over.

기말고사 주간이 끝날 때까지, 학생들이 받는 압박감은 줄어들지 않습니다.

You're on the verge of success, just keep working on your project for a few more weeks and don't **let up**. It will all be great in the end.

넌 성공하기 일보 직전이니까. 그냥 몇 주만 더 계속해서 네 프로젝트 열심히 하고, 해이해지지 마. 결국에는 다 좋을 거야.

Hang on to ~

: To keep ~

～를 계속하다/고집하다/가지고 있다

That's a rare, antique pocketknife. You should **hang on to that**. Don't give it away; it's probably worth a lot of money.

그거 희귀한 골동품 주머니칼이야. 그건 계속 가지고 있어야 해. 없애 버리지 마. 그게 아마도 비싼 값어치를 할 거야.

I've hung on to this fabric for a few years. I haven't done anything with it yet, but I might make a dress with it.

난 몇 년 동안 이 천을 가지고 있었어. 아직 이걸로 아무것도 안 했지만, 아마도 내가 이 천으로 드레스를 만들지 않을까 싶어.

Why **are you hanging on to those old newspapers**? They are just taking up a lot of room.

넌 저 오래된 신문을 왜 계속 가지고 있는 거야? 그것들이 공간만 많이 차지하고 있는데.

Think through ~ / Think ~ through

: To carefully consider ~

～에 관해 충분히 생각하다

Alicia got a great job offer, but she would have to move across the country. She needs to **think it through** before she makes a decision.

알리샤는 좋은 일자리 제안을 받았는데, (그 직장에 가려면) 이 나라 반대편 쪽으로 이사를 해야 할 거야. 결정하기 전에 그녀가 그에 관해 충분히 생각해야 해.

Even though he told the truth, he **had not thought through the consequences of doing so**. In the end, he angered a lot of people.

그가 진실을 말하기는 했지만, 그렇게 하는 것이 초래할 결과에 대해서는 충분히 생각하지 않았어. 결국, 그는 많은 사람을 화나게 했지.

After Sam **thought it through**, he decided to buy the new car instead of the used one.

샘은 그것에 관해 충분히 심사숙고한 후에, 중고차 대신 새 차를 사기로 했어.

Rush into ~

: To make a rash decision

～를 성급히 결정하다

My daughter has been accepted to three colleges. She's excited to choose one, but I told her to think about it and not **rush into her decision**.

우리 딸은 대학교 세 군데에 합격했어. 딸아이가 그중 하나를 고른다는 것에 신나 하지만, 나는 아이에게 잘 생각해 보고 성급하게 결정하지 말라고 했어.

If you **rush into a decision** without considering all your choices, you might be sorry in the end.

네가 선택할 수 있는 모든 것들을 다 고려해 보지 않고 성급히 결정하면, 결국 후회하게 될 수도 있어.

Greg and Sharon met and decided to get married three weeks later. Their families were not happy that they **rushed into marriage**.

그레그와 샤론은 만난 지 3주 만에 결혼하기로 했거든. 양가 가족들은 그들이 결혼을 성급하게 결정한 것에 좋아하지 않았지.

Weigh up ~ / Weigh ~ up

: To consider the good and bad aspects of something before making a decision

~를 할지 안 할지 심사숙고하다

I'm weighing all the options up so that I can get the best one for myself.

난 그 모든 옵션을 다 심사숙고하고 있어.
나 자신에게 가장 좋은 걸 선택할 수 있게 말이야.

You want to **weigh up options** before making such an important decision.

그렇게 중요한 결정을 하기 전에 네가 선택할 수 있는 것들을 곰곰이 생각해 보는 것이 좋아.

It looks like they're trying to **weigh up the pros and cons** before accepting our offer.

그들이 우리 제안을 받아들이기 전에 장단점을 신중하게 따져 보려는 것 같습니다.

Look at (options)

: To examine options or choices

(선택지를) 모두 검토하다

I've looked at six different shades of yellow paint for my bedroom. I'm trying to choose something that's not too bright.

난 내 침실에 칠할 여섯 가지 다른 색조의 노란색 페인트를 모두 살펴봤거든. 너무 밝지 않은 걸로 고르려고 해.

Jose **is looking at flights for his business trip** next week. He needs an early morning flight for his departure and an evening flight for his return.

호세가 다음 주에 갈 출장 비행 편을 다 알아보고 있어. 그는 떠날 때는 아침 일찍 있는 비행 편이, 돌아올 때는 저녁 비행 편이 필요해.

Have you looked at the prices for these wireless headphones? These are surprisingly affordable.

넌 이 무선 헤드폰 가격 다 살펴봤니? 놀라울 정도로 괜찮은 가격이야.

The local elections are next week, so I need to **look at all the candidates for mayor** and decide who I want to vote for.

지방 선거가 다음 주니까, 시장 후보들을 모두 잘 살펴보고 표를 던질 사람을 결정해야 해.

Figure out ~ / Figure ~ out

: To solve or understand a problem

~을 이해하다/알아내다

We need to **figure out** how to slow down the effects of global warming.

우리는 지구 온난화의 영향을 어떻게 늦출 수 있는지를 알아내야 합니다.

Have you figured out why the car is making that funny sound?

그 차가 왜 그런 우스꽝스러운 소리를 내는지 그 이유를 알아냈니?

My brother was always itchy, but then he **figured out** that he was allergic to his laundry detergent. Now he uses a new detergent, and he feels fine.

우리 오빠는 항상 가려워했는데, 자기가 세탁 세제에 알레르기가 있다는 걸 알게 된 거야. 지금은 오빠가 새로운 세제를 사용하니까 괜찮더라고.

It takes me forever to **figure complex math problems out**, but my daughter loves math. She can solve problems with ease.

복잡한 수학 문제를 이해하고 푸는 데 난 너무 오래 걸리는데, 우리 딸은 수학을 정말 좋아하거든. 딸아이는 문제를 쉽게 풀 수 있어.

𝒱ocabulary POINT 1

무언가를 결정할 때 사람들은 주어진 선택지를 모두 검토합니다. 이런 문맥에서 미국인들이 자주 사용하는 구동사가 바로 이 과에서 다루는 look at (options)인데, 여기서 look at은 '검토하다'(to examine), 또는 '고려해 보다'(to consider)의 뜻입니다. 이 과에 나오는 weigh up (options)도 같은 의미인데, up을 빼고 그냥 weigh (options)라고도 합니다. Weigh는 주어진 선택지를 모두 조심스럽게 이리저리 재 본다는 의미를 내포합니다. 즉, '(모든 선택지를) 여러모로 따져 보다'라는 뜻입니다.

Lisa: So, which job are you going to take, Rob? The one with the big company or the one with the medium-sized firm?
Rob: It's a tough decision, Lisa. I'm still **weighing my options**.
리사: 그래, 어떤 일을 선택할 거니, 롭? 대기업과 하는 일, 아니면 중견 기업과 하는 일?
롭: 그게 힘든 결정이야, 리사. 어떤 선택을 할지 여전히 따져 보고 있어.

롭의 문장에서 weighing my options를 대체할 수 있는 구동사 중 일상생활에서 미국인들이 가장 자주 쓰는 것으로 동사 think와 다양한 전치사를 이용한 다음의 구동사들이 있습니다.

I'm still **thinking through/over/about my options**.
난 아직도 주어진 선택지들을 모두 따져 보는 중이야.

위의 think가 들어간 세 가지 구동사 모두 '신중하게 고려하다'(to carefully consider)라고 해석할 수 있습니다. 단, think about의 경우는 '다소 쉬운 결정을 하다'라는 의미로 쓰일 때도 있으니 유의하세요.

Rob: Lisa, what are you hungry for: pizza or a hamburger?
Lisa: Oh, those both sound good. I need to **think about that** for a minute.
롭: 리사, 넌 뭐가 먹고 싶니? 피자, 아니면 햄버거?
리사: 오, 둘 다 괜찮은데. 잠깐만 생각해 봐야겠어.

흔히 쓰이진 않지만, 비슷한 의미의 구동사로 mull over ~/mull ~ over도 있습니다.

Son: So, Dad, do you think you could buy me a car? I've been very responsible, and I can pay for the gas.
Dad: Let me **mull it over** some more, son. It's a lot of money.
아들: 저기, 아빠, 저한테 차 한 대 사 주실 수 있으세요? 저는 매우 책임감 있게 행동해 왔고, 기름값은 제가 낼 수 있거든요.
아빠: 아들아, 그건 내가 좀 더 생각해 봐. 큰돈이라서 말이야.

$\mathcal{V}$ocabulary POINT 2

이디스는 자기 상사가 자신을 모욕한 것이 "the straw that broke the camel's back"이라고 말합니다. The straw는 '지푸라기 한 가닥'이라는 뜻이죠? '지푸라기 한 가닥'은 낙타의 등을 부러뜨릴 만큼 무겁지 않습니다. 이 표현은 그것이 한계점에 이르게 한 사건(reaching the breaking point)이라는 뜻입니다. 다시 말해, 작은 불만과 힘든 일들이 계속해서 쌓인 상황에서, 작지만 인내심의 한계에 이르게 하는 마지막 사건을 표현하는 이디엄이죠. 보통 미국인들은 이 표현을 짧게 줄여서 the last straw라고 합니다.

This morning I overslept, then there was roadwork, so I had to take a detour to get to my office, then I realized that my gas tank was almost empty and I had forgotten my cell phone at home. But **the straw that broke the camel's back** was spilling coffee on myself once I got to work!
오늘 아침에 내가 늦잠을 잤어. 그런 후에 도로 공사가 있어서 사무실로 갈 때 우회로로 가야 했는데, 그때 내 차에 기름이 거의 떨어졌다는 것과 핸드폰을 집에 두고 왔다는 사실을 깨달았지. 그렇지만 날 더 이상 참을 수 없게 만든 건 직장에 도착하자마자 내 옷에 커피를 쏟았다는 거야!

Our teenage son has been behaving badly lately. He missed school twice this week, and he lied about doing his homework. Yesterday he asked if he could have $50 to go to the movies with his friends. That was **the last straw**. I told him I wasn't going to reward his bad behavior with $50!
우리 10대 아들 녀석이 최근에 행동거지를 똑바로 안 했거든. 이번 주에 학교를 두 번이나 빠졌고, 숙제하고 있다고 거짓말까지 했어. 어제는 나한테 친구들이랑 영화관에 가게 50달러를 달라고 하더라고. 그게 날 더 이상 참을 수 없게 만들었어. 난 그 녀석한테 잘못된 행동에 50달러나 되는 상을 주지는 않을 거라고 말했지!

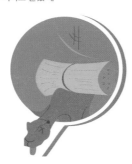

C
Culture POINT

대화에서 이디스는 업무량과 자신을 힘들게 하는 상사 때문에 직장을 그만둘 생각입니다. 2020년대 초반, 미국 사회는 코로나 팬데믹으로 인해 노동 인구에 거대한 변화를 맞이하게 됩니다. 팬데믹 초기에는 많은 회사가 직원들을 정리 해고해야 했죠. 많은 사람들은 재택근무를 해야 했고, 너무나 갑작스럽게 모든 사람이 몇 주에서 몇 달 동안 강제로 집에 있어야 했습니다. 이런 요인들이 조합되어 많은 사람들은 자신들의 삶과 일에 대해 다시 생각해 보는 계기를 갖게 되었고요.

그 후 팬데믹의 락다운이 풀리고, 사람들 대부분이 정상적인 삶으로 돌아오기 시작했지만, 그때 많은 미국인들은 자신들이 직장에서 행복하지 않다는 사실을 깨닫게 됩니다. 실제로 다른 때보다 훨씬 더 많은 미국인이 이때 직장을 그만두기도 했고요. 그래서 이 시기를 미국에서는 The Great Resignation(엄청난 퇴사 사태)이라고 부릅니다.

워싱턴 D.C.에 위치한 퓨 연구 센터(the Pew Research Center)에 따르면, 이때 직장을 그만둔 대다수의 미국인은 적은 급여, 승진할 기회가 적음, 존중받지 못함 등의 이유로 퇴사했다고 합니다. 그 밖에도 좋은 보육 시설이 없거나 건강 보험 등의 혜택이 없다는 것도 퇴사 이유로 들었습니다. The Great Resignation은 현재 많은 미국인이 자신에게 주어진 일과 삶의 균형(the work-life balance)에 관해 재평가하고 있다는 사실을 잘 보여 줍니다.

LESSON 24
옷/패션

(In Heather's room)

Heather: I have my first job interview tomorrow, and I don't know what to wear.

Grace: Do you need to **dress up**?

Heather: I don't think I have to, but I don't want to look too casual.

Grace: What about this satin blouse right here? This definitely doesn't look casual.

Heather: Let me **put this on**. (In a minute) How do I look?

Grace: Do you need to **button it all the way up** like that? Why don't you leave one or two unbuttoned?

Heather: Like this?

Grace: Yup! Looks much better that way. Also, why don't you **roll up your sleeves** just a little bit?

Heather: Yes, ma'am.

Grace: If you're going to wear a skirt with it, you want to **tuck it in**.

Heather: That's a good idea, but I don't have any skirts.

Grace: But I see two skirts in your closet.

Heather: Well, look at this one. Its color **faded away**.

Grace: What about that one?

Heather: I bought it when I was in high school, and I think **I've grown out of it**.

Grace: Hey, you want to check out the consignment store on Park Avenue and see if we could find a skirt for you?

Heather: Why not? My sister goes there all the time to buy baby clothes, and she said lots of good things about that store.

Grace: Then, let's go shopping!

(At the consignment store)

Grace: Heather, I found a perfect skirt for you! Look at this.

Heather: Gorgeous! Where's the fitting room? I want to see if I can **fit into this skirt**.

Grace: (After Heather gets out of the fitting room) You look exquisite! Hold on, do you want to try on this jacket as well? You know, this type of jacket is back in style. Oh, please don't **zip it all the way up**.

Heather: Haha. Alright. (After putting on the jacket) How do I look?

Grace: Well, it's a cool jacket, but you look way too casual with that jacket on.

Heather: I agree. I'll **just take it off**.

Grace: That's it. Now you look so professional.

Heather: Thanks!

(헤더의 방에서)

헤더: 나 내일 첫 면접이 있는데, 뭘 입어야 할지 모르겠어.

그레이스: 격식을 차려서 입어야 하니?

헤더: 그래야 하는 것 같지는 않지만, 너무 캐주얼해 보이기는 싫어.

그레이스: 여기 있는 이 새틴 소재 블라우스는 어때? 확실히 캐주얼해 보이지 않거든.

헤더: 내가 한번 입어 볼게. (잠시 후에) 어때 보여?

그레이스: 꼭 그렇게 단추를 끝까지 다 채워야 하니? 하나나 둘 정도는 그냥 풀어 둬.

헤더: 이렇게?

그레이스: 그렇지! 그렇게 하니까 훨씬 더 멋져 보여. 그리고 소매를 아주 조금만 걷어 올려 봐.

헤더: 네, 분부대로 하지요.

그레이스: 그거에 치마 입을 거면, 블라우스는 안으로 넣어서 입어.

헤더: 좋은 생각이지만, 나 치마 없어.

그레이스: 그렇지만 네 옷장에 치마가 두 개 보이는데?

헤더: 그게, 이것 봐. 색깔이 바랬잖아.

그레이스: 그럼 저건?

헤더: 그건 내가 고등학교 때 산 건데, 이제 작아져서 안 맞는 것 같아.

그레이스: 얘, 파크가에 있는 중고 판매 가게에 가서 너한테 맞는 치마가 있는지 우리 한번 볼까?

헤더: 그럴까? 우리 언니도 거기 아기 옷 사러 항상 가는데, 언니가 그 가게에 대해서 좋은 이야기 많이 했거든.

그레이스: 그럼 우리 쇼핑 가자!

(중고품 판매 가게에서)

그레이스: 헤더, 너한테 진짜 잘 어울릴 완벽한 치마를 찾았어. 이것 봐.

헤더: 예쁘다! 탈의실이 어디 있지? 이 치마 나한테 맞는지 한 번 보고 싶어.

그레이스: (헤더가 탈의실에서 나온 후) 너 아주 멋져 보여! 잠깐만, 이 재킷도 한 번 입어 볼래? 있잖아, 이런 재킷이 요즘 다시 유행하거든. 아, 제발 지퍼 좀 끝까지 다 올리지 마.

헤더: 하하. 알았어. (재킷을 입은 후에) 나 어때?

그레이스: 음, 재킷은 멋진데 그걸 입으니까 너무 캐주얼해 보이네.

헤더: 맞아. 나 그냥 재킷 벗을게.

그레이스: 바로 이거지. 이제 완전히 프로페셔널해 보여.

헤더: 고마워!

Dress up

: To dress formally

옷을 차려입다

It's just a casual gathering, so you don't need to **dress up**.

그냥 편안한 모임이니까, 차려입을 필요는 없어.

I have a job interview tomorrow. They say I don't need to wear a tie, but I still feel like I should **dress up** a little.

내가 내일 면접이 있거든. 거기선 내가 넥타이를 맬 필요는 없다고 하는데, 그래도 조금은 격식을 갖춰서 입어야 할 것 같아.

Rebecca **is all dressed up**. Does she have a date tonight?

레베카가 완전히 차려입었네. 레베카 오늘 밤에 데이트 있니?

Put on ~/ Put ~ on

: To wear ~

(옷을) 입다/(신발을) 신다/
(모자, 안경 등을) 쓰다/
(향수 등을) 뿌리다

There's a chill in the air. Why don't you **put a cardigan on**?

공기가 차갑네. 카디건을 입지 그러니?

One of my coworkers **puts on too much perfume** to the point that it gives me a headache.

직장 동료 한 사람이 향수를 지나치게 많이 뿌려서 내가 머리가 아플 정도야.

I wouldn't **put on that hat** with a pink dress.

나라면 분홍색 드레스에 그 모자는 안 쓰겠어.

Button up ~ / Button ~ up

: To fasten ~ with buttons

(옷의) 단추를 채우다

I never **button my shirt all the way up** because I don't want to look like a nerd.

> 난 절대 셔츠 단추를 끝까지 다 안 채워.
> 범생이처럼 보이기 싫거든.

She **buttoned up her coat** and left the house.

> 그녀는 자기 코트의 단추를 채우고는 집을 떠났다.

Whenever I **button up a shirt**, I debate whether to close the top button or not.

> 난 셔츠 단추를 채울 때마다, 맨 위의 단추를 채울까 말까 고민해.

Roll up ~

: To fold up one's sleeves

(옷소매를) 걷어 올리다

She **rolled up her sleeves** and started cleaning the house.

> 그녀는 옷소매를 걷어 올리고는 집을 청소하기 시작했다.

He **rolled up his left sleeve** because the nurse was about to give him a shot.

> 간호사가 그에게 주사를 놓으려고 해서 그는 왼쪽 소매를 걷어 올렸다.

In this kind of formal business setting, I wouldn't **roll up my sleeves**.

> 이런 종류의 격식을 갖춘 사업상 자리에서는, 나라면 옷소매를 걷어 올리지 않아.

Tuck in ~ / Tuck ~ in

: To push the end of the shirt into the pants

(상의 아랫부분을 하의 속에) 넣다

Please make sure to **tuck in your dress shirt** after buttoning it up.

와이셔츠 단추 다 채운 후에는 꼭 아랫부분을 바지 속에 집어넣어.

If I have to dress up, I know the shirt should **be tucked in**.

내가 격식을 갖춰서 옷을 입어야 한다면, 셔츠 아랫부분을 하의 속에 집어넣어야 한다는 건 알아.

In order to cover my beer belly, I usually don't **tuck my shirt in**.

아랫배를 감추기 위해서, 난 보통 셔츠를 하의 속에 집어넣지 않아.

Fade away

: To gradually disappear

(색이) 바래다/(유행 등이) 시들해지다

This style was very popular in the 90s, but it **faded away**.

이런 스타일이 1990년대에는 매우 인기 있었지만, 시들해졌지.

It was a beautiful scarlet skirt, but the color **faded away**, and now it looks pink.

그게 예쁜 주홍색 치마였지만, 색이 바래져서 이제는 분홍색으로 보여.

Many people love that style, but something tells me it will **fade away** soon.

많은 사람이 그런 스타일을 아주 좋아하지만, 왠지 유행이 곧 시들해질 것 같아.

Grow out of ~

: To become too big for ~
(자라서 옷이나 신발 등이)
작아서 더 이상 맞지 않게 되다

Charlie **has grown out of all these clothes**, so if Jack needs more clothes, please take them all.

찰리가 자라서 이 옷들이 다 맞지 않으니까, 잭에게 옷이 더 필요하다면, 전부 다 가지고 가세요.

My son quickly **grows out of his shoes**, so we don't usually buy him expensive ones.

우리 아들은 신발이 빨리 작아져서 대개는 그 녀석에게 비싼 신발을 사 주지 않아요.

Children **grow out of their clothes** so quickly, and I don't think it's a good idea to buy them brand-name products.

아이들은 자라면서 옷이 금방 작아져요. 그래서 저는 애들에게 유명 브랜드 제품을 사 주는 게 좋은 것 같지는 않아요.

Fit in(to) ~

: To have enough space
(옷 등의 사이즈가) 맞다

I gained too much weight during the pandemic and cannot **fit into most of my clothes**.

> 팬데믹 동안 체중이 너무 많이 늘었고, 내 옷들이 대부분 작아져서 맞지가 않아.

It's very unfortunate that I don't **fit in this wedding gown** because that's the only one I like in this store.

> 이 웨딩드레스가 나한테 안 맞는 게 너무 안타까워. 그게 이 가게에서 내가 마음에 드는 유일한 드레스인데 말이야.

I'm going to lose weight until I can **fit into these skinny jeans**.

> 나 이 스키니진 입을 수 있을 때까지 살을 뺄 거야.

Zip up ~ / Zip ~ up

: To close with a zipper
(옷의) 지퍼를 채우다

Although it was freezing outside, she didn't want to **zip up her jacket**.

> 바깥이 무척 추웠는데도, 그녀는 재킷 지퍼를 채우기 싫었다.

He never **zips up his hoodie** to look stylish.

> 그는 멋져 보이려고 후드 달린 옷의 지퍼는 절대로 채우지 않아.

He **zipped his jacket up** quickly and left the house.

> 그는 자기 재킷 지퍼를 빨리 채우더니 집을 떠났다.

Take off ~/
Take ~ off

: To remove clothes or shoes from one's body

(옷이나 신발 등을) 벗다

Please **take your shoes off** before coming into the house.

집 안으로 들어오기 전에 신발을 벗어 주세요.

Jake felt too warm and **took off his jacket**.

제이크는 너무 더워서 재킷을 벗었다.

Kate **took off her coat** as she was entering the house.

케이트는 집으로 들어오면서 코트를 벗었다.

G RAMMAR POINT

구동사 put on ~(옷을 입다)에서 볼 수 있듯이, on은 무언가를 입거나 걸치고 있는 문맥에서 쓰이는 전치사입니다. On의 이런 쓰임새는 그레이스의 문장(…you look way too casual with that jacket on.)에서도 볼 수 있습니다. 그렇다면 전치사 on의 이런 쓰임이 들어간 다른 구동사도 함께 공부해 볼까요?

Try on ~/Try ~ on: (사이즈 등이 맞는지 보려고) 입거나 신어 보다
(= To try to put on clothes or shoes to find out if they are the right size)

I think black is your color. Why don't you **try on that black dress**?
내 생각에는 검은색이 너한테 제일 잘 어울리는 색인 것 같아. 저 검정 드레스를 한 번 입어 보면 어떨까?

Throw on ~/Throw ~ on: (생각 없이 빨리 아무 옷이나) 걸치다
(= To put on clothes quickly and carelessly)

A: I love your shirt! It really goes well with your jeans.
B: Actually, I just **threw on the first thing I found this morning** because I was late.
A: 네 셔츠 정말 예쁘다! 네 청바지와 아주 잘 어울려.
B: 실은, 늦어서 오늘 아침에 그냥 제일 처음 눈에 띄는 걸로 걸친 거야.

Have on ~/Have ~ on: ~를 입다/입고 있다 (= To wear ~)

Katherine **had a bright red dress on**, and she looked like a different person.
캐서린이 새빨간 드레스를 입었는데, 완전히 다른 사람처럼 보였어.

Vocabulary POINT 1

그레이스의 문장(…this type of jackets are back in style.)에서 볼 수 있듯이, be in style은 '유행하고 있다'라는 말입니다. 유행을 뜻하는 다른 단어(예: vogue, fashion, trend 등) 또한 전치사 in과 만나면 같은 뜻이 됩니다.

This **is in style** now.
이게 지금 유행입니다.

Mini-skirts **are back in trend** this year.
짧은 치마가 올해 다시 유행입니다.

Denim products **have been in vogue** for a very long time.
데님 제품은 아주 오랫동안 유행하고 있습니다.

Did you just say this outfit **is in fashion**? Are you kidding me?
방금 이 옷이 유행이라고 하셨어요? 농담하시는 거죠?

참고로 '유행이 지나다', '한물가다'라고 표현하려면, 전치사 in 대신 out of를 위의 모든 단어와 함께 쓰면 됩니다.

It's **out of** trend/style/fashion/vogue.
그건 한물갔어.

Vocabulary POINT 2

Dress up이 '옷을 차려입다(to dress formally)'의 의미라고 했습니다. 그런데 이 구동사 뒤에 전치사 like를 붙이면 '~처럼 옷을 입다', '~를 흉내 낸 옷을 입다'(to imitate the way someone dresses)로 그 의미가 완전히 달라지는 것에 유의하세요.

A: Jackie, do you think this suit would look good on me?
B: I don't mean to be mean, but why do you want to **dress up like a retired professor**?
A: 재키, 이 양복이 나한테 어울릴 것 같아?
B: 못되게 말하고 싶진 않는데, 넌 왜 은퇴한 교수님처럼 옷을 입고 싶어 하니?

Wow, you guys **are all dressed up like K-pop stars**!
우와, 너희들 모두 K팝 스타처럼 옷을 입었구나!

Vocabulary POINT 3

Roll up one's sleeves는 문자 그대로 '소매를 걷어 올리다'의 뜻입니다. 그런데 이 말은 '열심히 일할 준비를 하다'(to get ready to work hard)라는 의미의 이디엄이기도 합니다. 흥미롭게도, 우리말에도 이와 똑같은 관용구가 있습니다. 그래서 국어사전을 보면, '소매를 걷어붙이다'를 '어떤 일에 뛰어들어 적극적으로 일할 태세를 갖추다'라고 정의합니다.* 우리말에도 똑같은 표현이 있으니까 외우기 쉽죠?

Roll up your sleeves! We've got so much work to do.
소매를 걷어붙이세요! 해야 할 일이 아주 많습니다.

I need to **roll up my sleeves** and start working.
소매를 걷어붙이고 빨리 일을 시작해야겠어.

---

* 네이버 국어 사전 참고.

Culture POINT

중산층에 속하는 미국인들은 대체로 굉장히 검소한 편입니다. 그래서 쓰던 물건을 사고파는 것이 미국인들에게는 매우 일상적인 문화지요. 이런 일들은 보통 garage sale(자기네 집 차고에서 하는 중고품 세일)이나 consignment store(중고품 위탁 판매 가게)에서 이루어집니다. 이런 중고품 판매 가게에서 가장 인기 있는 품목 중 하나가 아기 옷이나 어린이 옷인데, 아이들은 워낙 빨리 자라기 때문에 굳이 새 옷을 사 주지 않아도 된다고 생각하는 미국인들이 많기 때문입니다. 중고 물품 가게에서 아기 옷이나 아동복이 워낙 인기가 많다 보니, 아예 아이들 옷만 따로 파는 중고 물품 가게도 있습니다. 제가 사는 도시에도 Kids Pointe Resale이라고 하는 곳이 있는데, 이곳은 아기나 유·소아 용품만 판매하는 중고품 가게입니다. 사람들은 이 가게에 자기 아이들이 입던 옷이나 쓰던 장난감과 책 등을 팔 수도 있고, 또 아이에게 필요한 것을 살 수도 있습니다. 저는 둘째를 낳고서 미국인 친구를 따라 이 가게에 처음 가 보고는 깜짝 놀랐습니다. 중고품 가게인데, 3세 미만의 아기 옷 섹션에는 가격표도 떼지 않은 새 옷들이 꽤 많아 보였기 때문입니다. 가게 주인 말로는, 보통 베이비 샤워나 생일 파티 때 아기 옷 선물을 많이 받지만, 아기들이 너무 금방 자라기 때문에 선물 받은 새 옷들을 미처 입어 보기도 전에 옷이 작아져 버리는 경우가 흔해서 그렇다고 합니다.
새 옷도 중고 물품 가게라서 가격은 다른 곳의 절반 정도입니다. 누군가 이미 입던 헌 옷조차도 대여섯 살 미만 아이 옷들은 거의 새 옷과 비슷한 상태였는데, 그 또한 아이들이 빨리 자라서 옷을 오래 입지 못해서라고 합니다. 미국에 살면서 이런 문화를 접해 보면, 일상적인 소비 패턴에서도 미국인들의 합리적인 면모를 체감할 수 있습니다.

POP *Quiz!*

PHRASAL VERBS(구동사)에
얼마나 익숙해졌는지 체크하며
뜻이나 생각나는 영어 표현 등을 써 보세요.

Be fed up with ~   ☐

Hang on to ~   ☐

Rush into ~   ☐

Weigh up ~ / Weigh ~ up   ☐

Look at (options)   ☐

Tuck in ~ / Tuck ~ in   ☐

Fade away   ☐

Grow out of ~   ☐

Fit in(to) ~   ☐

Zip up ~ / Zip ~ up   ☐

LESSON 25
화장/메이크업

Angie: Renee, your skin always looks so good. What's your secret?

Renee: Good skincare and a little bit of makeup! You know, my mother taught me when I was really young that if I **took care of my skin**, it would look healthy my whole life.

Angie: Your mom was right! Do you follow any kind of skincare regimen?

Renee: At night, I **take off all of my makeup** by doing a double cleanse. I like to use gentle cleansers, too. I don't **scrub off my makeup**. Then I **put on a prescription cream** that I have from my doctor, and I use a toner, and two kinds of moisturizer.

Angie: Do you ever use a scrub to exfoliate your skin?

Renee: Maybe once a week, if I need it, but it has to be a gentle one. Also, the toner I use is very hydrating.

Angie: I use a toner, too, but I find that my skin is still a little dry.

Renee: Well, I **pat the toner on** with my hands and then let it **sink in**. And I do this several times so that I have a few layers of toner on my skin.

Angie: Oh, what a good idea!

Renee: Yes, my skin is a lot plumper and healthy looking when I do this. I also use a mask once a week. I have a moisturizing mask that I **leave on** for about 25 minutes. Then I **rinse it off** with cool water. The final step is to **seal all the products in** with a good moisturizing cream at the end.

Angie: What brands do you use? I'd like to try some of the products you're using.

Renee: I have a few items that are French, and one or two are American, but mostly, I use a lot of K-beauty.

Angie: Thanks for these tips, Renee! I'm going to start following your plan.

앤지: 르네, 네 피부는 참 늘 좋아 보여. 비결이 뭐야?

르네: 피부 관리 잘하는 거랑 약간의 화장이지! 있잖아, 우리 엄마가 내가 아주 어렸을 때 가르쳐 주신 게 있어. 피부 관리를 하면 평생 피부가 건강해 보일 거라는 거였어.

앤지: 너희 어머니가 하신 말씀이 맞아! 어떤 종류의 피부 관리 요법을 따르는 거야?

르네: 밤에는 이중 세안을 해서 화장을 완전히 지워. 부드러운 클렌저를 사용하는 걸 좋아하기도 하고. 난 화장을 박박 문질러서 제거하지 않거든. 그런 다음 주치의한테 처방받은 크림을 발라. 또 토너 하나랑 모이스처라이저도 두 종류로 쓰고.

앤지: 피부 각질 제거용 스크럽제를 사용할 때도 있어?

르네: 일주일에 한 번 하나? 필요하면 하지만, 스크럽제도 순한 제품이어야 해. 그리고 내가 사용하는 토너가 수분 공급을 아주 잘해 줘.

앤지: 나도 토너를 사용하는데, 피부가 여전히 조금 건조한 것 같거든.

르네: 그게, 난 손으로 토너를 가볍게 두드려서 피부에 스며들도록 해. 난 그걸 여러 번 하는데, 그래서 내 피부에 여러 겹으로 토너가 스며게 말이야.

앤지: 오, 좋은 아이디어네!

르네: 응, 이렇게 하면 내 피부가 훨씬 더 토실토실하고 건강해 보여. 일주일에 한 번 마스크 팩도 사용해. 나한테 25분 동안 붙이고 있어야 하는 모이스처라이징 마스크 팩이 있거든. 그걸 사용한 후에는 시원한 물로 헹궈 내. 마지막 단계는, 제일 마지막에 좋은 영양 크림을 덧발라서, 사용한 모든 제품이 피부 속에 머무르게 하는 거야.

앤지: 넌 어떤 브랜드 사용해? 네가 쓰는 제품 몇 가지 써 보고 싶다.

르네: 난 프랑스 제품이 몇 가지 있고, 미국 제품이 한두 개 있어. 그렇지만 주로 한국 화장품을 많이 써.

앤지: 조언 모두 고마워, 르네! 나도 네가 하는 그대로 시작해 볼래.

---

regimen 요법
exfoliate 각질을 제거하다
hydrating 수분을 공급하는
plump 통통한
at the end 끝에 가서는

Take care of ~

: To do what needs to be done to maintain or support something

무언가를 좋은 상태로 유지하기 위해 해야 할 일을 지속적으로 하다

* 이 구동사는 LESSON 6의 직장 업무 관련 문맥에서는 '어떤 일을 책임지고 떠맡다'(To do ~/To deal with ~)라는 의미로 쓰인다고 배웠습니다.

Jack **takes good care of his body** by eating well and working out several times a week.

잭은 잘 먹고 일주일에 몇 번 운동하는 것으로 자기 몸을 건강한 상태로 유지해.

Always choose a cleanser that doesn't make your skin too dry; I think that's the best way to **take care of your skin**.

피부를 너무 건조하지 않게 하는 클렌징 제품을 늘 선택하도록 해. 내 생각에는 그게 피부를 관리하는 가장 좋은 방법인 것 같아.

Our neighbors do not **take care of their house**. The yard is overgrown, the house needs to be painted, and it needs a new roof.

우리 이웃집 사람들은 집을 관리하지를 않아. 뜰은 풀이 지나치게 많이 자란 상태이고, 집은 페인트칠이 필요하고, 지붕도 새로 해야 하거든.

I love swimming, but I don't want my own pool. You have to spend a lot of money to **take care of it**.

난 수영하는 걸 무척 좋아하지만, 수영장은 갖고 싶지 않아. 그걸 유지 관리하는 데 돈을 엄청나게 써야 하거든.

* 물론 이 구동사는 '누군가를 책임지고 돌보다'라는 의미로도 쓰입니다.

When my mom has to work late, I **take care of my younger brother and sister**.

우리 엄마가 늦게까지 일하셔야 할 때는, 내가 남동생과 여동생을 돌봐.

Take off ~ /
Take ~ off

: To remove something, typically something that covers something else

~를 덮고 있던 것을 없애다

I don't think using a cleansing oil is sufficient to **take off foundation**, so I use a foaming cleanser after that.

난 클렌징 오일로는 파운데이션을 지우는 데 충분하지 않다고 생각하거든. 그래서 그 뒤에 폼 클렌저도 사용해.

I used a new moisturizer on my face, but it made my skin sting, so I **took it off**.

얼굴에 새 로션을 발랐는데, 그랬더니 피부가 따가워서 그걸 씻어 냈어.

The actor **took off his fake mustache and wig** after the play.

그 배우는 연극이 끝난 후 자신이 하고 있던 가짜 콧수염과 가발을 떼어냈다.

Marina **took the foil cover off** the frozen lasagna and put it in the oven.

마리나는 냉동 라자냐의 호일 덮개를 벗겨내고 그것을 오븐 안에 넣었다.

Scrub off ~ /
Scrub ~ off

: To remove something by scrubbing

~를 문질러서 없애다

Oh no! We've gotten some paint on the floor. This won't be easy to clean up; we'll need to **scrub it off**.

이를 어째! 마룻바닥에 페인트가 좀 묻었네. 이거 지우는 게 쉽지 않을 텐데. 그걸 박박 문질러서 없애야 할 거야.

We made barbecued spareribs for dinner and had to **scrub the barbecue sauce off** the pans afterwards.

우리는 저녁으로 바비큐 돼지갈비를 했고, 다 먹고 나서는 팬에 있는 바비큐 소스를 박박 문질러 씻어 내야 했어.

I worked on the car this afternoon and had to **scrub off all the oil that got on my hands**.

내가 오늘 오후에 차를 손봤거든. 그래서 손에 묻은 기름을 박박 문질러 씻어 내야 했어.

The volunteers **scrubbed the graffiti off** the walls of the old building.

자원봉사자들은 그 오래된 건물 벽에 있는 낙서를 문질러서 지웠습니다.

Put on ~ /
Put ~ on

: To apply a substance

무언가를 바르다

The pastry chef **put chocolate frosting on** the cake.

그 파티시에는 케이크에 초콜릿 당의를 발랐습니다.

I don't wear a lot of makeup, but I always **put on sunscreen and mascara**.

난 화장을 많이 하지는 않는데, 선크림과 마스카라는 항상 발라.

My hands are really dry from washing dishes. I need to **put on some hand lotion**.

내 손이 설거지하고 나면 정말 건조해져. 핸드 로션을 발라야 해.

Pat on ~ /
Pat ~ on

: To apply something by gently patting

~를 살짝 두드리면서 흡수시키듯이 바르다

I love this serum for my face; it's great for dry skin. I use three drops and **pat them on**.

난 얼굴에 바르는 이 세럼이 정말 좋아. 건조한 피부에 딱이거든. 세 방울을 살살 두드리면서 흡수시키듯이 발라.

Mike changed his baby son's diaper. Before he put the new diaper on, he **patted a little powder on** the baby's bottom.

마이크가 자기 아들 기저귀를 갈았어. 새 기저귀를 채우기 전에, 그는 아기 엉덩이에 파우더를 조금 두드리며 발랐어.

We decorated the wedding cake with delicate chocolate decorations by carefully **patting them onto** the sides of the cake.

우리는 섬세한 초콜릿 장식을 조심스럽게 케이크 옆면에 두드려 바르면서 웨딩 케이크를 장식했어.

Sink in

: When a substance is
absorbed

스며들다

When you make tres leches cake,
you poke holes in the top of the
cake and pour a sweet cream over
it. You let all the cream **sink in**
before serving the cake.

> 트레이스 레체즈 케이크를 만들 때는 케이크
> 윗부분에 구멍을 내고 달콤한 크림을 그 위에 부어.
> 케이크를 내놓기 전에 크림이 다 스며들게 놔둬.

It rained so hard yesterday that we
had a bit of flooding. Today all the
water **has finally sunk in**.

> 어제 비가 엄청나게 와서 여기가 물에 조금
> 잠겼거든. 오늘 드디어 물이 전부 땅에 스며들었어.

* 같은 의미이지만, 뒤에 목적어를 함께 쓸 수 있는
sink into ~를 이용한 예문도 보세요.

I don't like this moisturizer. I want
something that **sinks into my
skin**. This stuff just feels greasy.

> 난 이 모이스처라이저 별로야. 난 피부에 스며드는
> 걸 원하거든. 이건 그냥 유분이 많은 느낌일 뿐이야.

Leave on ~ / Leave ~ on

: To keep something on for a period time

(어떤 일정한 시간 동안) 그대로 놔두다

I got a facial, and the esthetician did a special treatment. She put an exfoliating acid on my face, **left it on** for ten minutes, removed it, and then massaged my face with a special oil. My skin looks great!

내가 안면 마사지를 받았는데, 피부 관리사가 특별 처방을 했어. 그 사람이 각질 제거용 산을 내 얼굴에 발랐고, 그걸 10분 정도 그대로 놔두더니 제거하고서는 내 얼굴을 특수 오일로 마사지했어. 내 피부가 엄청 좋아 보여!

This is a special flea shampoo for dogs. You need to **leave it on** for a few minutes and then rinse it off.

이건 개벼룩 제거용 특수 샴푸입니다. 이걸 발라서 몇 분 정도 놔둔 후에 헹구어 내셔야 합니다.

* 이 구동사는 이렇게 뭔가를 바른 상태에서 그대로 두라는 의미도 있지만, '전기/전자 제품을 켠 상태로 그대로 두다'라는 의미로도 쓰입니다.

Leave the oven on, please. I'm about to put some bread in to bake.

오븐을 켠 상태로 놔두세요. 제가 곧 빵을 넣어서 구울 참이거든요.

If you're leaving the house and returning after dark, **leave on one or two lights**.

집을 나가서 어두워진 후에 돌아온다면, 불을 하나나 둘쯤 켜 놔.

Rinse off ~ /
Rinse ~ off

: To remove something with water

뭔가를 물로 씻어 내다

These dishes are dirty. I'll wash them, and you can **rinse them off** and dry them.

이 접시들이 지저분하네. 내가 씻을 테니까, 넌 헹궈서 말려.

Adam wanted to wash his hands, but there was no soap, so he **rinsed off his hands** with water.

아담은 손을 씻고 싶었지만 비누가 없어서 그냥 물로 헹구기만 했어.

When you wash the car, **rinse it off** right away. Don't let the soap suds dry on it.

세차할 때는 물로 바로 씻어 내야 해. 비누 거품이 말라붙게 놔두지 말고.

Seal in ~

: To prevent a substance or quality from escaping or being lost

~가 새지 않도록 밀봉하다

Cover the pan when you bake this dish. Doing so will **seal in the steam** to cook the meat and vegetables.

이 요리를 오븐에 구울 때는 팬을 덮어. 그렇게 하면 뜨거운 김이 새지 않도록 밀봉돼서 고기와 채소를 익게 하지.

Arthur grilled the meat over high heat to **seal in the juices**.

아서가 육즙을 가둬 두게 고기를 높은 온도에서 구웠어.

As soon as I dry off after a shower, I apply lotion or oil to **seal in the moisture** to keep my skin smooth.

난 샤워 후 물기를 닦아내자마자 로션이나 오일을 발라. 피부에서 수분이 빠져나가지 않아서 피부를 부드럽게 유지하도록 말이야.

Vocabulary POINT 1

르네는 토너가 자기 피부에 sink in하게 둔다고 말합니다. 이는 문자 그대로의 표현에 가깝게, 화장품이 피부 속까지 흡수되도록 한다는 뜻입니다. Sink in이 액체류나 물과 함께 쓰였을 때는 이렇게 문자 그대로의 의미로 쓰이지만, 어떤 경우에는 다음과 같이 비유적인 의미로 '충분히 이해되다/충분히 인식되다'라는 뜻으로 쓰이기도 합니다.

When I heard that my sister had won the lottery, I couldn't believe it. I had to let the news **sink in** first.
우리 언니가 복권에 당첨됐다는 소식을 들었을 때, 난 그걸 믿을 수가 없었어. 먼저 그 뉴스를 내가 충분히 인식하도록 해야 했다니까.

물과 마찬가지로, 어떤 뉴스나 아이디어 또한 우리 마음에 충분히 흡수할 때까지 기다려야 할 때가 있습니다. 특히 그 아이디어가 이해하기 어렵거나, 또는 복권에 당첨된 것처럼 믿기지 않을 정도로 놀라운 뉴스를 들은 상황에서는요. 그럴 때, 미국인들은 이 구동사(let the news/idea sink in)로 자신의 그런 상황을 표현한답니다. 또 다른 예문을 더 볼까요?

My physics teacher always gives us lots of examples when explaining a new concept. He says that the examples will help the concept **sink in**.
우리 물리학 선생님은 새로운 개념을 설명하실 때면 언제나 우리에게 많은 예를 들어주셔. 선생님은 그 예들이 개념을 충분히 이해하는 데 도움이 될 거라고 하시지.

Lou: I can't believe that we're actually in Egypt visiting the pyramids of Giza!
Sandy: Let this **sink in**: these structures were already 1200 years old when King Tut was the ruler.
루: 우리가 실제로 이집트에서 기자 피라미드를 방문하고 있다는 게 난 믿기지가 않아!
샌디: 이걸 잘 이해해 봐. 이 구조물은 투트 왕(투탕카멘)이 통치자였을 당시에 이미 1200년이나 된 거였어.

Vocabulary POINT 2

이 책에서 take off가 여러 레슨에서 등장하죠? Take off가 그만큼 매우 다양한 의미를 가진 구동사이기 때문입니다. 같은 말에 이렇게 여러 가지 의미가 있다는 건, 이 구동사를 보거나 들을 때 반드시 문맥을 봐야 한다는 뜻입니다. 이 책에서 등장하는 take off의 여러 의미를 한꺼번에 정리하고 넘어가세요.

1. 자동사로, 비행기나 로켓이 땅을 떠나면서 날기 시작할 때 쓰입니다. 물론 하늘을 나는 기구에도 사용할 수 있고요. 흥미롭게도 새나 곤충이 날아오를 때도 이 구동사를 사용합니다.

It was wonderful to see all of the hot air balloons **take off** at the balloon festival.
풍선 페스티벌에서 모든 열기구가 날기 시작하는 걸 보는 게 참 좋았어.

The baby bird started **taking off**.

그 아기 새는 날아오르기 시작했다.

2. 타동사로, '무언가를 덮고 있는 것을 제거하다'라는 의미로도 쓰입니다.

We wanted to refinish an old table. First, we had to **take off the varnish** with turpentine.

우리는 오래된 테이블의 표면을 다시 손보고 싶었거든. 우선, 테레빈유를 사용해서 (테이블 표면의) 광택제부터 제거해야 했어.

I use micellar water to **take my mascara off**.

난 마스카라를 지워내려고 클렌징 워터를 사용해.

I need to **take the sheets off** the bed and wash them.

침대 시트를 다 걷어내서 빨아야 해.

3. 자동사로 '갑작스럽게 성공하다'라는 의미로도 쓰입니다.

He played guitar in several bands, but his career **took off** when he released his first solo album.

그는 여러 밴드에서 기타를 연주했는데, 자신의 첫 번째 솔로 앨범이 나왔을 때 갑자기 크게 성공했다.

His clothing business **took off** after a famous actress wore one of his dresses to the Academy Awards. Now he's a designer for the stars.

한 유명 여배우가 그의 드레스 중 하나를 아카데미 시상식에 입고 간 후에, 그의 의류 사업은 크게 성공했어. 이제 그는 스타들의 옷을 만드는 디자이너야.

4. 자동사로 '설명이나 인사도 없이 갑자기 떠나다'라는 의미도 있습니다.

Joan: Hey, did you see Liam? He saw Katie and **took off** without even saying hello. Aren't those two dating?
Brad: They were, but they just broke up.

조운: 얘, 너 리암 봤어? 리암이 케이티를 보더니, 인사도 안 하고 그냥 떠나 버렸어. 게네 둘 데이트하는 거 아니니?
브래드: 그랬는데 헤어졌어.

Gina: Ted, did you stay for the whole awards ceremony?
Ted: I was there for two hours, but when I realized that we had only reached the midpoint, I **took off**. It was too long for me.

지나: 테드, 너 시상식 처음부터 끝까지 있었어?
테드: 두 시간 동안 있었는데, 그때 시간이 겨우 반밖에 안 지났다는 사실을 알았을 때, 그냥 떠났어. 나한테는 너무 길었거든.

5. 타동사로 '일터에서 휴가를 얻다'라는 의미로도 쓰입니다.

My parents were coming to town, so I **took Friday and Monday off** to spend a long weekend with them.

우리 부모님께서 여기 오실 거라서 난 부모님과 긴 주말을 같이 보내려고 금요일과 월요일에 휴가를 냈어.

You've been working so hard for the last month. You really should **take some time off**.

넌 지난 한 달 동안 너무 열심히 일했어. 진짜 휴가 좀 내야 해.

스킨케어는 한국뿐만 아니라 미국에서도 여성들에게 인기 있는 이야기 소재입니다. 스킨케어와 관련된 미국 문화와 함께 어휘도 배워 볼까요? 미국 화장품 업계는 사람들의 피부 유형을 크게 다음과 같이 분류합니다.

Oily skin(지성)/Normal skin(중성)/Dry skin(건성)/
Combination skin(복합성)/
Acne-prone skin(여드름이 생기기 쉬운 피부)

→ 참고로, 복합성 피부란 T 존(**T-zone**)이라 불리는 이마와 코는 지성이고 뺨은 건성인 피부를 말합니다.

요즘은 많은 미국 여성들이 이중 세안(double cleanse)을 하는데, 보통 클렌징 오일 제품(oil-based cleaner)으로 화장이나 선크림을 지운 후, 폼 클렌징 제품(foaming cleanser/foam cleanser)으로 한 번 더 세안합니다. 어떤 사람들은 각질을 제거하거나 스크럽제를 이용해 피부의 묵은 각질을 떼어내고, 모공을 깨끗하게 하기도 하지요. 이런 스킨케어와 관련된 어휘는 다음과 같습니다.

각질을 제거하다: **exfoliate one's skin**
스크럽제를 발라 문지르다: **scrub one's skin**
묵은 각질을 제거하다: **remove flaky skin**
모공을 깨끗하게 하다: **clear one's pores**

그런데 재밌는 사실은, 요즘 미국 여성들이 하는 이런 클렌징 과정이 사실은 유럽 화장품과 한국 화장품의 영향을 받은 결과라고 합니다. 그래서 미국 스킨케어 전문 유튜버들은 K-beauty 제품을 소개하고 추천합니다.
보통 클렌징이 끝나면 토너(toner)를 바릅니다. 그런 후에 actives라고 분류되는 화장품을 바르는데, 보통 액체나 젤 타입으로 우리나라에도 잘 알려진 세럼, 에센스부터 비타민이 들어간 제품까지 다양합니다. 어떤 미국인들은 spot treatment라고 불리는 잔주름(fine lines)이나 과다색소침착(hyperpigmentation), 여드름(pimples) 등을 없애는 제품을 사용하기도 하지요. 물론 가장 보편적으로 쓰이는 제품은 로션(lotion)이나 크림(cream) 같은 모이스처라이저입니다. 지성 피부의 여성들은 유분기가 없는 모이스처라이저(oil-free moisturizer)를 사용합니다. 건성 피부의 여성들을 위한 제품 광고에서는 deeply moisturizing(피부 깊숙이 보습해 주는), deeply hydrating(피부 깊은 곳까지 수분을 공급해 주는) 등의 표현이 자주 나옵니다.

POP *Quiz!*

PHRASAL VERBS(구동사)에
얼마나 익숙해졌는지 체크하며
뜻이나 생각나는 영어 표현 등을 써 보세요.

Take care of ~

Take off ~ / Take ~ off

Scrub off ~ / Scrub ~ off

Put on ~ / Put ~ on

Pat on ~ / Pat ~ on

Sink in

Leave on ~ / Leave ~ on

Rinse off ~ / Rinse ~ off

Seal in ~

INDEX

INDEX 1
영어 키워드 인덱스

Be out of ~ : To have nothing of a particular item	~가 다 떨어지다	49
Be out of order : To stop working properly	고장 나다	198
Be rained in : To be forced to stay indoors because of heavy rain	비가 너무 많이 와서 실내에 머물러야 하다	58
Be snowed in : To be forced to stay indoors because of heavy snow	눈이 너무 많이 와서 실내에 머물러야 하다	58
Be/Get stuffed up : To be/get congested	(코 등이) 막히다	176
Be/Get tied up (in) ~ : To not be available for another purpose	(돈 또는 시간과 관련해서 ~에) 묶어 둬서 다른 용도로는 쓰일 수 없다	231
Blow over : For a storm (or stormy emotions) to pass	(폭풍이나 격한 감정 등이) 사그라들 다/지나가다	60
Blow over : To pass away without serious consequences	(문제 등이) 큰 피해 없이 지나가다/ 사그라들다	240
Blow up at ~ : To lose one's temper and explode	~에게 화가 나서 폭발하다	112
Boot up ~/Boot ~ up : To turn on the power supply to a computer	컴퓨터를 부팅하다/켜다	212
Bottle up ~/Bottle ~ up : To keep a feeling or emotion inside and not express it	감정을 속에만 담고 표현하지 않다	114
Break down : To suddenly stop functioning	고장 나다	198
Break out in ~ : To show signs of a rash	두드러기나 발진 등이 생기다/나다	179
Break up : To be inaudible at times (due to the weak cell phone signal)	(약한 휴대전화 전파 때문에) 통화가 끊겨서 잘 안 들리다	17
Break up (with ~) : To end a romantic relationship (with ~)	~와 헤어지다	134
Bring down (the price) : To lower/reduce (the price)	물건 값을 깎다/값을 내리다	24
Buckle up : To fasten a seatbelt when getting in a car	안전벨트를 매다	186
Bundle up/Bundle ~up : To dress warmly/To wear enough clothes to keep oneself warm	옷을 따뜻하게 껴입다/~를 껴입히다	59

Choke ~ up : To make ~ feel very sad	~를 격한 감정 때문에 목이 메게 하다	111, 116
Chop up ~ : To chop or cut something into smaller pieces	(음식 재료를) 잘게 썰다/다지다	48
Clear up : (For the skies) To be clear of bad weather such as rain, snow, or smoke	(하늘이) 비, 눈, 연기 등이 없이 맑다	56
Close down (~) : To stop business (usually permanently)	(보통 아예) 사업을 접다/폐점하다	80
Come across (a problem/situation) : To encounter a problem/situation	문제가 생기다/ 힘든 상황에 부딪히다	241
Come back : To return	돌아오다 테스트 결과가 나오다	177
Come down with ~ : To become sick with an illness	병으로 인해 아프게 되다	177
Come out : To appear (with the weather, often used with celestial bodies like the sun and stars)	(날씨와 관련한 문맥에서 해와 별 등이) 나오다	57
Come up with ~ : To suggest or think of an idea or plan	(아이디어, 계획 등을) 제시하다/생각해 내다	70
Cool down : To become less angry or excited	화나고 흥분한 감정이 줄어들거나 가라앉다	117, 170
Cool down : To become cool or cold	서늘해지다/추워지다	58
Cool down : To do light stretching after strenuous exercise	(격렬한 운동 후에 가벼운 스트레칭 같은) 마무리 운동을 하다	169
Cool off : To calm down/To become less angry	진정해지다/차분해지다	114
Cope with ~ : To deal successfully with a difficult situation	(곤란이나 문제에) 잘 대처하다/대응하다	242
Cut back (on ~) : To reduce the consumption of ~	~의 섭취(소비)를 줄이다	47
Cut in : (When driving) To drive into a parallel lane and get in front of another car	(운전하면서) 다른 차 앞으로 끼어들다	191
Cut off ~ : To separate or block someone from something that they previously had access to	~를 끊어내다/잘라 버리다	125
Cut off : To cut	끊다/(가위나 칼로) 무언가를 자르다	129

Get over ~ : To recover from a difficult and bad experience/To stop being bothered by ~	힘든 일을 극복하다/불행을 잊다/이별한 연인을 잊다	145
Get to + 동사원형 : To have the opportunity to do ~	~를 해 볼 기회를 얻다	236
Get to someone : To bother or disturb someone	~를 괴롭히다	235
Get to : To arrive at a place or destination	~에 도착하다	236
Get to : To be able to access ~	~를 손에 넣다/이용하다	235
Get to : To physically access ~	~에 손을 갖다 대다	235
Get together (with ~) : To meet and spend time with each other	만나서 함께 시간을 보내다	120
Give ~ a ring/call : To call ~	~에게 전화해 주다, ~에게 전화하다	17
Go (well) with ~ : To look better with ~/ To be better with ~	~와 (잘) 어울리다	27
Go against ~ : To disagree or be opposed to ~	~에 반대하다	124
Go around in circles : To do a lot or seem very busy without achieving anything	어떤 문제에 대한 해결책에 다다르지 못하고 계속 논의만 하다	181
Go around : To spin like a wheel	원 안에서 둥글게 돌다	181
Go around : To spread or be contagious	(질병이) 퍼지다	176
Go bad : To become spoiled (used with food)	(음식에 사용하며) 상하다	48
Go on (a diet) : To begin (a diet or nutritional plan)	다이어트를 시작하다/ 어떤 특정한 식단을 시작하다	167
Go out : (With the body or utilities) When something stops functioning or does not function properly	신체의 한 부분이나 전기, 불 등이 더 이상 기능하지 않을 때 사용하는 표현	165
Go out (with ~) : To date ~	~와 사귀다	132
Go over ~ : To check ~	~를 검토하다	92
Go through ~ : To examine or search ~ carefully	~를 자세히 조사하다	102

K

Keep off (weight)/Keep (weight) off : To not increase one's weight/To not add weight to something	체중을 유지하거나 감량하다/ 무언가에 무게가 덜 실리도록 하다	166
Keep up ~/Keep ~ up : To continue to do ~	계속 ~하다	82
Keep up with ~ : To remain in contact with	(~와) 계속 연락하며 지내다	153
keep up with : To make progress at the same speed as others	~를 따라가다	84, 93
Know ~ backwards and forwards : To understand ~ very well	~를 아주 잘 이해하다	92
Knuckle down (to ~) : To begin to work hard at ~/To focus on ~	~에 본격적으로 착수하다 [일하기 시작하다]	243

L

Lay off ~/Lay ~ off : To stop employing ~/To dismiss (workers)	~를 정리 해고하다	78
Leave on ~/Leave ~ on : To keep something on for a period time	(어떤 일정한 시간 동안) 그대로 놔두다	278
Leave on ~/Leave ~ on : To not switch something off	(전기/전자 제품을 켠 상태로) 그대로 두다	178
Let down ~/Let ~ down : To disappoint ~	~를 실망시키다	153
Let up : To subside/To relax and to make less effort	강도가 약해지다/ (최선을 다하지 않고) 해이해지다	253
Look at (options) : To examine options or choices	선택지를 모두 검토하다	255
Look down on ~ : To treat ~ as an inferior person	~를 깔보다/얕보다	155
Look for ~ : To try to find ~	~를 찾다	26
Look like ~ : To physically resemble an older family member	(외모가) 가족 중 누군가와 닮다	121
Look over ~/Look ~ over : To review ~	~를 살펴보다/훑어보다	89

Pay off ~/Pay ~ off : To finish paying a debt	빚진 돈을 다 갚다	220
Pay off someone : To bribe someone **for the purpose of doing something** **illegal or immoral**	불법적인 일을 하게끔 ～에게 뇌물을 주다	226
Pick out ~/Pick ~ out : To choose something/someone	～을 선택하다/뽑아내다	27
Pick someone/something out of a **hat : To select something at random**	계획 없이, 의도하지 않고 그냥 무작위로 ～을 뽑다	30
Pick up (an item such as food) : To buy (an item such as food)	(음식 등을) 사다	50
Pick up (wind and/or rain) : To increase in speed and force	(바람이나 비 등의) 속도나 세기가 증가하다	59
Pick up ~/Pick ~ up : To continue ~ after taking a break	잠시 쉬었다 ～를 다시 계속하다	73
Pick up ~/Pick ~ up : To go to a place in order to bring the person	～를 데리러 가다	34
Pick up ~/Pick ~ up : To start a romantic relationship with ~	이성을 꼬시다	143
Pick up the phone : To answer a phone call	전화를 받다	14
Power down ~/Power ~ down : To turn off the power supply to a machine completely	기계 등의 전원을 완전히 끄다	212
Pull (out) into : To arrive at a particular place or drive a vehicle to a particular place	어떤 특정 장소나 길로) 차를 몰고 (들어)가다	189
Pull (out) onto ~ : (When driving) To drive onto another roadway	운전하던 길에서 빠져나와 다른 길로 들어서다	188
Pull out : For a vehicle to leave	차가 떠나다	193
Pull over : To drive a vehicle to the side of the road	(운전 중) 차를 길 한쪽으로 가서 세우다	192
Pull up : For a vehicle to come to a stop at its destination	차를 세우다	193
Put (money) in(to) ~ : To invest money in(to) ~	～에 돈을 투자하다	230
Put A through (to B) : To transfer A's call to B's phone	A를 (B에게) 전화로 연결해 주다	16

Put down (a deposit)/Put ~ down (a deposit) : To make an initial, and usually required, payment or investment	보증금을 걸다	233
Put down ~/Put ~ down : To make someone look stupid	~를 깔아뭉개다/깎아내리다/ 바보로 만들다	155
Put off ~ : To postpone ~/To delay	~를 미루다/연기하다	79
Put on (weight) : To gain (weight)	살이 찌다	165
Put on ~/Put ~ on : To apply a substance	무언가를 바르다	276
Put on ~/Put ~ on : To wear ~	옷을 입다/신발을 신다/ 모자, 안경 등을 쓰다/ 향수 등을 뿌리다	262
Put together ~ : To create ~ by assembling different people/parts	(사람들을/이것저것을) 모아서 ~를 만들다/준비하다	70
Put up (the price) : To increase/raise (the price)	값을 올리다	25
Put up with ~ : To tolerate ~	~를 참아내다	156

Q

Queue up : To stand in line	줄을 서다	28

R

Reach out (to ~) : To contact ~ by phone or e-mail	전화나 이메일로 ~에게 연락을 취하다/ (일이나 업무로) ~를 접촉하다	71
Read over ~/Read ~ over : To read ~ thoroughly/To read ~ again	(책이나 문서를) 처음부터 끝까지 다 읽다/(문장을) 다시 읽다	90
Read up on ~ : To do research on ~	~에 관해 조사하다/공부하다	103
Ring up ~/Ring ~ up (영국 영어)	전화하다	19
Ring up ~/Ring ~ up : To help a shopper to make the payment for the items they are buying by recording the amount on the cash register	(상점에서) 상품 가격을 입력해 고객이 물건 값을 내도록 돕다/ 계산해 주다	19, 29
Rinse off ~/Rinse ~ off : To remove something with water	뭔가를 물로 씻어 내다	279

Settle down : To start to live a steady life	정착해서 안정된 삶을 살기 시작하다	133
Settle down : To become calm	진정하다	117
Show up : To appear/To come to class	나타나다/출석하다	101
Shut down ~/Shut ~ down : To turn off the power supply to a machine or system completely	기계 등의 전원을 완전히 끄다	211
Sign up for ~ : To register for ~	~ 과목을 듣기 위해 수강 신청하다	94
Simmer down : To become less angry	흥분을 가라앉히다	117
Sink in : To be fully understood or realized	충분히 이해되다/인식되다	280
Sink in : When a substance is absorbed	스며들다	277
Slow down (~) : To drive or go slower	더 천천히 운전하다/가다	190
Sort out ~/Sort ~ out : To resolve a problem or challenge	문제를 해결하다	215
Speed up ~ : To increase the speed of ~	~를 더 빨리 진행하다	68
Speed up : To go or drive faster	더 빨리 가다/운전하다	188
Split up (with ~) : To end a relationship (with ~)	~와 헤어지다	142
Stand up to ~ : To refuse to accept unfair treatment from ~	~에게 저항하다/맞서다	240
Start out : To begin (in a particular way)	(특정한 방식으로) 시작하다/시작되다	56
Step in : To get involved in a difficult situation in order to help	(문제 해결을 위해) 개입해서 도와주다	243
Stick to ~ : To continue doing ~ even if it is difficult	(힘들어도) 계속 ~를 하다	168
Stir up ~/Stir ~ up : To make someone feel an emotion	(어떤 감정을) 불러일으키다	115
Stop by ~ : To make a short visit to ~ (oftentimes on the way to somewhere else)	(보통 다른 곳으로 가는 길에) 잠시 ~에 들르다	50
Stop over (in ~) : To have a short stop/ To stay somewhere for a short time while traveling	(이동/여행 중에) 어딘가에 들르다/ 어딘가에 들러서 잠시 머무르다	39
Study under ~ : To be taught by ~	~ 아래에서 공부하다/연구하다	103

Study up on ~ : To do some research on ~	~에 관해 조사하다/공부하다	100
Swell up : For a body part to swell as a result of infection or injury	(감염, 상처로 인해) 부어오르다/붓다	180

T

Take after ~ : To resemble or behave like an older family member	(외모, 성격이) 가족 중 누군가를 닮다	121
Take care of ~ : To care for someone	~를 책임지고 돌보다	274
Take care of ~ : To do ~/To deal with ~	어떤 일을 하다/처리하다	72
Take care of ~ : To do what needs to be done to maintain or support something	~를 좋은 상태로 유지하기 위해 해야 할 일을 지속적으로 하다	274
Take in ~/Take ~ in : To understand what they read	(듣거나 읽은 것을) 이해하다	91
Take it easy : To become calm	진정하다	117
Take it slow : To do something carefully and gradually	조심스럽게 서서히 조금씩 하다	171
Take off ~/Take ~ off : To remove clothes or shoes from one's body	(옷이나 신발 등을) 벗다	267
Take off ~/Take ~ off : To remove something, typically something that covers	~를 덮고 있던 것을 없애다	275
Take off : To (suddenly) become successful or popular	(사업이나 상품이) 급격히 성공하다/인기를 끌다	79
Take off : To leave the ground and start to fly	(비행기가) 이륙하다	36
Take on ~/Take ~ on : To undertake (a task)	(일이나 업무를) 떠맡다/책임지다	69
Take out ~/Take ~ out : To remove something from somewhere	(무언가를 어딘가에서) 빼내다	231
Take out ~/Take ~ out : To withdraw ~	(계좌에서 돈을) 인출하다	231
Take over ~/Take ~ over : To begin to do something that someone else has been doing	(다른 사람이 하고 있던 일을) 인수/인계받다	69
Take someone up on ~ : To accept someone's offer	~의 제안을 받아들이다	233

Take up ~/Take ~ up : To begin doing a hobby or sport	취미나 운동을 시작하다	168
Talk ~ out: To talk about ~ in order to settle a disagreement or misunderstanding	문제나 오해가 있을 때 대화로 해결하려고 하다	136
Tear ~ up: To cause ~ to cry	~를 울게 하다	116
Tear up: To start crying	눈물이 고이다/울기 시작하다	110
Think through ~/Think ~ through : To carefully consider ~	충분히 생각하다	254
Throw on ~/Throw ~ on: To put on clothes quickly and carelessly	옷을 아무거나 생각 없이 빨리 걸치다	268
Throw out ~/Throw ~ out : To dispose of ~ in the trash	~를 쓰레기통에 버리다	49
Throw up: To vomit	토하다	179
Try on ~/Try ~ on : To put on ~ to see if it suits the person	(신발, 옷, 모자 등이 맞는지) 입어 보다/신어 보다/써 보다	26, 268
Try out ~/Try ~ out: To test something if it's suitable (or if it works)	잘 되는지 시험 삼아 해 보다	28
Tuck in ~/Tuck ~ in: To push the end of the shirt into the pants	(상의 아랫부분을 하의 속에) 넣다	264
Turn against ~ : To become hostile toward ~	(~에게) 등을 돌리다	154
Turn down ~/Turn ~ down: To lower (the volume of the radio/TV/music)	라디오, TV, 음악 소리를 줄이다	203
Turn down ~/Turn ~ down: To reject ~	~를 거부하다/거절하다	80
Turn in ~/Turn ~ in: To submit ~	~를 제출하다	73
Turn off ~/Turn ~ off : To power off ~/To unplug ~	전자 제품이나 기계 등을 끄다	200
Turn on ~/Turn ~ on : To power up/on ~	전자 제품이나 기계 등을 켜다	201
Turn one's back on ~ : To ignore ~	~에게 등을 돌리다/ ~를 무시하다	157
Turn someone down : To refuse someone	누군가의 고백을 거절하다	132
Turn up ~/Turn ~ up: To increase/raise (the volume of the radio/TV/music)	라디오, TV, 음악 소리를 크게 하다	202
Turn up: To appear/To come to class	나타나다/출석하다	101

INDEX 2

한글 키워드 인덱스

ㄱ

강도가 약해지다	**Let up** : To subside/To relax and to make less effort	253
개설하다 (계좌를)	**Set up** ~ : To establish (something) for a particular purpose ~	230
개입해서 도와주다 (문제 해결을 위해)	**Step in** : To get involved in a difficult situation in order to help	243
거부하다, 거절하다 (~를)	**Turn down** ~/**Turn** ~ **down** : To reject ~	80
거절하다 (누군가의 고백을)	**Turn someone down** : To refuse someone	132
건강한 몸 상태가 되다	**Get in shape** : To become more physically fit	164
걷어 올리다 (옷소매를)	**Roll up** ~ : To fold up one's sleeves	263
걸러내다 (원하지 않는 무언가를)	**Filter out** ~/**Filter** ~ **out** : To remove something that is not wanted usually by using some kind of barrier to catch what is unwanted	214
검토하다 (~를)	**Go over** ~ : To check ~	92
겪다 (~를)	**Go through** ~ : To experience ~	252
결국 ~하게 되다	**End up** ~ : For something to eventually happen	124
경험하다 (~를)	**Go through** ~ : To experience ~	252
계속 ~를 하다 (힘들어도)	**Stick to** ~ : To continue doing ~ even if it is difficult	168
계속 논의만 하다 (어떤 문제에 대한 해결책에 다다르지 못하고)	**Go around in circles** : To do a lot or seem very busy without achieving anything	181
계속 연락하며 지내다 (~와)	**Keep up with** ~ : To remain in contact with	153
계속(해서) ~하다	**Keep up** ~/**Keep** ~ **up** : To continue to do ~ **Carry on** ~ : To continue doing ~	82
계속하다 (~를)	**Hang on to** ~ : To keep ~	253
계획 없이, 의도하지 않고 그냥 무작위로 ~을 뽑다	**Pick someone/something out of a hat** : To select something at random	30
고장 나다	**Break down** : To suddenly stop functioning **Be out of order** : To stop working properly	198

고집하다 (〜를)	**Hang on to ~**: To keep ~	253
곤란이나 문제에 부딪히다	**Run up against ~**: To encounter a problem	242
공부하다 (〜 아래에서)	**Study under ~**: To be taught by ~	103
공부하다 (〜에 관해)	**Study up on ~**: To do some research on ~ **Read up on ~**: To do research on ~	100, 103
공연이나 활동 전에 몸을 풀다	**Warm up (~)**: To practice to prepare mind for learning	166
괴롭히다 (〜를)	**Get to someone**: To bother or disturb someone	235
그대로 놔두다 (어떤 일정한 시간 동안)	**Leave on ~/Leave ~ on**: To keep something on for a period time	278
그대로 두다 (전기/전자 제품을 켠 상태로)	**Leave on ~/Leave ~ on**: To not switch something off	278
그럭저럭 살아가다 [해 나가다]	**Get by (on ~)**: To manage to survive with some difficulty	222
급격히 성공하다 (사업이나 상품이)	**Take off**: To (suddenly) become successful or popular	79
기운 내게 하다 (〜를)	**Cheer ~ up**: To cause ~ to become cheerful	116
기운을 내다	**Cheer up**: To start to feel happy again/To become cheerful	115
기절하다	**Pass out**: To faint	178
기차에서 내리다	**Get off (~)**: To leave a train	37
긴장을 풀다	**Chill out**: To relax	117
깎아내리다 (〜를)	**Put down ~/Put ~ down**: To make someone look stupid	155
깔보다 (〜를)	**Look down on ~**: To treat ~ as an inferior person	155
깔아뭉개다 (〜를)	**Put down ~/Put ~ down**: To make someone look stupid	155
꼬시다 (〜를)	**Hit on ~**: To flirt with ~ **Pick up ~/Pick ~ up** : To start a romantic relationship with ~	143, 144
끄다 (전자 제품이나 기계 등을)	**Turn off ~/Turn ~ off**: To power off ~/To unplug ~	200
끊다	**Cut off**: To cut	129

끊어내다 (~를)	Cut off ~ : To separate or block someone from something that they previously had access to	125

ㄴ

나누어 주다 (~를)	Hand out ~/Hand ~ out : To distribute ~	91
나오다 (날씨와 관련한 문맥에서 해와 별 등이)	Come out : To appear (with the weather, often used with celestial bodies like the sun and stars)	57
나타나다	Turn up : To appear/To come to class Show up : To appear/To come to class	101
난관에 부딪히다	Run into (a problem) : To encounter a problem	244
남이 하는 말을 자르다	Cut off : To interrupt	129
넣다 (상의 아랫부분을 하의 속에)	Tuck in ~/Tuck ~ in : To push the end of the shirt into the pants	264
누군가에게 전화로 말하게 하다	Get + 사람 + on the phone	18
눈물이 고이다	Tear up : To start crying	110
눈이 너무 많이 와서 실내에 머물러야 하다	Be snowed in : To be forced to stay indoors because of heavy snow	58
늘리다 (빚 등을)	Run up ~ : To allow a debt or bill to accumulate	232

ㄷ

다 떨어지다 (~가)	Be out of ~ : To have nothing of a particular item	49
다루다 (문제를)	Deal with ~ : To take an action in order to solve a problem	245
다른 차 앞으로 끼어들다 (운전하면서)	Cut in : (When driving) To drive into a parallel lane and get in front of another car	191
다시 읽다 (문장을)	Read over ~/Read ~ over : To read ~ again	90
다시 전화하다	Call back : To call again	15
다시 하다 (~를)	Do over ~/Do ~ over : To redo ~	100
다음 주제나 일로 넘어가다	Move on (to ~) : To start doing something new	83

다이어트를 시작하다	**Go on (a diet)** : To begin (a diet or nutritional plan)	167
다지다 (음식 재료를)	**Chop up ~** : To chop or cut something into smaller pieces	48
단절하다	**Cut off** : To sever a connection between places or between people	129
단추를 채우다	**Button up ~/Button ~ up** : To fasten ~ with buttons	263
대출금 등을 갚아 나가다	**Pay down ~/Pay ~ down** : To make payments so that the amount that is owed becomes smaller	220
대충 빨리 보다 (책 등을)	**Run through ~** : To read ~ quickly	88
대화로 해결하려고 하다 (문제나 오해가 있을 때)	**Talk ~ out** : To talk about ~ in order to settle a disagreement or misunderstanding	136
더 빨리 가다/운전하다	**Speed up** : To go or drive faster	188
더 빨리 진행하다 (~를)	**Speed up ~** : To increase the speed of ~	68
더 천천히 운전하다/가다	**Slow down (~)** : To drive or go slower	190
더는 못 참다	**Be fed up with ~** : To find a situation intolerable	252
덮고 있던 것을 없애다 (~를)	**Take off ~/Take ~ off** : To remove something, typically something that covers	275
데리러 가다 (~를)	**Pick up ~/Pick ~ up** : To go to a place in order to bring the person	34
데이트 신청을 하다 (~에게)	**Ask ~ out** : To invite ~ out on a date	146
도움이 필요한 ~를 도와주다	**Help out ~/Help ~ out** : To help ~ by doing something	152
도착하다 (~에)	**Get in** : To arrive	34, 236
돈을 저축하다 (어떤 목적을 위해)	**Save up (for ~)** : To save money for a particular purpose or purchase	225
돈을 투자하다 (~에)	**Put (money) in(to) ~** : To invest money in(to) ~	230
돈이나 시간을 따로 떼어 두다 (특정 목적에 쓸)	**Set aside ~/Set ~ aside** : To save something, often money, for a special purpose	222
돌아오다	**Come back** : To return	177

만들다 (사람들을/이것저것을 모아서 ~를)	Put together ~ : To create ~ by assembling different people/parts	70
말을 안 듣다 (기계 등이)	Act up : To not function properly	200
맑다 (하늘이 비, 눈, 연기 등이 없이)	Clear up : (For the skies) To be clear of bad weather such as rain, snow, or smoke	56
망하다 (사업 등이)	Go under : (For a business) to fail	221
맞서다 (~에게)	Stand up to ~ : To refuse to accept unfair treatment from ~	240
매달리다 (~에)	Be hung up on ~ : To be extremely interested in ~ and constantly thinking about ~	146
모자, 안경 등을 쓰다	Put on ~/Put ~ on : To wear ~	262
목이 메다 (격한 감정 때문에 말을 못 할 정도로)	Choke up : To feel a very strong emotion to the point that one is unable to speak	111, 116
무시하다 (~를)	Turn one's back on ~ : To ignore ~	157
무언가를 자르다 (가위나 칼로)	Cut off : To cut	129
무언가에 무게가 덜 실리도록 하다	Keep off (weight)/Keep (weight) off : To not add weight to something	166
묶어 둬서 다른 용도로는 쓰일 수 없다 (돈 또는 시간과 관련해서 ~에)	Be/Get tied up (in) ~ : To not be available for another purpose	231
문을 열다	Open up ~ : To start doing business	81
문제가 생기다	Come across (a problem/situation) : To encounter a problem	241
문제를 해결하다	Sort out ~/Sort ~ out : To resolve a problem or challenge	215
문질러서 없애다 (~를)	Scrub off ~/Scrub ~ off : To remove something by scrubbing	275
물건 값을 깎다	Mark down (the price) : To lower/reduce (the price) Bring down (the price) : To lower/reduce (the price)	24
물로 씻어 내다 (~를)	Rinse off ~/Rinse ~ off : To remove something with water	279
미루다 (~를)	Put off ~ : To postpone ~/To delay	79

의식을 잃다	Pass out : To faint	178
이륙하다 (비행기가)	Take off : To leave the ground and start to fly	36
이리저리 알아보다 (사람들에게 물어서)	Ask around : To talk to different people in order to find something out	245
이용하다 (~를)	Get to : To be able to access ~	235
이해하다 (~를)	Figure out ~/Figure ~ out : To understand a problem	256
이해하다 (듣거나 읽은 것을)	Take in ~/Take ~ in : To understand what they read	91
인기를 끌다 (사업이나 상품이)	Take off : To (suddenly) become successful or popular	79
인수/인계받다 (다른 사람이 하고 있던 일을)	Take over ~/Take ~ over : To begin to do something that someone else has been doing	69
인출하다 (계좌에서 돈을)	Take out ~/Take ~ out : To withdraw ~	231
인터넷에 연결하다 (~를)	Hook ~ up (to ~) : To connect ~ to the Internet	199
입다/입고 있다 (~를)	Have on ~/Have ~ on : To wear ~	268
입어 보다	Try on ~/Try ~ on : To put on ~ to see if it suits the person	26, 268

ㅈ

자동차 창문을 닫다	Roll up (the window) : To close a car window	201
자동차 창문을 열다	Roll down (the window) : To open a car window	199
자세히 조사하다(~를)	Go through ~ : To examine or search ~ carefully	102
작아서 더 이상 맞지 않게 되다 (자라서 옷이나 신발 등이)	Grow out of ~ : To become too big for ~	265
잘 대처하다 (곤란이나 문제에)	Cope with ~ : To deal successfully with a difficult situation	242
잘 되는지 시험 삼아 해 보다	Try out ~/Try ~ out : To test something if it's suitable (or if it works)	28
잘게 썰다 (음식 재료를)	Chop up ~ : To chop or cut something into smaller pieces	48

잘라버리다 (〜를)	**Cut off** 〜 : To separate or block someone from something that they previously had access to	125
잠시 〜에 들르다 (보통 다른 곳으로 가는 길에)	**Stop by** 〜 : To make a short visit to 〜 (oftentimes on the way to somewhere else)	50
잠시 쉬었다 〜를 다시 계속하다	**Pick up** 〜/**Pick** 〜 **up** : To continue 〜 after taking a break	73
저항하다 (〜에게)	**Stand up to** 〜 : To refuse to accept unfair treatment from 〜	240
전원에 연결하다 (〜를)	**Hook** 〜 **up (to** 〜**)** : To connect 〜 to a power source	199
전화로 연결해 주다 (A를 B에게)	**Put A through (to B)** : To transfer A's call to B's phone	16
전화를 끊다	**Hang up** : To end a phone call	15
전화를 받다	**Pick up the phone** : To answer a phone call	14
전화를 받다 (전화 통화를 하기 시작하다)	**Get on the phone** : To start talking on the phone	14
전화를 하다(통화를 하다)	**Get on the phone** : To start talking on the phone	14
전화하다(전화를 걸다)	**Ring up** 〜/**Ring** 〜 **up** (영국 영어)	19
전화해 주다 (〜에게), 전화하다 (〜에게)	**Give** 〜 **a ring/call** : To call 〜	17
접촉하다 (일이나 업무로 〜를)	**Reach out (to** 〜**)** : To contact 〜 by phone or e-mail	71
정리 해고하다 (〜를)	**Lay off** 〜/**Lay** 〜 **off** : To stop employing 〜/To dismiss (workers)	78
정착해서 안정된 삶을 살기 시작하다	**Settle down** : To start to live a steady life	133
제대로 작동 안 하다 (기계 등이)	**Act up** : To not function properly	200
제시하다 (아이디어, 계획 등을)	**Come up with** 〜 : To suggest an idea or plan	70
제안을 받아들이다 (〜의)	**Take someone up on** 〜 : To accept someone's offer	233
제출하다 (〜를)	**Hand in** 〜 : To submit 〜 **Turn in** 〜/**Turn** 〜 **in** : To submit 〜	73, 90
조사하다 (〜에 관해)	**Study up on** 〜 : To do some research on 〜 **Read up on** 〜 : To do research on 〜	100, 103

ㅊ

폐점하다 (보통 아예)	Close down (~) : To stop business (usually permanently)	80
피곤하게 하다 (~를)	Wear down ~/Wear ~ down : To make ~ feel tired	111, 145

ㅎ

하다 (어떤 일을)	Take care of ~ : To do ~	72
학교나 대학을 중도에 그만두다	Drop out of ~ : To leave school or college without graduating	102
할 일을 지속적으로 하다 (~를 좋은 상태로 유지하기 위해)	Take care of ~ : To do what needs to be done to maintain or support something	274
할지 안 할지 심사숙고하다	Weigh up ~/Weigh ~ up : To consider the good and bad aspects of something before making a decision	255
해 볼 기회를 얻다 (~를)	Get to + 동사원형 : To have the opportunity to do ~	236
해결책을 찾다	Work out ~/Work ~ out : To find the answer/solution to ~	241
해내다 (어떤 일을)	Carry out ~/Carry ~ out : To accomplish ~	81
해이해지다 (최선을 다하지 않고)	Let up : To subside/To relax and to make less effort	253
해킹하다 (~를)	Hack into ~ : To use a computer to gain access to private data without permission	213
향수 등을 뿌리다	Put on ~/Put ~ on : To wear ~	262
헤어지다 (~와)	Break up (with ~) : To end a romantic relationship (with ~) Split up (with ~) : To end a relationship (with ~)	134, 142
현금화하다 (~를)	Cash in ~/Cash ~ in : To convert an investment into money	232
홀딱 반하다 (~에게)	Fall for ~ : To fall in love with ~	135
화가 나서 폭발하다 (~에게)	Blow up at ~ : To lose one's temper and explode	112
화를 누그러뜨리다	Cool down : To become less angry/To become less heated Chill out : To calm down	117, 170
화해하다 (~와)	Make up (with ~) : To be reconciled (with ~)	144